Nordpolarmeer

Kanada

NORDAMERIKA

USA

Pazifischer Ozean

Atlantischer Ozean

Mexiko

Venezuela

Kolumbien

Äquator

LATEINAMERIKA

Peru

Brasilien

Bolivien

ZEANIEN

Chile

Uruguay

Argentinien

Neuseeland

Alexander Graf Lambsdorff
Wenn Elefanten kämpfen

Propyläen wurde 1919 durch die Verlegerfamilie Ullstein als Verlag für hochwertige Editionen gegründet. Der Verlagsname geht zurück auf den monumentalen Torbau zum heiligen Bezirk der Athener Akropolis aus dem 5. Jh. v. Chr. Heute steht der Propyläen-Verlag für anspruchsvolle und fundierte Bücher aus Geschichte, Zeitgeschichte, Politik und Kultur.

Alexander Graf Lambsdorff

Wenn Elefanten kämpfen

Deutschlands Rolle in den kalten Kriegen
des 21. Jahrhunderts

PROPYLÄEN

Copyright Grafiken

S. 42: https://de.wikipedia.org/wiki/Liste_der_Staaten_nach_Einf%C3%BCChrungs-jahr_des_Frauenwahlrechts?veaction=edit&section=2 (eigene erstellte Grafik), S. 82: World Bank; https://data.worldbank.org/indicator/NY.GDP.MKTP.CD?end=2000-&start=1991 und Freedom House; https://freedomhouse.org/sites/default/files/Country%20Status%20%26%20Ratings%20Overview%2C%201973-2016.pdf, S. 89: Freedom House (https://freedomhouse.org/sites/default/files/2020-02/FIW_2020_REPORT_BOOKLET_Final.pdf), S. 187: Selbst kreierte Grafik; Zahlen von UNDP http://hdr.undp.org/en/content/2019-human-development-index-ranking und Freedom House https://freedomhouse.org/countries/freedom-world/scores, S. 199: Groundswell: Preparing for Internal Climate Migration; S. XX (https://openknowledge.worldbank.org/handle/10986/29461), S. 200: https://www.irena.org/-/media/Files/IRENA/Agency/Publication/2019/Jan/Global_commission_geopolitics_new_world_2019.pdf (S. 32), S. 268: https://weltbevoelkerung.info/verteilung/kontinente.aspx

Propyläen ist ein Verlag der Ullstein Buchverlage GmbH

ISBN 978-3-549-10032-5

© 2021 Ullstein Buchverlage GmbH, Berlin
© der Karten: Peter Palm, Berlin
Alle Rechte vorbehalten
Gesetzt aus der Janson Text LT Std
Satz: LVD GmbH, Berlin
Druck und Bindung: GGP Media GmbH, Pößneck
Printed in Germany

»Das Geheimnis des Glücks ist die Freiheit,
das Geheimnis der Freiheit aber ist der Mut.«

Gefallenenrede des Perikles
Thukydides, *Peloponnesischer Krieg*

Inhalt

9

Von Elefanten, Walen und Garnelen – eine Einführung

Am 7. Mai 2020 war zu lesen, das chinesische Außenministerium habe einen Gastbeitrag von EU-Botschaftern in der Tageszeitung *China Daily* zensiert und einen Halbsatz gestrichen, in dem es hieß, das Corona-Virus* habe sich von China aus in der Welt verbreitet. Die EU-Botschafter akzeptierten die Zensur. Sie hätten stattdessen auch dagegenhalten und die Freigabe des Betrags verweigern können. Am 15. Juni 2020 wurde bekannt, dass der SWR den Dokumentationsfilm »Wuhan – Chronik eines Ausbruchs« zurückzog. Die Gründe waren rechtlicher Natur – das Filmteam hatte Material einer chinesischen Firma verwendet, anstatt mit deutschen Journalisten vor Ort zu drehen. Das ermöglichte es den chinesischen Behörden, die Ausstrahlung des Films zu verhindern.[1] Es sind Kleinigkeiten, doch sie stehen sinnbildlich für eine größere Erkenntnis, die sich langsam ausbreitet und in ihrer vollen Bedeutung erst seit Kurzem in Deutschland und Europa erkannt wird: China ist zu einer Weltmacht geworden und nutzt die bereits entstandenen Abhängigkeiten immer offener, um anderen seinen Willen zu diktieren.

Macht bedeutet, einen anderen dazu bringen zu können, etwas zu tun, das er nicht tun will. Auf einmal dämmert uns, dass es China in den vergangenen Jahrzehnten gelungen ist, die Art von Macht aufzubauen, die es der chinesischen Regierung erlaubt, Politiker, Unternehmen, öffentliche Institutionen zu Zu-

---

* Damit ist in diesem Buch aus Gründen der Verständlichkeit durchgehend SARS CoV-2 gemeint.

geständnissen zu nötigen – in Europa, aber auch in internationalen Gremien wie der Weltgesundheitsorganisation. Es sind – noch – scheinbar harmlose Zugeständnisse. Schlimmer ist, was die Regierung in Peking dabei unverhohlen zu erkennen gibt: dass sie sich für die Rechte der Hongkonger Demonstranten, für die Freiheit der Bewohner Taiwans, aber auch für Menschenrechte in allen anderen Ländern der Welt genauso wenig interessiert wie für die Regeln des Völkerrechts. Wir erahnen, dass Chinas Aufstieg zur Weltmacht auf lange Sicht zu einer ernsten Bedrohung werden könnte. Dabei kommt dem Reich der Mitte ein strategischer Vorteil zugute: die Langfristigkeit seiner politischen Planung. Seit Ende der 1970er-Jahre arbeitet Peking systematisch am Aufstieg zur Weltmacht und engt dabei wie ein erfahrener Go-Spieler Zug um Zug den Bewegungsspielraum anderer Länder ein.

Wenn Elefanten kämpfen, leidet das Gras, sagt ein afrikanisches Sprichwort. Viele Beobachter sehen einen neuen kalten Krieg zwischen China und den USA heraufziehen, und wir in Europa müssen fürchten, dabei als Gras von zwei kämpfenden Elefanten zertreten zu werden. Ähnliche Ängste hegen die Nachbarn Chinas. So war im Juni 2020 im *Korea Herald* zu lesen: »Zwischen USA und China bahnt sich ein zweiter Kalter Krieg an. Für die Menschen in der Seefahrer- und Fischernation Korea droht sich dabei ihr Sprichwort zu bewahrheiten: ›Wenn zwei Wale zusammenstoßen, bricht es der Garnele das Rückgrat.‹«[2]

In seiner Zeit als EU-Kommissionspräsident hat Jean-Claude Juncker gesagt: Europa muss weltpolitikfähig werden. Das stimmt, aber damit das gelingen kann, müssen wir Europäer verstehen, dass wir immer noch von einer falschen Prämisse ausgehen: der Idee, dass unsere freiheitliche Lebensweise sich allein wegen ihrer Attraktivität gegen neue Imperialismen durchsetzen wird. Der daraus abgeleitete Glaube, wir seien nach wie vor das Zentrum der Welt, ist eine Illusion. Die meisten von uns haben nur eine oberflächliche Vorstellung von den Triebkräften hinter den Machtverschiebungen, durch die sich die geopolitische Ordnung gerade radikal verändert. Wir wissen wenig von den historischen Motiven, der wirtschaftlichen Dynamik, den geopolitischen Gegebenheiten im »Rest der Welt.«

Dieser Mangel an Weitsicht könnte uns gefährlich werden, darauf will dieses Buch hinweisen. Es will aber noch mehr, nämlich die Frage beantworten, *warum* uns daran gelegen sein muss, uns zu schützen und Wege aufzeigen, wie das gelingen kann. Unser *European Way of Life*, unsere Art, wie wir in Europa leben, ist einzigartig und sie macht uns aus. Wir leben in Freiheit, haben Demokratie, Rechtsstaat und Marktwirtschaft, aber wir legen auch großen Wert auf sozialen Ausgleich, Umwelt- und Klimaschutz. Andere freie Länder setzen ihre Schwerpunkte anders, der *American Way of Life* unterscheidet sich von unserem und beide sind anders als der japanische oder australische. Für alle aber gilt, dass sie auf demselben Fundament stehen: der Freiheit. Im ersten Teil geht es deshalb um unsere persönliche und politische Freiheit, die Anfang und Ende unserer Politik sein muss. Die Demokratie als politische Ordnung beginnt mit dem freien Bürger als Träger der Macht, und sie zielt am Ende darauf, dass alle Menschen frei und in Würde leben können. Sie schützt unsere Werte, die aus der griechisch-römischen Antike, dem Christentum und der Aufklärung hervorgegangen und zur Grundlage unserer Verfassungen geworden sind. Im dritten Kapitel beschreibe ich, wie unsere deutsche Gegenwart fast ohne unser Zutun entstanden ist und warum Deutschland zu seinem Glück viel stärker auf internationale Zusammenarbeit angewiesen ist als andere Nationen.

Um weltpolitikfähig zu werden, müssen wir die Welt zunächst einmal verstehen. Ab Kapitel vier geht es deshalb um die Voraussetzungen unserer Außenpolitik. Dazu müssen wir uns aus unserer europäischen Mitte wegbewegen, einen teilweise radikalen Perspektivwechsel vornehmen, uns über die historischen Motive der anderen informieren, in Amerika, China, Russland, der Türkei, dem Nahen Osten und Afrika. Diese Zusammenhänge, Zustände und Entwicklungen zu beschreiben und nachzuvollziehen, warum die Welt sich ganz anders entwickelt, als wir das noch vor wenigen Jahren erwartet haben, steht im zweiten Teil im Mittelpunkt.

Im dritten Teil leite ich daraus Vorschläge ab, wie wir uns in Deutschland politisch aufstellen müssen, wenn wir unsere Lebensweise auch im 21. Jahrhundert bewahren wollen. Radikale, Nationalisten und Populisten führen einen kalten Krieg gegen die Demokratie im Inneren. Wenn die Demokratie der beste Schutz der Freiheit ist, müssen wir auch sie beschützen. Im achten Kapitel schreibe ich deshalb über Ideen zur Verbesserung unserer Demokratie, die eine breitere Debatte verdient hätten. Andere Länder sind uns da voraus.

Europa befindet sich endgültig nicht mehr in der Mitte der Welt. Doch es gibt Grund zum Optimismus, denn wir haben Möglichkeiten, die ich im letzten Kapitel beschreibe: Wenn die freien, demokratischen Nationen zusammenhalten, wenn wir im Inneren unsere Demokratie erneuern und nach außen die Freiheit verteidigen, dann können wir unseren *European Way of Life* auch an kommende Generationen weitergeben.

Teil 1

1

Leben in Freiheit

Feel free

Am 12. März 2020 wurde ich als einer der ersten Abgeordneten
positiv auf das Corona-Virus getestet. Die nächsten zwei Wo-
chen verbrachte ich allein in meiner Wohnung. Auch meine
Mitarbeiter wurden in Quarantäne geschickt, weil sie Kontakt
zu mir gehabt hatten – obwohl keiner von ihnen infiziert war.
Als dann vierzehn Tage später die Bundesregierung den ersten
Lockdown anordnete und damit mehr oder weniger die gesamte
Bevölkerung in ihre Wohnungen verbannte, hatten wir einen
Vorsprung. Wir wussten schon, wie das ist, wenn plötzlich nichts
mehr geht. Dabei hatten wir in Deutschland im Vergleich zu
Ländern wie Argentinien, Frankreich oder Spanien recht milde
Einschränkungen. Dort durfte niemand auf die Straße, wochen-,
ja monatelang, außer in streng definierten Ausnahmefällen. Das
war viel härter als bei uns. Und doch empfanden viele schon
unseren milden Lockdown als empfindliche Einschränkung der
eigenen Freiheit.

Mit einem Mal wurde uns allen ganz konkret bewusst, was wir
sonst als völlig selbstverständlich ansehen: die Freiheit, die wir
normalerweise an jeder Straßenecke genießen und die bei uns
überall sichtbar, greifbar, sogar essbar ist. Sie tritt uns oft ganz

banal entgegen. In Straßen und an jeder Ecke mit Kneipen, Cafés, Biergärten, Wein- und Käseläden oder Trinkhallen. In Supermärkten, in denen französischer Camembert, italienischer Parmesan und englischer Cheddar angeboten werden, weil wir einen europäischen Binnenmarkt haben, aber auch japanisches Miso, chinesische Reisnudeln und kanadischen Ahornsirup, weil es globale Handelsnetze, -wege und -verträge gibt. Wir haben klassische und Avantgarde-Theater, Museen, private Galerien mit zahllosen Programmen, Sammlungen, künstlerischen Konzepten und ästhetischen Entwürfen, weil es die Freiheit der Künste gibt. Unser Wissenschaftssystem differenziert sich ständig aus; werden die Grenzen einer Disziplin zu eng, entstehen neue Fachrichtungen und Studiengänge; Mediziner forschen heute nicht nur über Viren oder Krebszellen, sondern auch über die therapeutische Wirkung des Waldes. Wir finden ein differenziertes Bildungsangebot, wem die öffentlichen Schulen nicht zusagen, der kann auf eine Privatschule gehen, auf eine Waldorf-, Montessori- oder Klosterschule. Der Sohn eines Schuhmachers kann Schreiner, Mechatroniker oder Professor werden, er kann aber auch einen neuen Beruf erfinden und damit seinen Lebensunterhalt verdienen; vielleicht wird er urbaner Bauer, 3-D-Handwerker oder Roboterberater. Der Staat hält sich aus dem Schlafzimmer raus, Beziehungen und Intimleben sind Privatsache. Ob standesamtlich, kirchlich oder gar nicht getraut, monogam, promisk, hetero, homo, Blümchensex oder BDSM – der Staat schaut nicht durchs Fenster (was die Nachbarn tun, steht auf einem anderen Blatt). Wer will, kann sich jederzeit und überall hinbewegen, kann sich im Harz betrinken, in Finnland wandern oder auf Mallorca in die Sauna gehen; niemand schreibt ihm vor, wo er sich aufhalten muss, wie viele Burger er essen darf, und erst recht nicht, was er denken soll. Er kann auf öffentlichen Plätzen »Merkel muss weg!« grölen und lauthals beklagen, wie unfrei er doch sei, ohne sich von der Tatsache beirren zu lassen, dass Polizei und Gerichte nicht etwa Frau Merkel vor öffentlicher Beschimpfung schützen, sondern vielmehr sein Recht, diese Kritik hinauszuposaunen. Die Presse kann schreiben, was sie will, die Medien können auf allen Radio- und Fernsehkanälen senden, was sie wollen, und die Zahl der Katzenbilder, die im Internet gepostet werden dürfen, ist unbegrenzt. Jeder Mann und jede Frau können in eine politische Partei eintreten und versuchen, in öffentliche Ämter zu gelangen, die mit Entscheidungsmacht einhergehen. Politische Parteien können die Demokratie als Spielwiese benutzen, um abstrusen Unsinn bis hin zum Missbrauch der Freiheit zu betreiben, von der Anarchistischen Pogo-Partei Deutschlands bis hin zu Die Partei um den Satiriker Martin Sonneborn. Wir können tagsüber beim Türken Döner essen und abends gegen die vermeintliche Islamisierung unseres Landes auf die Straße gehen. Wir können heute aus Protest gegen die Eröffnung eines Primark einen Flashmob organisieren, weil der für die Herstellung seiner Ware angeblich Näherinnen in Bangladesch ausbeutet. Und morgen vor demselben Primark gegen dessen vorübergehende Schließung in Zeiten der Corona-Pandemie demonstrieren, weil die Schließung die Näherinnen in Bangladesch um ihren Lohn bringt.

Freiheit als Zumutung

In der freien Gesellschaft können wir ungestraft jeden Sinn und Unsinn reden, uns irren und uns widersprechen. Deswegen ist Freiheit immer auch eine Zumutung. Wir müssen aushalten, dass der Kleidungsstil unserer Mitmenschen unser ästhetisches Empfinden verletzt. Wir müssen aushalten, dass nachmittags Kinder laut spielen und nachts Jugendliche feiern wollen. Fahrradfahrer müssen aushalten, dass Autos auf den Straßen dominieren, und Autofahrer müssen aushalten, dass die Fahrradfahrer mehr werden und das ändern wollen. Wir müssen damit leben, dass es Künstler gibt, die mit Tierblut hantieren oder auf der Bühne kopulieren, und dass manche Kunstkritiker das für besonders avantgardistisch und andere für eine Schweinerei halten. Wir müssen aushalten, dass es in Deutschland zu jedem Thema Hunderte von Meinungen und achtzig Millionen Bundestrainer, Musikexperten und Literaturkritiker gibt. Sozialromantiker müssen aushalten, dass nicht jeder aus Elend und Armut Befreite die gewonnene Freiheit mit der Lektüre von Juli Zehs neuestem Roman verbringt, sondern mancher es vorzieht, Deutschlands Ruf am Ballermann zu festigen. Wir müssen aushalten, dass das Verfassungsgericht die Meinungsfreiheit schützt und das NPD-Verbot kippt, auch wenn es vielen wehtut, dass es in Deutschland nach der NS-Zeit wieder rechtsextreme und rassistische Parteien gibt.

Wie schmerzhaft das sein kann, habe ich selber schon erfahren. Als ich am Europatag 2019 mit meinen Parteifreunden Wahlkampf für die bevorstehende Europawahl machte, stellte sich die NPD mit einem eigenen Zelt auf den Marktplatz, neben die Zelte von CDU, SPD, Grünen und FDP und den Stand der EU-Kommission, die sich dort präsentierten. Wir Demokraten schauten uns an und wussten: Wir verabscheuen diese Leute, doch man kann es ihnen nicht verbieten. Dann aber wurde es plötzlich laut. Eine Gruppe vermummter »Autonomer« marschierte auf, positionierte sich ganz nah, wirklich nur Zentimeter, vor die NPDler und brüllte ihnen etwa eine Stunde lang ins Gesicht: »Es gibt kein Recht auf Nazi-Propaganda!« Das war verbale Gewalt. Die Autonomen veranstalteten eine Art Mini-Weimar: Linksextreme im Kampf gegen Rechtsextreme, einander auflauernd und jede Gelegenheit nutzend, aufeinander loszugehen.

Diese schwarz Maskierten waren nicht bereit zu akzeptieren, dass im Rechtsstaat Gerichte darüber entscheiden, wo die Grenze der Meinungsfreiheit liegt. Wenn das Verfassungsgericht sagt, die NPD habe ohnehin keine Chance, mit ihren verfassungsfeindlichen Absichten jemals erfolgreich zu sein[3], dann müssen wir ertragen, dass die NPD ein Zelt neben uns aufstellt. Das schmerzt. Das ist Freiheit als Zumutung. Aber es ist der richtige Weg. Denn was haben die Linken erreicht? Anstatt der NPD zu schaden, haben sie ihr geholfen: Am nächsten Tag berichteten die Zeitungen über die Show der Extremisten, Werbung für die NPD inklusive. Von den proeuropäischen, demokratischen, von links bis rechts ausdifferenzierten Positionen der anderen Parteien wurde kaum Notiz genommen. Für das ehrenamtliche europäische Engagement ganz normaler Christ- und Sozialdemokraten, Grüner und Liberaler, der weitaus größeren Gruppe an diesem Tag, war kein Platz mehr. So wurde die selbst ernannte Antifa unabsichtlich, aber doch absehbar, zum nützlichen Idioten und Helfer der Nazis.

Wir können solche Extremisten und ihre Anhänger nur politisch bekämpfen. Das gilt für alle Themen, die uns wichtig sind. Wir müssen aushalten, dass wir, wenn wir von etwas überzeugt sind, als Mittel der Politik nur den Weg haben, andere zu überzeugen. Wenn wir wollen, dass etwas wirklich wird, müssen wir mühsam Mehrheiten finden und dann im langsamen, nervenaufreibenden demokratischen Prozess Kompromisse aushandeln. Wir müssen die Enttäuschung darüber aushalten, dass diese Kompromisse oft nur ein schwacher Abglanz dessen sind, wofür wir gekämpft haben. Es gibt vielleicht kaum Personen, die das stärker zu spüren bekommen, als Politiker. Ich selbst hätte gerne mehr Wähler, die ihr Kreuz bei meiner Partei machen. Aber ich hätte auch gerne mehr Mitglieder innerhalb der Partei, die meiner Meinung sind. Am liebsten wäre mir eine Partei, in der alle meiner Meinung sind. Aber sie hätte nur ein Mitglied: mich. Der größte Preis, den wir dafür zahlen, frei zu sein, ist die Tatsache, dass die anderen auch alle frei sind.

Unfreiheiten

Was ist Freiheit? Alles und nichts. Eine Leere. Ein Raum unendlicher Möglichkeiten, der durch die Abwesenheit von Zwängen entsteht. Frei zu sein heißt nicht, dass ich etwas tue, sondern es heißt: Ich *kann* etwas tun. Es gibt nichts, was mich hindert. Diese Leere macht es nicht leicht, die Idee der Freiheit zu bestimmen, die philosophische und politische Literatur dazu füllt ganze Bibliotheken. Und doch beschreibt Freiheit zugleich ein Lebensgefühl, das auch all jene kennen, die eine solche Bibliothek nie von innen gesehen haben. So abstrakt sie als Idee ist, so konkret ist sie als Gefühl. Sie ist, wie der englische Philosoph John Stuart Mill es formuliert, der »erste und stärkste Wunsch der menschlichen Natur«.[4]

Während der Corona-Beschränkungen, die im März 2020 erlassen und erst ab Mitte Mai vorübergehend aufgehoben wurden, kehrte sich das Bild der Gesellschaft auf eigentümliche Weise um. Wie bei einem Foto zeigte sich die Freiheit plötzlich in ihrem Negativabdruck. Auf einmal tauchten überall Schutzwände und -schirme aus Plexiglas auf. Wir sahen in verhüllte Gesichter, konnten die Mimik unserer Gesprächspartner bestenfalls erahnen. Wir sahen leere Regale in und lange Schlangen vor Supermärkten. Die zeitweilige Toilettenpapier-Mangelwirtschaft erinnerte manche an das Leben in der DDR. In Parks patrouillierten Ordnungsamt und Polizei, verscheuchten Teenager, lösten Rentnertreffs auf und verhängten Strafen. Wir durften nicht mehr reisen. Wer sich dennoch hier und da ein bisschen bewegte, musste sich vor Freunden, Verwandten und Nachbarn rechtfertigen.

Die meisten von uns haben darauf vertraut, dass die Beschränkungen wegen der Pandemie nur für begrenzte Zeit gelten würden. Es fiel uns schwer. Doch was wir als Ausnahme mehr oder weniger gefasst ertragen haben, war über die längste Zeit unserer Geschichte die Regel. Noch heute ist es in vielen

Ländern der Normalzustand. Staatliche und mancherorts auch religiöse Institutionen überwachen und kontrollieren die Menschen, machen Vorschriften, beschneiden die Freiheit. Selbst bei uns hielten sich manche Verbote, die aus der Zeit staatlich-religiöser Kontrolle stammten, noch lange. Vermieter und Hoteliers, die ein Zimmer an ein unverheiratetes Paar vergaben, machten sich noch bis 1970 unter dem sogenannten Kuppelei-Paragrafen strafbar. Erst 1994 wurde der zu Bismarcks Zeiten eingeführte Paragraf 175 unseres Strafgesetzbuches endlich abgeschafft, der sexuelle Handlungen zwischen Männern unter Strafe stellte. Das waren Verbotsrelikte einer Gesellschaft, die sich erst wenige Jahrzehnte zuvor befreit hatte.

Wie sich staatliche Kontrolle in einer unfreien Gesellschaft anfühlt, habe ich in jungen Jahren selbst erleben können. Es hat einen sehr starken Eindruck auf mich gemacht. Mein Vater wurde 1982 Kulturattaché an der Deutschen Botschaft in Moskau und hatte dort Kontakte zu Künstlern, Musikern und Dichtern. Boris Birger, ein Maler, wurde ein richtig guter Freund, er sprach sehr gut Deutsch. Ich durfte ihn kennenlernen, als ich in den Schulferien zu den Eltern in die Hauptstadt der Sowjetunion reiste. Wir besuchten Boris in seinem Atelier. Bevor er mit meinen Eltern sprach, machte er den Plattenspieler an, stöpselte das Telefon aus und schaute aus dem Fenster. Ich konnte mir keinen Reim auf dieses seltsame Verhalten machen, da klärte er mich auf: Er konnte in seinen eigenen vier Wänden nicht frei reden, auch nicht auf Deutsch. Das Telefon war verwanzt, der Plattenspieler sollte die Gespräche für die Mikrofone in den Wänden übertönen, und draußen vor dem Fenster standen die Autos vom KGB, die meinen Vater bei jedem Besuch bei ihm verfolgten. Ich war sprachlos. Aus seinen klugen Augen den Jüngling betrachtend, erklärte er mir: »Tja, das ist der real existierende Sozialismus.« Seine feine Ironie hatte etwas Tragisches. Ausstellen durfte er, ein Freund Andrej Sacharows, seine Werke schon lange nicht mehr.

Wenn meine Eltern während dieser Moskauer Jahre vor Gorbatschow aus einem Urlaub zurückkamen, stand öfter mal demonstrativ ein vollgequarzter Aschenbecher in ihrer Wohnung. Den hatten die Leute des KGB zurückgelassen. »Offene Beschattung« nannte man das. Da sie der Einschüchterung diente, mussten die Beschatteten sie bemerken, deshalb hinterließen die Geheimdienstler ganz bewusst sichtbare Spuren. Für meine Eltern war das nicht dramatisch, ihr Diplomatenstatus schützte sie. Aber für normale Bürger? Können wir uns vorstellen, dass eine Geheimpolizei während unserer Abwesenheit einfach so unsere Schränke, unsere Küche, unseren Schreibtisch und unsere Festplatte durchwühlt? Wir empfänden es zu Recht als einen massiven Angriff auf unsere Würde.

Der berühmte erste Satz des Grundgesetzes »Die Würde des Menschen ist unantastbar« enthält in seiner Kürze den Grund unserer Freiheit: Je freier, selbstbestimmter und unabhängiger ein Mensch sein Leben gestalten kann, desto mehr ist es ihm möglich, in Würde zu leben. Die wichtigste Begründung unserer Freiheit liegt daher in der Würde jedes und jeder Einzelnen. Auf der anderen Seite garantieren wir dem Einzelnen seine Freiheit, indem wir seine Würde schützen und respektieren.

Umgekehrt gilt dasselbe: Je unfreier der Mensch, desto stärker ist seine Würde angetastet. Wenn Menschen bestraft werden, weil sie einen Blog schreiben, beschneidet das ihre Freiheit. Wenn sie dafür zudem, wie der liberale Autor Raif Badawi in Saudi-Arabien, sogar ausgepeitscht werden, dann macht diese Strafe explizit deutlich, worum es wirklich geht: um die Zerstörung seiner Würde. Die Strafe sanktioniert dann nicht nur ein Handeln, das in einer freien Gesellschaft gar nicht strafbar wäre, sondern sie soll einen Ohnmächtigen demütigen und entwürdigen. Wenn eine Regierung Eltern verbietet, mehr als ein Kind zu bekommen, wie das die chinesische Regierung mit der Ein-Kind-Politik lange Zeit tat, nimmt sie ihnen etwas von ihrer Würde. Wenn eine Regierung ihre Bürger auch noch im Ausland unter Druck setzt, wie es die chinesische Regierung mit vielen im Ausland lebenden Chinesen tut, dann gibt es für sie keinen Ort auf der Welt, an dem sie leben können, ohne in ständiger Angst zu sein. Nicht zufällig hat sich der Arabische Frühling an einer einzigen, scheinbar harmlosen Demütigung entzündet: Ein Polizist gab einem Gemüsehändler in einer tunesischen Provinzstadt eine Ohrfeige. Das war entwürdigend. Heute ist Tunesien ein anderes Land.

Der große Unterschied

In der Geschichte der Menschheit gibt es kein Gesellschaftsmodell, das die Unverletzbarkeit der menschlichen Würde in so hohem Maße gewährleistet wie die freiheitliche Demokratie. Das gilt trotz aller Kritik an der liberalen Gesellschaft und ihren Schwierigkeiten. Die Kritik ist berechtigt, weil die liberale Gesellschaft immer wieder an ihren Ansprüchen scheitert. Ein bedeutender, vielleicht der wichtigste Unterschied zwischen liberalen und illiberalen Gesellschaften besteht aber eben darin, dass Erstere Kritik zulassen (und zwar sowohl berechtigte als auch unberechtigte), während Letztere sie mit allen Mitteln unterdrücken. Viele, die in Russland oder China auf Missstände hinweisen, unterschreiben damit ihr Todesurteil. Anna Politkowskaja, Boris Nemzow, Natalja Estemirowa. Die Liste der Namen ist lang. Kritiker des Westens verweisen im Gegenzug gerne auf Fälle wie den des amerikanischen Whistleblowers Edward Snowden, der hochgeheime Daten des amerikanischen Auslandsgeheimdienstes NSA preisgegeben und so dessen weltweite Überwachungspraktiken aufgedeckt hat. Ihm droht dafür in den USA nicht nur ein Gerichtsverfahren, sondern möglicherweise sogar die Todesstrafe. Doch ganz egal, ob man in seinem Fall Hochverrat sieht, wie es alle amerikanischen Regierungen seit Obama tun, oder vielmehr einen Bruch der liberalen Gesellschaft mit den eigenen Werten – gerade an solchen Fällen werden die Unterschiede zwischen den Systemen deutlich. Snowden wird *strafrechtlich* verfolgt, selbst wenn er in den USA zum Tode verurteilt werden würde, geschähe das durch ein ordentliches Gerichtsverfahren, in dem er sich unter Inanspruchnahme aller Garantien des Rechtsstaates verteidigen dürfte. Vor allem aber müsste er dazu erst einmal an die USA ausgeliefert werden, ein Verfahren würde sich vermutlich über Jahre hinziehen, und der Ausgang wäre keineswegs sicher, denn Snowden hat auch in den USA viele Unterstützer. Nicht wenige Meinungsmacher vertreten in angesehenen Publikationsorganen die Ansicht, dass nicht er, sondern die Geheimdienste amerikanisches Recht verletzt haben. Und so ist es keineswegs ausgeschlossen, dass die Haltung der amerikanischen Regierung eines Tages kippt. Die Dissidenten in autoritären Staaten haben keine Chance auf ein faires Verfahren, oft werden sie ohne jeden Prozess von Mördern einfach »beseitigt« und ihre Regierungen verfolgen sie auch dann, wenn sie ins Ausland flüchten. Der saudi-arabische Journalist Jamal Khashoggi – der sich, nebenbei bemerkt, nicht wie Edward Snowden in eine rechtliche Grauzone gewagt hat, sondern lediglich kritische Zeitungsartikel verfasste – wurde von saudischen Geheimdienstlern im Konsulat seines Heimatlandes in Istanbul ermordet. Die Mörder, staatlich organisierte Auftragskiller, zerstückelten und entsorgten seine Leiche in einer Weise, die man eigentlich nur von Psychopathen kennt. Der russische Journalist und Politiker Boris Nemzow befand sich auf dem Heimweg, als ein tschetschenischer Auftragskiller ihn auf der großen Moskwa-Brücke mit vier Schüssen in Kopf und Rücken tötete.

Es ist kein Zufall, dass von den genannten Kritikern nur der US-Amerikaner Snowden noch am Leben ist, genauso wie die Whistleblowerin Chelsea Manning. Auch in freien Gesellschaften gibt es Missstände, aber nur hier können sich an den Missständen im besten Fall neue Diskurse entzünden. Sie führen regelmäßig dazu, dass die Gesellschaft sich an ihren eigenen Ansprüchen misst, sich reformiert und von innen heraus verändert.

Die freiheitliche Gesellschaft schützt die Unverletzlichkeit der Würde, so gut es ihr möglich ist. Sie ist anderen Gesellschaften auch deshalb überlegen, weil der Grundsatz »Ohne Freiheit kein Wohlstand« bisher nicht widerlegt worden ist. Im Gegenteil, Versuche mit unfreien Systemen endeten in Krieg oder Kollaps. Der Faschismus führte zum Krieg, der Sozialismus scheiterte an einem kollabierenden Wirtschaftssystem. Und schließlich wurde auch die berühmte These von Immanuel Kant bisher nicht falsifiziert. Kant erklärte, republikanisch verfasste Gemeinwesen – Demokratien in unserem heutigen Verständnis gab es damals noch nicht – greifen einander nicht an. Wenn Kant recht hat, dann ist die Freiheit einer Gesellschaft auch eine wesentliche Voraussetzung für das friedliche Zusammenleben der Völker.

Blinde Flecken

Nach Jahrhunderten, in denen sich unsere Demokratie herausgebildet hat, sind wir stolz auf das Erreichte. Doch vielleicht haben wir so zu lange nicht für möglich gehalten, dass man Gewonnenes auch wieder verlieren kann. Obwohl sich der Aufstieg Chinas seit Jahrzehnten anbahnt, beginnen wir gerade erst zu verstehen, dass wir ihn nicht nur wahr-, sondern auch ernst nehmen müssen. Das liegt auch daran, dass China seine Expansion lange Zeit sehr diskret vorangetrieben hat. Nicht zufällig lautet der Titel eines beeindruckenden Buches, das im Juni 2020 erschienen ist: *Die lautlose Eroberung. Wie China westliche Demokratien unterwandert und die Welt neu ordnet.*[5] Andererseits muss man sich fragen, wie weit diese Erklärung trägt. Denn seit Deng Xiaoping Mitte der 1970er-Jahre marktwirtschaftliche Reformen einleitete, verfolgt China sein geopolitisches Ziel. Schon Ende der 1980er-Jahre zeichnete sich anhand von Wirtschaftswachstum und Bevölkerungsentwicklung ab, dass auf das amerikanisch dominierte 20. Jahrhundert ein asiatisch dominiertes 21. Jahrhundert folgen könnte. Ich selbst erinnere mich, schon vor fünfzehn Jahren einen Artikel in *The Atlantic* gelesen zu haben, in dem der Journalist Robert Kaplan die Vorbereitung des amerikanischen Militärs auf einen wirklichen, heißen Krieg mit China dokumentiert.[6] Allein mit Chinas lautlosem Vorgehen lässt sich also nicht erklären, warum uns erst mit so unglaublicher Verspätung auffällt, dass die Ordnung der Welt sich fundamental verändert.

Um das besser zu verstehen, hilft es, sich die Dimensionen vor Augen zu führen. Wir sind es gewohnt, Politik in Jahren und Jahrzehnten zu denken. Was wir aktuell erleben, ist jedoch eine geradezu tektonische Verschiebung der Verhältnisse, wie sie sich in den vergangenen fünfhundert Jahren herausgebildet haben. Unsere Ordnung entstand nach Humanismus und Aufklärung durch die Entwicklung der Naturwissenschaften und führte über ständige technische Innovation zur Industriellen Revolution, während wirtschaftliche Innovation den globalen Kapitalismus hervorbrachte. All das hat nicht nur Europa, sondern die ganze Welt radikal verändert und geprägt. Ausgestattet mit Wissenschaft und Technik, erlangte Europa seit der spanischen Entdeckung Amerikas und der portugiesischen Seefahrt nach Indien mit jedem Jahrhundert größere militärische und wirtschaftliche Dominanz, unterwarf sich nahezu die ganze Welt und machte große Teile Asiens, Amerikas und Afrikas zu Rohstoffquellen für den eigenen Wohlstand. Die Weltordnung in unseren Köpfen ist ein mehrere Jahrhunderte altes Erbe der europäischen Innovation und des europäischen Imperialismus. Noch zu Beginn des 20. Jahrhunderts wurden drei Viertel der Erde von Briten,

Franzosen und einer Handvoll anderer europäischer Mächte beherrscht. In dieser Ordnung war unser Kontinent der Mittelpunkt der Welt.

In Buchtiteln wie *Der Westen und der Rest der Welt* des schottischen Historikers Niall Ferguson klingt diese Weltordnung an. Da es sich beim »Rest« immerhin um die große Mehrheit von etwa fünf Sechstel der Weltbevölkerung handelt, ist natürlich auch die Kritik an dieser Weltordnung keineswegs neu: Kritik an der Überheblichkeit der Europäer, die in dieser Sichtweise zum Ausdruck kommt, aber vor allem natürlich Kritik an den menschenverachtenden Grausamkeiten des kolonialen Zeitalters, der Ausbeutung und der Rassenideologie, eines Unrechts, das so wenig den christlichen Werten und den aus der Aufklärung hervorgegangenen Menschenrechten entsprach; Kritik an Rudyard Kiplings These von der »Bürde des weißen Mannes«, der, so der Gedanke, auch noch schwer an der Aufgabe zu tragen hat, den Menschen in den »unzivilisierten« Regionen der Welt Bildung und Anstand beizubringen. Es ist eine ahistorische, aber dennoch berechtigte Kritik. Ahistorisch ist sie, weil der Imperialismus des 19. nicht mit den Maßstäben des 21. Jahrhunderts gemessen werden kann. Die meisten Zeitgenossen des viktorianischen Zeitalters hatten nicht nur kein Schuld-, sondern sogar ein ihnen selbstverständliches Sendungsbewusstsein, das angesichts der technischen und militärischen Überlegenheit Europas zu jener Zeit zumindest erklärbar scheint. Und doch ist die Kritik berechtigt, weil die Folgen des Imperialismus für die betroffenen Völker und Länder bis heute spürbar sind und weil er mit Grausamkeiten einherging, die durch kein Sendungsbewusstsein entschuldigt werden können.

Das 19. Jahrhundert war jedoch nicht nur das Jahrhundert des Imperialismus und des Kolonialismus, sondern auch das Jahrhundert der Entstehung von Demokratie und Rechtsstaat, der Herausbildung moderner Nationalstaaten und der freien Marktwirtschaft. 1990, nach dem Ende des Kalten Krieges glaubten wir, diese Errungenschaften würden sich rund um den Globus durchsetzen, wir waren sicher, dass der Siegeszug der liberalen Ordnung unaufhaltsam ist. Das war ein Irrtum. Der Gedanke, der Westen könne den Rest der Welt zwangsbeglücken, indem er den Liberalismus in alle Ecken der Welt trägt, ist realpolitisch gesehen aus vielen Gründen falsch. Weil in vielen Regionen der Welt fehlende gesellschaftliche Strukturen sich bisher nicht als tragfähig für demokratische staatliche Strukturen erwiesen haben. Weil »der Westen« unter spezifischen ökonomischen Bedingungen entstanden ist, die so in anderen Teilen der Welt nicht gegeben waren oder sind. Weil viele im »Rest der Welt« das 20. Jahrhundert anders erlebt haben als wir. Weil Europäer und Amerikaner oft nicht als Überbringer von Demokratie und Menschenrechten, sondern als Imperialisten wahrgenommen wurden. Gerade in der muslimischen Welt hat das herablassende, eigennützige und oft auch menschenverachtende Gebaren der Europäer Ende des 19. Jahrhunderts dazu geführt, dass die politischen Ideen der Aufklärung als »europäisch« und aufgezwungen abgelehnt wurden. Das hat schon damals viele in die Arme islamistischer Fundamentalisten getrieben.

Ich glaube aber, dass Freiheit und Menschenrechte sich trotz allem in der Welt verbreiten können. Die Werte der Aufklärung mögen historisch zwar zutiefst europäisch sein, aber sie sind zugleich auch universell, paradoxerweise weil sie höchst individuell sind, weil sich einzelne Menschen in allen Ländern nach Freiheit und Würde sehnen. Darauf wies der Historiker Heinrich August Winkler in einem Interview mit dem Deutschlandfunk hin. Er verteidigte die Praxis westlicher Politiker, autokratische Machthaber in China, Russland, Afrika oder anderswo bei Staatsbesuchen regelmäßig an die Menschenrechte zu erinnern, gegen den oft geäußerten Einwand, man würde den Chinesen, Arabern oder Russen damit europäische Werte aufzwingen, die ihrer eigenen Kultur fremd seien. Dass Menschen überall auf der Welt den Wunsch nach Freiheit hegen, belegen die Dissi-

denten, Demonstranten und Revolutionäre, die weltweit einge-
sperrt, verfolgt, oft auch gefoltert und ermordet werden. All jene
geben Zeugnis davon, die in den Strafgefängnissen des russischen Gulag landeten, ihr Leben beim Massaker auf dem
Tian'anmen-Platz verloren, in Ägypten, dem Sudan, Syrien und
vielen anderen Orten der Welt oft in Folterkellern sitzen – meist
nur deshalb, weil sie ihre Meinung geäußert oder sich journa-
listisch betätigt haben. Auch die Zahl der Migranten in freien
Demokratien spricht eine eindeutige Sprache. Und schließlich
zeigt sich in Ländern wie Japan, Ghana oder Costa Rica, dass
andere Kulturen der Herausbildung von freiheitlichen Demokratien keineswegs entgegenstehen.

Freiheit ist wie Wasser

Der amerikanische Schriftsteller David Foster Wallace war 2005
zu einer Abschlussrede an ein College eingeladen, die er mit
einer kleinen Parabel begann: »Schwimmen zwei junge Fische
des Weges und treffen zufällig einen älteren Fisch, der in die
Gegenrichtung unterwegs ist. Er nickt ihnen zu und sagt: ›Morgen, Jungs. Wie ist das Wasser?‹ Die zwei jungen Fische schwimmen eine Weile weiter, und schließlich wirft der eine dem anderen einen Blick zu und sagt: ›Was zum Teufel ist Wasser?‹«[7]
Wallace beschreibt damit etwas, das er die »Standardeinstel-
lung« unseres Denkens nennt. Dass jeder von uns andere Menschen und die Welt um sich herum mit sich selbst als Mittelpunkt *erfährt*, führe dazu, dass wir alles, was wir erleben, auch
in Bezug auf uns selbst als Mittelpunkt *interpretieren*. Um »gut
angepasst« leben zu können, müssen wir jedoch die Stan-
dardeinstellung zumindest gelegentlich korrigieren und uns auf
die Perspektive der anderen einlassen. Wahre Freiheit, schreibt
Wallace, »erfordert Aufmerksamkeit und Offenheit und Diszi-

plin und Mühe und die Empathie, andere Menschen wirklich ernst zu nehmen und Opfer für sie zu bringen …«. Und darin bestehe der eigentliche Sinn von Bildung und der Erziehung zum Denken.

Das Erstaunliche ist, dass die Rede, mit der Foster Wallace an College-Absolventen appellierte, »vernünftig und angepasst« zu handeln, zu einem Riesenerfolg wurde. *Das hier ist Wasser* wurde auch in Deutschland ein Bestseller, obwohl der Rat »Sei vernünftig« kaum trivialer sein könnte. Aber er ist eben auch sehr viel wert in einer Gesellschaft, deren öffentliches Bewusstsein von politischer Erregtheit, hitzigen Diskursen und medialer Hysterie geprägt ist.

Das Selbstverständliche ist das, was wir nicht sehen, aber ohne das wir nicht leben können. Das Wasser um uns herum, die Luft, die wir atmen. Es gibt Anzeichen dafür, dass die Luft um uns herum dünner wird. Die Welt verändert sich, und von allen Seiten bedrängen uns gesellschaftliche Herausforderungen: Digitalisierung, Migration, Klima, Wirtschaft, Religion, Nation, Europa. Ständig sind wir gezwungen, unsere Regeln infrage zu stellen und immer wieder neu zu überdenken. Sich anzupassen bedeutet in diesem Kontext nicht, unkritisch zu sein. Es bedeutet, auf Herausforderungen zu reagieren, ohne dabei den Blick für das Wesentliche zu verlieren. Wenn es um gesellschaftliche Veränderungsprozesse geht, müssen wir fast immer auch die Grenzen der Freiheit neu ausmessen. Sollen wir die Meinungsfreiheit beschränken, weil soziale Netzwerke wie Facebook einer Flut von Hass und Gewalt die Schleusen geöffnet haben? Wie schützen wir das Recht auf Privatsphäre angesichts der *Platform Economy*, die es Firmen in Kalifornien ermöglicht, mit den Daten von Milliarden von Nutzern auf der ganzen Welt astronomische Gewinne zu erzielen? Darf man mit Blick auf Klimawandel und Umweltzerstörung noch Fleisch essen? In den Urlaub fliegen? Sich ungesund ernähren? Freiheit beinhaltet immer auch die Freiheit, unvernünftig zu sein, sich selbst sogar zu schaden. Aber wie sieht es mit Verantwortungslosigkeit aus? Ist die auch ein Teil unserer Freiheit? Und wenn nicht, wo endet die Unvernunft und wo beginnt die Verantwortungslosigkeit? Wer meint, darauf feststehende, geradezu ewige Antworten zu haben, verkennt, dass diese Grenzziehung niemals abgeschlossen sein kann. Sie wird in jeder offenen Gesellschaft in jedem neuen Jahrzehnt anhand immer neuer Themen immer wieder aufs Neue ausverhandelt. Wir können uns heute kaum noch vorstellen, mit welcher Inbrunst in den späten Siebzigerjahren des 20. Jahrhunderts über die Gurtpflicht im Auto gestritten wurde. Für manche war sie ein tiefer Eingriff in die Freiheit (eben die, sich eventuell selbst zu schaden), für andere, am Ende die Mehrheit, war die Verantwortung entscheidend, unsere Ärzte nicht mit der Rettung schwer verletzter Unfallopfer zu beschäftigen, die durch diese vergleichsweise einfache Maßnahme nur ein paar Schrammen gehabt hätten, von den Kosten für das Gesundheitswesen ganz zu schweigen.

Häufig reagieren wir auf Veränderungsdruck mit Überforderung und auf Überforderung mit dem Wunsch nach Klarheit. Freiheit ist aber das Gegenteil von Klarheit, sie ist das Offene, Ungewisse. Das ist anstrengend und erklärt beispielsweise den zunächst irritierenden Effekt, dass die Beliebtheitswerte von manchen konservativen Politikern plötzlich in die Höhe schossen, als sie während der Pandemie klare Ansagen machten. Es erklärt, warum manche Aktivisten von Extinction Rebellion sich eine Ökodiktatur wünschen und Mitglieder der Linkspartei noch immer vom Sozialismus träumen. Es ist wichtig, wieder an das scheinbar Selbstverständliche zu erinnern. Wir sehen das Wasser nicht, aber es ginge uns sehr schlecht, wäre es nicht da. Wahre Freiheit ist anstrengend, denn sie ist nicht nur ein Privileg, sondern auch eine Herausforderung, der wir nicht immer gewachsen sind. Angesichts von Krisen und Ängsten fordert Freiheit die Fähigkeit, sie wertzuschätzen. Und wenn man genau hinschaut, wenn man sich daran erinnert, woher unsere freiheitliche Lebensweise kommt und wie hart sie erkämpft wurde – dann wird schnell deutlich, wie wenig selbstverständlich sie in Wirklichkeit ist.

2

Unsere Freiheit hat eine Geschichte

Das verlorene Paradies

Ein Leben ohne gesellschaftliche Zwänge – das wäre das Paradies. Frei von Missständen, frei von Machtverhältnissen, frei von Korruption und Gewalt, von Armut, Krankheit und Tod. Immer schon haben Menschen davon geträumt. Manche glauben, es habe diesen Zustand einmal gegeben, in einer längst vergangenen, goldenen Zeit. Andere, wie Buddha oder Jesus Christus, sahen ihn in der Erlösung vom Leiden, jenseits allen irdischen Glücks, und begründeten damit Weltreligionen. Wieder andere wie Platon und Aristoteles waren diesseitiger und dachten über Politik und den guten Staat nach. Von ihrem Beispiel inspiriert, veröffentlichte der englische Schriftsteller Thomas More vor gut fünfhundert Jahren einen Roman über die Insel Utopia, auf der, ähnlich wie in Platons *Politeia*, eine »beste Vision des Staates« verwirklicht sein sollte.

Eine Gesellschaft, in der es gerecht und ohne jeden Zwang zugeht, wäre ein Traum. More gibt in seinem Roman nicht genau an, wo sich die Insel der Utopier befindet, er lässt die Leser aber vermuten, dass sie irgendwo in der Neuen Welt liegen könnte, die damals noch weitgehend unerschlossen war. Vielleicht ahnte er, dass der kurz zuvor entdeckte Kontinent, den die Europäer »Amerika« nannten, ein Ort für solche Träume werden könnte.

Christoph Kolumbus war 1492 mit seinen Schiffen zum ersten Mal auf amerikanische Erde gestoßen. Um 1600 waren die Könige in Spanien und Frankreich dazu übergegangen, die Unternehmungen der Konquistadoren zu finanzieren und so die territorialen Eroberungen in Übersee als Besitz der Krone zu kontrollieren. Die englische Regierung machte es anders, sie stattete private Handelsgesellschaften mit Freibriefen und Privilegien aus und ließ ihnen ansonsten weitgehende Eigenständigkeit. Dieser *benign neglect*, die »gütige Vernachlässigung« durch das Mutterland, erlaubte es den Siedlern in Virginia und Maryland, sich selbst zu verwalten und eigene politische Organe zu schaffen.

Ähnlich machten es die Pilgerväter, die über den Atlantik segelten, weil ihnen in Europa wegen ihrer religiösen Überzeugungen der Tod drohte. Als sie an der Halbinsel Cape Cod anlandeten, unterschrieben einige von ihnen noch an Bord der *Mayflower* einen Vertrag, mit dem sie sich zu religiöser und politischer Selbstverantwortung verpflichteten. Von da an wiederholte sich die Geschichte: Nicht alle fanden, dass es in den ersten Gemeinden in Massachusetts wirklich gerecht zuging. Die Gemeinden ihrerseits duldeten jedoch keine Kritiker, die daraufhin weiter zogen und neue Kolonien gründeten. Wieder konnten sie dort ihre eigenen Regeln festlegen. Roger Williams und Anne Hutchinson zum Beispiel, die in Rhode Island die Trennung von Staat und Kirche einführten. Und schließlich William Penn, der in Pennsylvania ein »heiliges Experiment« wagte, die Verfassung auf den Glauben an das »Gute im Menschen« gründete und dafür sorgte, dass in seiner Kolonie vollständige Freiheit der Religion herrschte.

Als die Pilgerväter den Mayflower-Vertrag unterzeichneten, handelten sie in dem Bewusstsein, dass das Recht des Stärkeren keine gute Grundlage für das Zusammenleben ist. Sie waren nicht naiv und unbedarft, sondern gebildet, ausgestattet mit dem Wissen und den Erfahrungen von zwei- bis dreitausend Jahren europäischer Kulturgeschichte und einer christlich geprägten Werteordnung. Sie hatten einen Kompass, der ihnen half, sich bei ihrem Neuanfang auf dem Kontinent der unbegrenzten Möglichkeiten zu orientieren. Dabei folgten sie nicht der Vision Mores, die ausgesprochen sozialistische Züge trägt, sondern setzten im Gegensatz zu den fiktiven Utopiern ganz real auf Privateigentum. Anders als in Europa aber hatten sie als kleine, überschaubare Gemeinschaften endlich auch den Raum zu experimentieren. Sie mussten nicht erst eine Revolution anzetteln und eine schon vorhandene Regierung mitsamt ihrem Establishment beseitigen; sie mussten nicht erst die Mehrheit des Volkes hinter sich vereinigen, um über Jahrhunderte erstarrte Institutionen abzuschaffen. Hier, im noch dünn besiedelten Amerika, bot sich ihnen die Chance, all die Missstände zu überwinden, die sie in ihrer alten Heimat beklagten. Sie konnten einen politischen Gegenentwurf wagen.

Die englischen Siedler fanden im Norden Amerikas nicht das Paradies. Aber sie fanden eine Art politischen Nullpunkt, der es ihnen ermöglichte, die Regeln des Zusammenlebens neu zu definieren, ohne dass eine ferne, militärisch gerüstete Staatsmacht und ein kompliziertes System von Gesetzen sie daran hinderten. Sie waren ungewöhnlich frei, hatten Handlungsspielräume, die man sich in Europa damals kaum vorstellen konnte. Als sich dreizehn nordamerikanische Kolonien gut hundertfünfzig Jahre später zu den »Vereinigten Staaten von Amerika« zusammenschlossen, verfassten sie mehrere Dokumente, die noch ganz den Geist dieses einzigartigen Experiments atmeten. Die Virginia Declaration of Rights, die amerikanische Unabhängigkeitserklärung und die wenig später verabschiedete Verfassung mit der Bill of Rights, der Aufzählung der Menschenrechte, machen das »Recht auf Freiheit« zum ersten Mal in der Geschichte zum obersten Gebot eines Staates – das er selber erst viel später umfassend befolgen sollte, denn Frauen und Sklaven blieben bis auf Weiteres außen vor.

Es war dennoch ein historisch einmaliger Vorgang. Fast könnte man sagen, die englische Krone hatte das Experiment, aus dem die Vereinigten Staaten hervorgingen, aus Nachlässigkeit ermöglicht. Als man sich im Mutterland mit einiger Verspätung doch noch für die Kolonien in der Neuen Welt zu interessieren begann, war es zu spät. Dass sich das Interesse in einer Reihe empfindlicher wirtschaftlicher Beschränkungen, Zöllen und Steuern für die Siedler niederschlug, machte die Sache nicht besser. Die Vereinigten Staaten erklärten und erkämpften sich im Revolutionskrieg ihre Unabhängigkeit. Kaum fünfzig Jahre später verbaten sie sich mit der Verabschiedung der Monroe-Doktrin überhaupt jede Einmischung der Europäer in ihre inneren Angelegenheiten, ja in die Angelegenheiten des gesamten amerikanischen Kontinents überhaupt.

Die Bill of Rights, die Menschenrechte und die ihnen zugrunde liegenden Ideen, die Thomas Jefferson, James Madison und die anderen Gründerväter in Politik gossen, waren selbst noch neu, und sie kamen nach wie vor aus Europa. Englische Staatstheoretiker wie John Locke oder John Milton hatten sie gerade erst formuliert, Voltaire und andere Denker der französischen Aufklärung sie weiterentwickelt. Insofern wirkte die Unabhängigkeitserklärung der Vereinigten Staaten fast zwingend auf den alten Kontinent zurück, vor allem auf die Ereignisse der Französischen Revolution. Die Amerikaner hielten den Europäern den Spiegel vor. Auf einmal mussten diese sich an Werten messen, die sie bisher nur diskutiert hatten. Auf einmal gab es den Beweis dafür, dass die Utopie zur politischen Wirklichkeit werden konnte.

John Milton kritisierte die bedrückenden Verhältnisse im England des 17. Jahrhunderts mit einem Gedicht unter dem berühmt gewordenen Titel »Paradise Lost«. In den USA aber entstand etwas Neues. In den gut hundertfünfzig Jahren, die zwischen der Ankunft der *Mayflower* (1621) und der Unabhängigkeitserklärung (1776) lagen, fand die Idee der Freiheit ihren historischen Ort. Sie wurde zur Grundlage des *American Way of Life*, einer politischen Ordnung, die jedem verspricht, er dürfe »auf seine eigene Weise nach Glück streben«.

Alle Menschen sind gleich erschaffen

Der älteste Impuls zur Freiheit entspringt der Furcht vor Tyrannei. Aus Furcht vor einem Tyrannen, der sich zu willkürlicher Herrschaft aufschwingen könnte, hatten in der Antike die Bürger in den griechischen Stadtstaaten und der Römischen Republik fein austarierte Machtbalancen geschaffen. Die Freiheit von Willkürherrschaft gehört daher zu den ersten Bestimmungen der sogenannten negativen Freiheit – der Freiheit *von* etwas. Erst später kam ein zweiter Aspekt dazu: die Freiheit von Armut und wirtschaftlicher Not. Diese zweite Bestimmung der Freiheit geht mit einer Veränderung des Menschenbilds einher. In den Stadtstaaten der griechischen Antike spielte Armut noch keine Rolle, da es sich bei den Armen meist um Sklaven handelte, die ohnehin nicht frei waren.

Dasselbe galt zur Zeit ihrer Gründung für die Vereinigten Staaten. Als Thomas Jefferson stolz behauptete, selbst der elendste Mensch in den USA sei besser dran als neunzehn der damals zwanzig Millionen Franzosen, zählte er die Sklaven nicht mit. Hannah Arendt, die mit Blick auf die Ereignisse in den USA und Frankreich von den »zwei großen Revolutionen« spricht, argumentiert, nur deshalb sei die Amerikanische Revolution – im Gegensatz zur Französischen – erfolgreich gewesen: Sie wurde von einer kleinen, privilegierten Schicht von Weißen getragen, die schon frei waren, weil sie es auf dem Rücken von Sklaven zu Wohlstand gebracht hatten – auch wenn das nur für die Südstaaten gilt, deren Wohlstand auf der von Sklaven bewirtschafteten Reis- und Baumwollproduktion beruhte. Dort war man 1776 noch nicht weiter als in der attischen Demokratie der Antike. Das Recht auf politische Selbst- und Mitbestimmung galt nur für privilegierte Bürger mit Grundbesitz.

Allerdings wäre es Staatsmännern wie Solon, Kleisthenes oder Perikles auch nicht im Traum eingefallen zu behaupten, »*all men are created equal*« – alle Menschen seien gleich erschaffen worden, wie es in der Präambel zur Unabhängigkeitserklärung heißt. Mit dieser Formulierung gaben die Gründerväter der USA ein Versprechen, das den wirklichen Verhältnissen noch lange nicht entsprach. Indem sie die Bürgerrechte nur wenigen zusprach, schloss die Verfassung Ende des 18. Jahrhunderts noch mehr Menschen aus als ein. Doch mit dem Satz »*all men are created equal*« bauten die Verfassungsväter der Freiheit ein Haus. Sie ahnten vielleicht nicht, dass sie sich nach dem Einzug selbst an die Hausordnung würden halten müssen.

Wer ist alle?

Was in der Verfassung erklärt wurde, war das eine, doch die Wirklichkeit sah anders aus. Die Gründerväter der USA hatten ungewöhnliche politische Handlungsspielräume, aber sie waren deshalb nicht frei von ihrer eigenen Herkunft und Geschichte, von gesellschaftlichen und wirtschaftlichen Strukturen, die daraus erwachsen waren. Als Sohn eines wohlhabenden Plantagenbesitzers besaß Thomas Jefferson selbst Sklaven, obwohl er sich politisch gegen die Institution der Sklaverei aussprach. Die Frage, wer zu den »Menschen« gehörte, für die bestimmte gleiche, unverbrüchliche Rechte galten, war am Ende des 18. Jahrhunderts längst nicht geklärt. Die Denker der Aufklärung setzten alles daran, den Verstand von der Herrschaft der Religion und den Menschen von der Herrschaft der Aristokratie zu befreien, aber Herrschaft blieb Herr-schaft: Die Mehrheit der Männer sah keinen Anlass, die damit verbundenen Rechte auch den Frauen zu gewähren. Und mit dem Imperialismus des 19. Jahrhunderts stand die Konjunktur von Rassentheorien erst noch bevor, die manche zu »Herren-« und andere zu »Untermenschen« machten, um ungezählte Verbrechen zu rechtfertigen, bis sie schließlich in die Katastrophe des Holocaust mündeten.

Dass die Menschenrechte in der amerikanischen Verfassung zum ersten Mal zur Rechtsgrundlage eines Staates wurden, machte aus einer ungerechten Welt keine gerechte. Doch die Euphorie, die damals viele über die amerikanische Unabhängigkeitserklärung empfanden, setzte wie ein Schwungrad eine ganze Reihe von Freiheitskämpfen in Gang. Nachdem die Tür einmal aufgestoßen worden war, fiel es schwer, sie wieder zu schließen. Die amerikanische Verfassung gab einer Auseinandersetzung den Raum, die über den Bürgerkrieg und die Abschaffung der Sklaverei, die Jim-Crow-Gesetze und den Kampf gegen Rassentrennung, Martin Luther Kings Rede »I have a dream« bis zur Aufhebung der Rassentrennung führte. Ohne den Verfassungsgrundsatz aus dem 18. Jahrhundert wären die Bürgerrechtsbewegungen, Institutionen und Gerichtsurteile undenkbar, die letzten Endes dazu beitrugen, dass Amerika im 21. Jahrhundert mit Barack Obama zum ersten Mal einen afroamerikanischen Präsidenten hatte.

Die amerikanische Verfassung zählte bei ihrer Verabschiedung auch die Frauen nicht zu den »Menschen« mit Bürgerrechten. Und in Europa machte man es nicht anders. Zwar setzte die Schriftstellerin Olympe de Gouges während der Französischen Revolution der *Erklärung der Menschen- und Bürgerrechte* eine *Erklärung der Rechte der Frau und Bürgerin* entgegen, doch ihr Ruf verhallte zunächst ohne politische Folgen.

Erst fast hundert Jahre später, nach dem amerikanischen Bürgerkrieg, gründeten Frauen um Elizabeth Cady Stanton und Susan B. Anthony in den USA die ersten Wahlrechtsvereine. In England erregten die Proteste der Suffragetten Aufsehen, die sich Gehör verschafften, indem sie sich vor dem Amtssitz des britischen Premiers in der Downing Street Nr. 10 anketteten oder auch mal einen Briefkasten in die Luft sprengten, bis einige von ihnen im Gefängnis in den Hungerstreik traten und zwangsernährt wurden. In Deutschland spaltete sich die Frauenbewegung in eine bürgerliche, die sich wie Henriette Goldschmidt, Minna Cauer oder Helene Lange vor allem für das Recht auf Bildung und die Ausübung von Berufen einsetzte, und die Sozialistinnen um Clara Zetkin und Rosa Luxemburg. Ende des 19. Jahrhunderts erhielten die Frauen in Neuseeland (1893) das Wahlrecht, Australien folgte 1902, die meisten europäischen Länder führten es 1919 unmittelbar nach dem Ende des Ersten Weltkriegs ein. Es dauerte also, bis überhaupt geklärt war, ob die in einer Verfassung verbrieften Rechte nicht nur für Bürger, sondern auch für Bürgerinnen galten. Es scheint

Das Frauenwahlrecht musste hart erkämpft werden

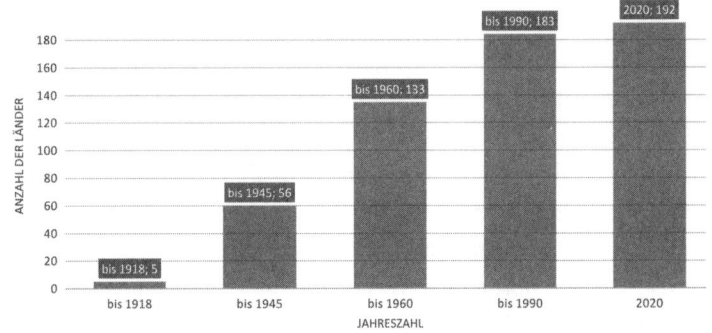

uns heute schwer vorstellbar, aber Frankreich traf diese Entscheidung erst 1944, die Schweiz sogar erst 1971. Wie in vielen Fällen kann man am Beispiel des Frauenwahlrechts sehen: Freiheit ist nicht mit einem Schlag einfach da, sie muss erkämpft werden, Schritt für Schritt.

Das Haus der Freiheit

Die Freiheit braucht ein Haus, das die negative Freiheit gewährleistet, die Freiheit *von* Willkürherrschaft, Hunger und Armut. Dieses Haus wird zum Ort der positiven Freiheit, der Freiheit *zu* etwas.[8] Die Entwürfe zu diesem Gebäude stammen mehrheitlich von englischen und französischen Denkern des 17. und 18. Jahrhunderts. John Locke erklärte: »*Where there is no law there is no freedom*«, und begründete damit, warum eine Gesellschaft, in der jeder frei ist, Recht und Gesetz braucht, die diese Freiheit schützen. Hobbes, Voltaire und Rousseau trugen zu den Bauplänen bei, ebenso wie Montesquieu mit seinem Vorschlag, die Macht des Staates auf drei Gewalten aufzuteilen. Als das Bauwerk fertig war, erhielt es den Namen Demokratie: Sie ist die politische Ordnung, deren Sinn und Zweck der Schutz unserer Freiheit ist.

Man soll es nicht zu weit treiben mit den Sprachbildern. Aber vielleicht noch einen Schritt weiter: Während das Haus – in Deutschland ist es das Grundgesetz – als Rahmen unserer politischen Ordnung relativ abstrakt ist, sind die Hausordnung und die Einrichtung der Zimmer viel konkreter. Und sie werden nicht von der Verfassung bestimmt. Dass die Gründerväter der USA den Freiraum hatten, sich eine für damalige Verhältnisse kühne politische Verfassung zu geben, bedeutete eben nicht, dass sie so frei waren, wie wir es heute sind. Sie waren WASPs, White Anglo-Saxon Protestants, entstammten Puritaner- oder

Quäkerfamilien, waren Pietisten oder Unitarier. Ihre Werte und Konventionen, Sitten und Moralvorstellungen ergaben im Vergleich zu heutigen Verhältnissen ein ausgesprochen enges Korsett. Den hohen Rang von harter Arbeit, strenger Sexualmoral und demonstrativer Gottesfurcht im Wertesystem der Gründerväter empfänden heute viele als einengend. Die Gründungsurkunden der Vereinigten Staaten atmen zwar den Geist politischer Freiheit, aber sie sind auch durch protestantische Rationalität und die Überzeugung geprägt, dass hart erarbeiteter Wohlstand ein Zeichen von Gottgefälligkeit ist. Der *American Way of Life* entwickelte sich nicht nur aus dem Grundsatz der größtmöglichen individuellen Freiheit, sondern ging auch aus diesem Zusammenwirken von Protestantismus und Kapitalismus hervor, die der Soziologe Max Weber in seinem Buch *Die protestantische Ethik und der Geist des Kapitalismus* ausführlich untersucht hat.

Vielleicht, könnte man im Anschluss an Hannah Arendt sagen, war die Amerikanische Revolution im Gegensatz zur Französischen auch deshalb erfolgreich, weil sie einen weniger radikalen Umsturz versuchte. In Frankreich entweihten die Revolutionäre Kirchen und wandelten sie in säkulare Gebäude um; sie wollten die gesellschaftliche Ordnung von Grund auf und in jeder Hinsicht erneuern, wollten alles Alte entfernen und gaben selbst den Monaten neue Namen. Die Amerikaner aber revoltierten nicht gegen das enge moralische und normative Korsett ihrer Religion. Im Gegenteil: Viele waren ja gerade deshalb in die USA ausgewandert, weil sich in Europa nach dem Gesetz *cuius regio, eius religio* jeder Gläubige nach der Konfession seines Herrschers richten musste. Die Reformation hatte Europa in einen konfessionellen Flickenteppich verwandelt, und so kamen die Geflüchteten als religiös verfolgte Protestanten, Baptisten oder Quäker. Von Krieg und Verfolgung traumatisiert, machten die Flüchtlinge, die in den USA eine neue Heimat fanden, die Freiheit der Religion zum ersten der grundlegenden Menschenrechte. So findet man es bis heute im ersten Satz der Bill of Rights: »*Congress shall make no law respecting an establishment of religion, or prohibiting the free exercise thereof.*«

Die WASPs in Amerika hatten der Freiheit Ende des 18. Jahrhunderts ein neues Haus gebaut, aber sie hatten alte Möbel mitgenommen. Sie hatten den König, der seine Macht von Gott erhielt und dem Volk vorgesetzt wurde, durch einen gewählten Präsidenten ersetzt, dessen Treue der Verfassung galt. Darüber hinaus aber blieb die christliche Religion die Grundlage des gesellschaftlichen Zusammenlebens. Zwar schließt der erste Zusatzartikel zur Verfassung auch die Freiheit ein, *nicht* zu glauben, aber ähnlich wie der Satz »*all men are created equal*« beschrieb das Ende des 18. Jahrhunderts eher eine Möglichkeit als eine Wirklichkeit.

Grenzen der Freiheit und Freiheit als Grenze

»Die Würde des Menschen ist unantastbar«, lautet der erste Satz des Grundgesetzes. Das Menschenbild und die Werte, die auch unserer Verfassung zugrunde liegen, sind aus dem Christentum hervorgegangen. Doch nun setzt die politische Philosophie des Liberalismus den konkreten und detaillierten Regeln der Kirchen eine vollkommen offene, vage Idee entgegen: die Freiheit des Einzelnen, nach Glück zu streben. An die Stelle von Vorschriften und Geboten tritt die bloße Festlegung einer Grenze, die John Stuart Mill mit dem *Schadensprinzip (harm principle)* festgelegt hat. Es bestimmt in freien Ländern bis heute das Verhältnis des Staates zu seinen Bürgern und besagt, »dass der einzige Grund, aus dem die Menschheit, einzeln oder vereint, sich in die Handlungsfreiheit eines ihrer Mitglieder einzumischen befugt ist: sich selbst zu schützen. Dass der einzige Zweck, um dessentwillen man Zwang gegen den Willen eines

Mitglieds einer zivilisierten Gesellschaft rechtmäßig ausüben darf: die Schädigung anderer zu verhüten.«

Die Freiheit des Einzelnen darf nur da eingeschränkt werden, wo andere zu Schaden kommen, und dabei muss der Schutz vor Schaden immer in einem angemessenen Verhältnis zur Beschränkung der Freiheit stehen. Diese Verhältnismäßigkeit zwischen dem Schutz der Freiheit auf der einen und dem Schutz vor Schaden auf der anderen Seite zu schaffen, ist Aufgabe der Politik. Wo immer der Staat die Freiheit des Einzelnen beschneiden will, muss er dies gut begründen. Und die Leitfrage lautet dabei: Rechtfertigt der angestrebte Schutz es, dem Einzelnen Freiheitsrechte zu nehmen?

Das war der Kern vieler Auseinandersetzungen zwischen Regierungen, Parlamenten und Gerichten in der Corona-Pandemie. Gerade die Rechtsprechung fuhr den Regierungen 2020 immer wieder in die Parade, weil sie diese Frage häufig mit Nein beantwortete. Aus all diesen Urteilen spricht die Erkenntnis, dass die Freiheit selbst zu einer Grenze geworden ist, zu einem Wert, der jenseits aller Werte Gültigkeit hat. Zu einer weißen Leinwand, auf der alle möglichen Ideen, Werte, Vorstellungen und die daraus abgeleiteten allgemeinen Regeln verhandelt werden, immer unter der Bedingung, dass die Leinwand selbst nicht zerschnitten werden darf.

Der Innenraum der Freiheit

Freiheit ist eine Zumutung, die weniger Antworten als Fragen bereithält. Was füllt den Raum, der entsteht, wenn wir frei von Willkürherrschaft und Armut sind? Wenn ich frei bin, alles Mögliche zu tun, woher weiß ich dann, was ich tun soll? Wenn die Verfassung mir erlaubt, nach meinem Glück zu streben, woher weiß ich, wie ich glücklich werde?

Ende des 18. Jahrhunderts wurden diese Fragen in Europa und den USA noch weitgehend von den Kirchen beantwortet. Wer sich fragte: Was soll ich tun?, konnte in der Bibel nachlesen und bekam sonntags von der Kanzel Antwort, und was möglich oder eben nicht möglich war, erfuhr jeder, der die Grenzen von Sitte und Anstand überschritt. Religiöse Ordnungen – nicht nur das Christentum – weisen dem Einzelnen einen Platz in der Gesellschaft zu und greifen dabei stark in die Privatsphäre ein. Sie schreiben Menschen vor, was sie essen sollen (kein Schweinefleisch, freitags Fisch), wie sie ihre sexuellen Beziehungen gestalten sollen (heterosexuell, nur im Rahmen der Ehe) und wie Arbeits- und Berufsleben aussehen soll (die Frau am Herd, sonntags ist Ruhetag).

Nicht alle Denker der Aufklärung traten für eine Überwindung der Religion ein. Aber vermutlich wussten alle, dass ihre Ideen die ehemals starken Mauern kirchlicher Autorität weiter abtragen würden. Die Aufklärung appellierte an die Menschen, den eigenen Verstand zu benutzen und sich selbst ein Urteil zu bilden. Immanuel Kant brachte es 1784 auf den Punkt: »Habe den Mut, dich deines eigenen Verstandes zu bedienen«, wurde zum Wahlspruch der Aufklärung. Damit kam ein Prozess in Gang, der unumkehrbar schien: Die *Freiheit der Religion*, derentwegen die Pilgerväter einst über den Atlantik gesegelt waren, entwickelte sich zur *Freiheit von Religion*.

In unserer säkularisierten, industrialisierten und globalisierten Gesellschaft kommen die Antworten auf die Fragen: »Was soll ich tun?«, »Was ist möglich?«, und »Wie werde ich glücklich?«, nicht mehr von einer einzigen kirchlichen Instanz, sondern aus allen möglichen Gesellschaftsbereichen: von unterschiedlichen Wissenschaftszweigen mit ihren je eigenen Prämissen und Methoden, von religiösen Gemeinschaften, Vereinen, Wohltätigkeitsorganisationen, Interessenverbänden, Kulturinstitutionen, politischen Parteien, Universitäten und Thinktanks. War Europa um 1800 lediglich ein konfessioneller

Flickenteppich, so ist die westliche Welt heute ein kunterbuntes Patchwork aus einer völlig unüberschaubar gewordenen Zahl von Ideen, Idealen, Geschichtsbildern und Glaubensvorstellungen, Theorien, Kunstformen, Lebensentwürfen und Meinungen. Im Innenraum der Freiheit hat sich die pluralistische Gesellschaft entfaltet.

Gegenentwurf

Als die Freiheit politische Wirklichkeit wurde, entfesselte sie Kräfte, die neue Ungerechtigkeiten erzeugten. Darauf wies Karl Marx mit seiner Kritik an den sozialen Verhältnissen hin, die im 19. Jahrhundert in Europa durch die Industrielle Revolution entstanden und die der Imperialismus in alle Ecken der Welt trug. Marx beschrieb die ökonomische Ordnung, in der die Wirtschaft zur treibenden Kraft gesellschaftlicher Verhältnisse geworden war. Er kritisierte die Missstände, die dabei zutage traten, und verband seine Analyse mit der Idee eines neuen Gesellschaftsentwurfs, den seine Kritiker, wie er spottete, bald wie ein Gespenst fürchteten: den Kommunismus.

Aber auch die bürgerliche Gesellschaft reagierte auf die Sozialkritik des 19. Jahrhunderts. Sie setzte auf den Aufbau eines Bildungswesens für breite Schichten der Bevölkerung, um die Menschen aus ihrer Unmündigkeit zu befreien und so neben der Rechts- auch Chancengleichheit herzustellen. Die Vertreter des Liberalismus verfolgten nicht das Ziel, soziale Unterschiede vollkommen zu nivellieren, versuchten sie aber zu dämpfen und machten dafür Bildung, Gesundheitswesen, Arbeiterschutz und einen funktionierenden Sozialstaat zu Aufgaben der öffentlichen Hand. Hundert Jahre später, nach dem Zweiten Weltkrieg, münden die unterschiedlichen Antworten auf die Kritik von Karl Marx in die Konfrontation zweier politischer Systeme – Liberalismus versus Kommunismus bzw. Sozialismus.

Die Freiheit fand Ende des 18. Jahrhunderts in den USA ihren historischen Ort. Im Liberalismus hält der Staat sich mit der Beschneidung der Freiheit seiner Bürger zurück. Die Autoren freiheitlicher Verfassungen wissen nicht, wie die Gesellschaft aussehen soll, sondern beschreiben nur einen *Kann*-Zustand. Sie setzen einen Rahmen für Möglichkeiten, ohne zu bestimmen, was in diesem Rahmen passiert. Über die konkrete Ausgestaltung entscheiden mündige Bürger, denen politische Teilhabe und Meinungsfreiheit garantiert werden.

Der Kommunismus fand seinen historischen Ort zu Beginn des 20. Jahrhunderts in Russland. Die sozialistische Ordnung versucht, einen idealen *Ist*-Zustand herzustellen, der sich am Ideal größtmöglicher Gleichheit aller orientiert. Dazu exekutiert eine privilegierte Kaste entsprechende Maßnahmen; Kritik und neue Ideen sind nur in den engen Bahnen der herrschenden Ideologie möglich. Der real existierende Sozialismus nahm seinen Bürgern die Freiheit und rechtfertigte das mit dem Versprechen der größtmöglichen Gleichheit. Schon im 19. Jahrhundert zogen Zeitgenossen daraus unterschiedliche Schlüsse. Für die einen war der Traum von der besten aller Welten mit der Entstehung der bürgerlichen Gesellschaft in Erfüllung gegangen. Für die anderen blieb die sozialistische Utopie ein Traum, für den es weiter zu kämpfen galt.

Wissen und Werte

Im Zuge der nie endenden Debatten und Diskurse, mit denen unsere Gesellschaft ihre eigenen Grundlagen immer wieder neu vermisst, wurde der Einfluss der Religion Zentimeter um Zentimeter zurückgedrängt, vieles neu bewertet, vor allem das Bild von Familie und Ehe sowie die Rolle der Frau, auch die Sexualmoral. Andere Dinge werden wichtiger, die Gesundheit vor allem, der immer strittige Gerechtigkeitsbegriff wandelt sich im Laufe der Zeit, vor wenigen Jahrzehnten trat der Schutz der Umwelt hinzu. All das kann auf je unterschiedliche Art zu neuen Freiheitsbeschränkungen führen. Früher war es unerhört, wenn eine Frau studieren oder arbeiten wollte, heute werden Mütter schräg angeschaut, die in den ersten Jahren bewusst bei ihren Kindern bleiben. Früher sollte man sich wegen seiner sexuellen Vorlieben schämen, heute wegen einer Flugreise. Wenn wir früher in ein Steak bissen, war das einfach ein gutes Stück Fleisch. Heute haben manche dabei ein schlechtes Gewissen, und die Gesellschaft streitet darüber, ob zu Recht oder zu Unrecht. Aber je mehr wir über den Zusammenhang zwischen unserer Lebensweise und unserer Umwelt wissen, desto stärker geraten wir beim Konsum ins Nachdenken.

Wir haben uns daran gewöhnt, wissenschaftlichen Ergebnissen zu vertrauen, und verlassen uns dabei auf die hohen Standards wissenschaftlicher Methodik und Kontrolle. Doch auch wissenschaftliche Ergebnisse liefern keine einfachen, klaren Antworten. Sie müssen eingeordnet und bewertet werden, und wir müssen dann entscheiden, welche Konsequenzen wir daraus ziehen. Wir müssen damit leben, dass das Wissen, das uns zur Verfügung steht, vorläufig ist, sich immer wieder als falsch herausstellt und korrigiert werden muss. Und manchmal finden wir weder in der Bibel noch in der Wissenschaft Antworten. Zum Beispiel auf die Frage, wann ein Menschenleben beginnt. Deshalb herrscht in vielen Ländern anhaltender Streit um die Erlaubnis bzw. das Verbot von Abtreibungen, und die dazu geltenden Gesetze sind oft komplizierte Kompromisslösungen, um die lange gerungen wurde. Wir haben keine von allen akzeptierte Antwort auf die Frage, ob es gerechtfertigt ist, aktiv Sterbehilfe zu leisten oder ob alles, was technisch möglich ist, auch ethisch vertretbar ist. Der Zweifel, den Menschen auf der ganzen Welt hegen, wenn an Stammzellen geforscht oder mit der Genschere experimentiert wird, ist menschlich nachvollziehbar. Aber lässt er sich rational begründen? Wem genau schaden Mediziner, die an Stammzellen forschen? Ist der Nutzen, den sie erzielen, nicht möglicherweise viel größer?

Im Jahr 2020 wurden zwei Forscherinnen mit dem Nobelpreis für Chemie ausgezeichnet, die CRISPR-Cas entwickelt haben. Das ist ein Prozess, mit dem DNA gezielt beschnitten und verändert werden kann. Ja, richtig: Erbgut von Lebewesen, Bakterien, Pflanzen und Tieren, kann gezielt verändert werden. Dass sich Wissenschaft und Forschung auf diesem Feld rasant entwickeln werden, ist unbestritten, doch wegen der ethischen Bedenken in Europa wird dieser Prozess aller Voraussicht nach nicht hier bei uns stattfinden, sondern in Amerika und Australien, Indien und Israel.[9] Dürfen wir Europäer dann Medikamente gegen schwere Krankheiten einsetzen, die nur dank CRISPR-Cas entwickelt werden konnten? Ist das nicht scheinheilig? Gibt es nicht auch eine Ethik des Heilens, die mit bedacht werden muss, wenn die nächsten Verbote für deutsche und europäische Forscher ausgesprochen werden sollen?

Das sind nur wenige Beispiele dafür, dass im Innenraum der Freiheit ethische Debatten andauernd geführt werden müssen, ewige Wahrheiten aber kaum zu finden sind. Aus dem Wissen, das wir über uns selbst und die Welt haben, und aus den Werten, die wir daraus entwickeln, leitet sich politisches Handeln ab. Deshalb besteht die Hauptaufgabe von Politikern darin, sich zu informieren: über den Stand des aktuell verfügbaren Wissens und über die Einstellungen und Wünsche der Menschen, die man als Gesetzgeber vertritt. Als das Corona-Virus sich in Deutschland auszubreiten begann, hatten wir eine Faktenbasis, Zahlen, die zeigten, dass sich viele Menschen infizierten, einige von ihnen starben, und erste Erkenntnisse über die Natur des Virus. Aber das bedeutete eben nicht, dass Wissenschaftler sich einig darüber waren, wie man damit umgeht. Das Wissen, das der Medizin zum Zeitpunkt der Pandemie zur Verfügung stand, wurde von verschiedenen Forschern unterschiedlich interpretiert. Und je nachdem, an welche Interpretation Politiker sich hielten, entschieden sie sich entweder für einen langen, strengen Lockdown oder für weniger rigide Maßnahmen und frühe Lockerungen. Dabei konnte man das Zusammenspiel von Wissen und Werten beobachten. Die Frage, wie man das Virus am besten eindämmt, verband sich mit der besorgten Diskussion darüber, wie man den Schutz insbesondere von älteren und vorerkrankten Menschen gegen das Schicksal derjenigen abwägt, die durch die Maßnahmen in wirtschaftliche Existenznot geraten waren.

Das Gleiche erleben wir immer wieder angesichts von volkswirtschaftlichen Diskussionen. Während der europäischen Banken- und Staatsschuldenkrise ab 2008/09 gab es Ökonomen, die entschieden für die Ausgabe gemeinschaftlicher Schuldentitel plädierten, also für Eurobonds. Andere sahen genau darin einen grundfalschen Ansatz. Politiker verlassen sich auf Interpretationen von Wissen, um daraus abzuleiten, was für die Gesellschaft richtig ist. Gerade in der Wirtschaftspolitik macht sich das bemerkbar. Da Politik heute nahezu vollständig akademisiert ist, ruhen viele politische Entscheidungen auf der akademischen Prägung der Politiker während ihres Studiums. Ob man Hayek-Jünger oder Keynesianer ist, entscheidet sich bei den meisten nicht, wenn sie bereits in politischer Verantwortung stehen, doch die wissenschaftlichen Konzepte der beiden Ökonomen beeinflussen die Finanz- und Wirtschaftspolitik jeden Tag, je nachdem, welcher Politiker welche Entscheidung zu treffen hat.

Meinungsfreiheit

Gesellschaftliche Werte und politische Entscheidungen müssen verhandelt werden, es muss über sie nachgedacht, sie müssen immer wieder neu definiert werden. Dass jeder Einzelne daran teilnehmen kann, ist durch das Recht auf politische Teilhabe gewährleistet, das Recht, zu wählen und sich wählen zu lassen. Eine weitere Grundvoraussetzung ist die Meinungsfreiheit. Sie ist das Fundament, von dem aus wir das Verhältnis von Freiheit und Schutz immer wieder neu austarieren, genauso wie das Verhältnis zwischen Verfassungs- und Werteordnung. Die Meinungsfreiheit ist das Herzstück der Demokratie, die uns zu Gleichen unter Gleichen macht. Dabei ist sie ähnlich ambivalent wie die Freiheit selbst. Einerseits ist sie Gradmesser für das Funktionieren einer Demokratie. Andererseits kann sie sich auch zu einer Gefahr entwickeln. Meinungsfreiheit ermöglicht Vielfalt, Teilhabe, Debatte, Diskurs, Kritik, Korrektur, Reflexion, Satire, Ironie und Polemik, Wissenschaft und Unterhaltung. Aber sie kann auch für Propaganda, Manipulation und Lüge missbraucht werden, wie wir seit einigen Jahren nicht nur in Deutschland, sondern in ganz Europa schmerzhaft erfahren müssen.

Natürlich haben wir auch der Meinungsfreiheit Grenzen gesetzt. Es gibt Einschränkungen zum Schutz der Jugend, und in Deutschland ist es aufgrund unserer Geschichte nicht erlaubt, den Holocaust zu leugnen. Ansonsten wird aber gerade die Meinungsfreiheit so weit wie nur möglich ausgelegt. In den USA ist die Meinungsfreiheit über die Jahrhunderte sogar zum Primus inter Pares geworden, zum wichtigsten Grundrecht überhaupt. Im ersten Zusatz zur Verfassung ist nämlich nicht nur die zu Beginn der US-Geschichte noch wichtigere Religionsfreiheit festgeschrieben, sondern auch die Redefreiheit. Dieser Begriff ist eigentlich präziser, denn meinen kann ich ja viel: Ich kann zum Beispiel im Kerker sitzen und meinen, dass der Herrscher, der mich dort hineingeworfen hat, ein böser Mensch ist. Aber ich muss es auch sagen dürfen.

Die Meinungsfreiheit schützt auch das Recht, Unsinn zu erzählen und sich zu widersprechen. Seit sich mit dem Internet neben den analogen öffentlichen Orten digitale Foren gebildet haben, in denen sich jeder ohne irgendeine Zugangsbeschränkung zu Wort melden kann, wurde die Dunkelzone von Lügen und Verleumdungen, Hassrede und verbaler Gewalt gründlich ausgeleuchtet. Gewalt ist durch das Gesetz nicht geschützt, und auch die Lüge nicht. Doch selbst, wenn die Tatsachen klar sind und die Lüge eindeutig als solche identifiziert werden kann, findet sie online Verbreitung, und es ist fast unmöglich, sie wieder aus dem Netz zu entfernen.

Das Gesetz schützt also jeden, der sich irgendwo hinstellt – analog oder digital – und sagt, was er meint, sagen zu müssen. Aber dieses Recht und dieser Schutz werden häufig mit dem Anspruch verwechselt, das auch in öffentlich-rechtlichen Medien tun zu können, weil deren Finanzierung ja staatlichem Zwang entspringe. Letzteres stimmt: Der »Rundfunkbeitrag« ist nicht mehr wie früher die Gebühr für eine konkrete Leistung, wie ich sie etwa bei der Ausstellung meines Personalausweises zu entrichten habe. Er ist seit einigen Jahren eine Steuer, die der Staat bei allen erhebt, ganz gleich, ob sie das Programm schätzen, ablehnen oder gar nicht erst in Anspruch nehmen. Diesen Schwachpunkt der öffentlich-rechtlichen Rundfunkfinanzierung nutzen Populisten und Verschwörungstheoretiker, um die Redaktionen von ARD und ZDF unter Druck zu setzen und sich Einladungen in ihre Sendungen quasi zu erzwingen. Aber müssen Redakteure, um sich des Vorwurfs der Zugehörigkeit zu einer angeblichen Lügenpresse zu erwehren, auch Sprecher beispielsweise von Pegida einladen – und damit so abstrusen wie widerlegbaren Unsinn über respektable Kanäle verbreiten, dem sie damit auch noch die Aura der Seriosität verleihen? Der Anspruch auf Meinungsfreiheit ist nicht gleichbedeutend mit dem

Anspruch auf Reichweite. Die öffentlich-rechtlichen Medien sind nicht der Meinungsfreiheit, sondern der Meinungs*vielfalt* verpflichtet, gleichzeitig jedoch auch der Qualität. Das bedeutet, dass Journalisten sich darum bemühen sollten, ein möglichst breites Spektrum kontroverser, ja, manchmal auch gerade noch so eben plausibler Meinungen abzubilden. Notorische Lügner aber, deren absurde Geschichten man mit ein paar Klicks widerlegen kann, gehören nicht ins Programm.

In Amerika, das einen großen öffentlich-rechtlichen Rundfunk europäischen Zuschnitts nicht kennt, ist diese Debatte unter dem Stichwort »*both-sidism*« bekannt. Es gebe, so die Vertreter abwegiger Theorien dort, ein zwingendes Gebot zur Darstellung aller Meinungen zu einem bestimmten Thema. So lautet beispielsweise das Argument fundamentalistischer evangelikaler Christen, das mit Darwin und der Evolution sei ja ganz nett, aber letztlich doch nur eine Theorie. Die wörtliche Übernahme der biblischen Schöpfungsgeschichte sei aber auch eine Theorie, und deshalb müsse sie den gleichen Rang im Programm eingeräumt bekommen wie erstere. Was soll ein Journalist in dieser Lage tun? Die Antwort lässt sich mit einer kleinen Geschichte vielleicht besser und klarer illustrieren als mit komplizierten Theorien: Zwei Politiker und ein Radioreporter sind in einem Raum, alle schauen aus dem Fenster, es gießt in Strömen. Der eine Politiker sagt, es regnet. Der andere sagt, die Sonne scheint. Ist es Aufgabe des Reporters, seinen Hörern zu berichten: »Es gibt unterschiedliche Meinungen über das Wetter«? Nein. Aufgabe des Journalisten ist es, zu berichten, dass ein Politiker die Wahrheit sagt, der andere lügt, es in Strömen regnet und man besser nicht ohne Schirm aus dem Haus geht.

Wenn Journalisten Lügen und Falschbehauptungen gleichwertig neben reflektierte, fundierte und gut recherchierte Inhalte stellen, erliegen sie dem *both-sidism*. Sie berichten nur scheinbar objektiv, die Neutralität, die sie damit beweisen wollen, ist eine Pseudoneutralität. Genau in diese Falle wollen rechte Gruppen wie die AfD die Journalisten in Deutschland treiben. Wenn man ihren Lügen keine Aufmerksamkeit schenkt, dann behaupten Gauland, Weidel und Meuthen dreist, die Journalisten berichteten nicht objektiv und neutral, sondern voreingenommen, es gebe keine Meinungsfreiheit mehr. Aber schon ihre Behauptung: »Man darf in Deutschland seine Meinung nicht mehr sagen«, ist objektiv falsch, leicht widerlegbar und Teil eines manipulativen Narrativs, das Täter zu Opfern stilisieren soll.

Und doch herrscht die »gefühlte« Stimmungslage, dass man seine Meinung derzeit nicht mehr frei sagen könne. Bei manchen macht sich Unwohlsein breit, ein Gefühl der Enge, der Unfreiheit. Das liegt daran, dass sich in gesellschaftlichen und wissenschaftlichen Diskursen Meinungskorridore ausbilden, und zwar deshalb, weil sich überall, wo Menschen handeln und denken, Muster bilden. Eine Idee kann nur sichtbar werden und zur Orientierung dienen, wenn sie sich verfestigt, sie also von vielen über einen längeren Zeitraum geteilt wird. Dabei ist zunächst einmal unerheblich, ob die Ideen plausibel oder abwegig oder rational oder emotional grundiert sind. Diese Muster bestimmen, wie wir denken und folglich zu handeln haben, wenn wir in unserer Zeit als vernünftig angesehen werden wollen. So ein »Korridor der kommunikativen Vernunft« gibt einer Gesellschaft eine feste Grundlage, die meisten seiner Bestandteile entstammen dem gesammelten Wissen und Fühlen der Gesellschaft zu einem bestimmten Zeitpunkt. Wichtig ist aber, sich klarzumachen, dass die Kommunikation innerhalb des Korridors nur deshalb vernünftig ist, weil nicht mit prinzipiellem Widerstand der anderen Teilnehmer zu rechnen ist. Ob die den Korridor konstituierenden Ideen und Emotionen tatsächlich vernünftig sind, steht auf einem anderen Blatt. Wer diese in Zweifel zieht, wird jedoch kommunikativ als »unvernünftig« angesehen, muss mit Gegenwehr rechnen und fühlt sich daher schnell in seiner Meinungsfreiheit eingeengt.

Das Ausbilden von Mustern in Erkenntnisprozessen ist völlig normal, ja sogar notwendig – und es ist auch völlig in Ordnung, solange jeder daran teilhaben und sie infrage stellen kann. Die Korrektur der Muster erfolgt, indem sie ausdifferenziert werden oder sich völlig neue, manchmal auch entgegengesetzte Gedanken durchsetzen. Solange niemand einfach diktiert, welche Meinungen zu gelten haben und welche nicht, gibt es Meinungsfreiheit. Liberale gehen davon aus, dass Meinungen, die den vorherrschenden Denk- und Handlungsmustern entsprechen, nicht grundsätzlich berechtigter sind als solche, die ihnen widersprechen, sondern dass Erstere nur derzeit gültige Erkenntnisse und damit verbundene Emotionen spiegeln. Konservative dagegen zeichnen sich traditionell dadurch aus, dass sie Meinungskorridoren ewige Gültigkeit zubilligen und diejenigen verfolgen, die sie infrage stellen. Vor Kopernikus galt jemand, der die Sonne für den Mittelpunkt unseres Sonnensystems hielt, als hochgradig unvernünftig. Bevor Darwin auftauchte, erschien der Gedanke, dass Mensch und Affe gemeinsame Vorfahren haben, vermutlich absolut lachhaft. Dabei ist unter »konservativ« nicht nur die politische Rechte zu verstehen. Wohl kaum ein Land war in kommunikativer Hinsicht konservativer als die Sowjetunion, in der die Geschichtstheorie von Hegel, die Lehrsätze von Marx und die angebliche Überlegenheit der Politik von Lenin nicht infrage gestellt werden konnten, ohne sich in ganz reale Gefahr zu bringen.

Wo ein Muster ist, entstehen zwangsläufig blinde Flecken. Das gilt überall und zu allen Zeiten, auch bei uns in der Gegenwart. Jeder, der sieht, forscht, berichtet oder schreibt, hat ein erkenntnisleitendes Interesse und neigt dazu, Beobachtungen und Tatsachen wegzulassen oder zu übersehen, die nicht ins Bild passen. Politiker, Wissenschaftler und Journalisten sollten den Anspruch an sich haben, sich dessen bewusst zu sein und sich über ihre eigenen Tendenzen so gut wie möglich im Klaren zu sein.

Um ein konkretes Beispiel zu nennen: Über Jahrzehnte war es unüblich, bei Berichterstattung über Kriminalität den ethnischen oder nationalen Hintergrund von Verdächtigen mit anzugeben. Die dahinterliegende wohlmeinende Absicht war, Ausländerfeindlichkeit keinen Vorschub zu leisten. Nun hat sich die deutsche und europäische Gesellschaft in den letzten Jahren aber so rasant und umfassend verändert, dass in bestimmten Stadtvierteln bestimmte Bevölkerungsgruppen mit Migrationshintergrund immer häufiger mit dem Gesetz in Konflikt gerieten. Die Bevölkerung hat das im unmittelbaren Lebensumfeld ihrer jeweiligen Wohnumgebung selbstverständlich auch genauso wahrgenommen. Die Berichterstattung aber blieb auf dem alten Stand, der ethnische Hintergrund wurde nicht erwähnt. Auf geradezu paradoxe Weise waren die überwiegend linken Medien hier also konservativ, was sich bitter rächen sollte. Viele Menschen begannen, den Medien zu misstrauen, weil sie eine Berichterstattung wahrnahmen, die so gar nicht zu ihrer Lebenswirklichkeit passen wollte. Dieses Problem explodierte dann geradezu zu Beginn des Jahres 2016. In der Silvesternacht 2015/16 belästigten, begrapschten und beraubten Hunderte junge Männer mit nordafrikanischem Migrationshintergrund Frauen, die im Schatten des Kölner Doms in die Innenstadt oder zum Hauptbahnhof strebten. Doch anstatt darüber zu berichten, schwiegen ARD und ZDF, ja, verfielen geradezu in eine tagelange Schockstarre. Elmar Theveßen, damals Leiter der *heute*-Nachrichten, räumte später ein, dass das ein schwerer Fehler war.

Lüge, Propaganda, *both-sidism*, aber auch dunkle Flecken in der eigenen Wahrnehmung, selbst wenn sie hellen Motiven entspringen, können zu einer Gefahr für die Demokratie werden. Alle, denen es gelingt, Lügen diskursfähig zu machen, erzeugen eine gefährliche Unsicherheit, die Hannah Arendt beschrieben hat: die Zerstörung des Wissens um das, was richtig ist, was Fakten sind. Sie schafft die Voraussetzung für totalitäre Regime.

Denn wenn die totale Verunsicherung da ist, wenn Menschen nicht mehr wissen, was richtig und was falsch ist, verlieren sie den Boden unter den Füßen ihres Gemeinwesens, ihrer Polis, sie verlieren mit anderen Worten ihre politische Grundierung. Dann werden sie anfällig für die Leute mit den Heilsversprechen und den braunen und roten Fahnen. Deshalb ist es eine ganz reale Gefahr für das demokratische Gemeinwesen, wenn Fakten unterdrückt, nicht mehr als Fakten akzeptiert oder sogenannte alternative Fakten in den Rang von Fakten erhoben werden. Die Zerstörung der Wahrheit geht der Zerstörung der Freiheit fast immer voraus.

Zeit und Raum

Der Staatsrechtler Ernst-Wolfgang Böckenförde erklärte 1967: »Der freiheitliche, säkularisierte Staat lebt von Voraussetzungen, die er selbst nicht garantieren kann.«[10] Die Gesellschaft, so Böckenförde, sei ein Wagnis eingegangen, indem sie um der Freiheit willen auch die Religion in den Bereich des Privaten verwiesen hat. Damit aber verliere, was über lange Jahrhunderte durch die Religion entstanden war, seine bindende Grundlage: eine weitgehend homogene Gesellschaft, in der ein breiter Konsens über bestimmte Werte herrscht. Seit die Religion ihren normativen Einfluss auf die soziale Ordnung verloren hat, muss die freiheitliche Gesellschaft auf die »homogenitätsverbürgende Kraft« und die »inneren Regulierungskräfte« verzichten, die sie einst zusammenhielten.

Im 20. Jahrhundert wurden mit dem Kommunismus ein Gesellschaftsentwurf und mit dem Faschismus eine politische Bewegung populär, die versprachen, diese Lücke auf ihre Weise zu schließen. Die faschistischen Führer und die Vertreter der sozialistischen Utopie verführten die Menschen, sich der Wärme eines Kollektivs anzuvertrauen, das sich in der revolutionären Masse oder um das völkische Lagerfeuer versammelte. Beide versprachen dem Einzelnen Halt und Sinn durch die Ausrichtung auf ein höheres Ziel der Gemeinschaft. Das »utopische Zeitalter«, schreibt der Zeithistoriker Joachim Fest 1991 in seinem Buch *Der zerstörte Traum*, sei mit dem Untergang der Sowjetunion jedoch endgültig vorüber. Die Utopie einer klassenlosen Gesellschaft, in der absolute Gleichheit herrscht, wich der Ernüchterung, dass sich dieser Traum im real existierenden Sozialismus in einen maroden Selbstbedienungsladen korrupter Eliten verwandelt hatte. Übrig bleibt die freiheitliche Gesellschaft, in der Sinn nur noch in dem Maße erfahren wird, in dem Menschen ihrem Leben selbst Sinn verleihen.

Während sich in unserer Gesellschaft also die inneren Zusammenhänge verändern und teilweise abschwächen, hat sich gleichzeitig der Raum, in dem wir handeln, unendlich vergrößert. Er ist global geworden. Umgekehrt wird die Zeit, die uns im Hinblick auf viele Herausforderungen der Gegenwart zum Handeln bleibt, immer kürzer. Das treibt uns in eine Gleichzeitigkeit des Ungleichzeitigen. Wir ringen immer noch mit Frauenfeindlichkeit und Rassismus, obwohl wir seit dem 15. Jahrhundert über Geschlechterrollen und die Menschenwürde diskutieren. Aus der Perspektive der Afroamerikaner begann der *American Dream* als brutaler Albtraum, für viele ist er bis heute unerreichbar geblieben. Auch das gehört zur Geschichte der Freiheit. Ihr Erfolg und ihr Scheitern liegen dicht beieinander, und soziale Veränderungen können sich über Jahrzehnte oder Jahrhunderte hinziehen. Unterdessen verändern die seit der Industriellen Revolution entstandene Technik und die Digitalisierung die Welt um uns herum rasend schnell. Es ist unwahrscheinlich, dass wir fünf- oder sechshundert Jahre Zeit haben, um auf Klimawandel, Migration und Digitalisierung zu reagieren. Der Sinnverlust, die unendliche Vielfalt von Ideen und eine Komplexität des Wissens, das wir zunehmend weniger durchdringen, erzeugen Widersprüche, Reibungen, Bedrohungen und Ängste, die von der unterschiedlichen Geschwindigkeit solcher Entwicklungen noch verstärkt werden. Das Einzige aber, das uns zur Verfügung steht, um diesen Herausforderungen zu begegnen, sind schwerfällige, komplizierte demokratische Prozesse. Das Tempo des politischen Handelns steht in krassem Missverhältnis zur Dringlichkeit vieler Aufgaben. Daran kann man verzweifeln.

In der Corona-Pandemie sind die Risse, Brüche und Unsicherheiten unserer Gesellschaft besonders sichtbar geworden. Zum ersten Mal in der Geschichte der freiheitlichen Demokratien haben sich Regierungen auf der ganzen Welt dazu entschlossen, demokratische Rechte auszusetzen, um schnell handeln zu können. Sie haben den Schutz der Gesundheit und des Lebens eines Teils der Bevölkerung über unsere fundamentalen Freiheitsrechte gestellt. Die Mehrheit der Bevölkerung hat diese Entscheidungen mitgetragen und damit gezeigt, dass die Gesellschaft auf Konsens und auf Vertrauen in ihre politischen Repräsentanten bauen kann. Hätten 80 Prozent der Bevölkerung gegen die Corona-Maßnahmen protestiert – was wäre dann passiert?

Die Frage ist keineswegs theoretisch. Der griechische Historiker Thukydides schildert eindringlich, wie in den Jahren ab 430 vor Christus eine fürchterliche Pest Athen heimsuchte, und vermutet, es habe etwa fünfzehn Jahre gedauert, bis die Stadt sich davon erholte, aber noch wesentlich länger, bis die Schäden überwunden waren, die die Demokratie während der Pest erlitten hatte.[11] Denn die Athener hatten, wie Thukydides berichtet, angesichts des Massensterbens buchstäblich Sinn und Verstand verloren und sich an keinerlei Recht und Ordnung mehr gehalten. Da wurde geplündert und gemordet, als gäbe es kein Recht außer dem Recht des Stärkeren. Am Ende ging nicht nur der Krieg gegen Sparta, sondern auch die attische Demokratie verloren. Eine Pest-Epidemie in der Antike und die Corona-

Pandemie in der Neuzeit mit ihrer leistungsfähigen Pharmaindustrie sind nicht direkt vergleichbar. Das Beispiel Athens als erster großer Demokratie zeigt aber, dass diese Gesellschaftsordnung zerbrechlich ist und nicht nur durch einen starken Staat funktioniert. Sie muss auch vom Vertrauen der Bürger in diesen Staat getragen werden. Es braucht Bürger, die dazu in der Lage sind, einer Vernunft zu folgen, die manchmal auch über die Person des Einzelnen, über ihre Freiheiten und Bedürfnisse hinausgehen kann. Die meisten Menschen in Europa haben sich während der Pandemie dafür entschieden, ihren Regierungen zu folgen, und sie haben es weitgehend aus freien Stücken getan. Diese überpersonale Vernunft wird von Immanuel Kant beschrieben: Der Einzelne ist frei, sich Recht und Gesetz zu unterwerfen, weil er in ihnen eine Vernunft erkennt, die über seine individuellen Rechte hinausreicht.

Ob es eine bessere politische Ordnung als den Liberalismus gibt, ist bisher nicht erwiesen. Während der Stern des sozialistischen Traums jedoch im vergangenen Jahrhundert einmal auf- und wieder untergegangen ist, hat die Freiheit für Menschen überall auf der Welt kaum an Attraktivität eingebüßt. Allerdings lassen die Krisen der vergangenen Jahrzehnte – die Finanzkrisen um die Immobilienblase in den USA und die Staatsschuldenkrise in Europa, die Flüchtlingskrise mit ihrem Höhepunkt im Sommer 2015 und die Corona-Krise – eine zutiefst verunsicherte Gesellschaft zurück, die sich ihrer Zerbrechlichkeit bewusst wird. Die offene Gesellschaft ist auf die Fähigkeit ihrer Mitglieder angewiesen, mit Widersprüchen zu leben. »Möglicherweise«, schreibt der Soziologe Ralf Dahrendorf, »ist die größte Schwäche derer, die den Versuchungen des Totalitarismus erlegen sind, dass sie es nicht lassen konnten, einen Gott, zumindest aber eine Verheißung zu suchen, in der alle lästigen Widersprüche der Realität aufgehoben sind.«[12]

Freiheit ist nicht nur ein Recht, schon gar nicht auf bloßen Eigensinn und Egoismus; sie ist auch eine Herausforderung, sie verlangt, dass wir Verantwortung übernehmen – für uns selbst, für die Menschen, die uns nahestehen, und für die Gesellschaft. In den Möglichkeiten, die sie uns eröffnet, steckt zugleich ein hoher Anspruch: In der freiheitlichen Gesellschaft können wir nicht nur sein, wer wir sind, sondern auch werden, wer wir sein wollen. Das macht die freien Länder des globalen Westens in all ihrer Unvollkommenheit und mit all dem Schmerz, den diese erzeugt, zu den besten aller innerweltlichen Gesellschaften. Millionen, ja Milliarden von Menschen können in Freiheit ihr eigenes Glück suchen, ihren eigenen Sinn stiften, ihr eigenes Leben in Würde leben.

3

Die äußere Hülle der Freiheit

Es geht uns besser, als wir glauben

Es geht uns gut, obwohl wir das manchmal nicht glauben. Auch, weil düstere Prognosen sich gut verkaufen, denn Crash-Propheten haben immer Konjunktur. Ihr Geschäftsmodell ist einfach. Sie warnen ständig vor der Krise, auch wenn gar keine zu erwarten ist. Wenn viel später dann doch einmal eine kommt, haben sie es schon immer gewusst. Weltmeister in dieser Disziplin sind der sogenannte Börsenguru Dirk Müller, der seit Jahren so verlässlich wie vergeblich den »größten Crash der jüngeren Geschichte« ankündigt, oder die diversen Euro-Gegner von Peter Gauweiler über Sahra Wagenknecht bis zu Hans-Werner Sinn, die unsere Gemeinschaftswährung als einen Mühlstein darstellen, der uns alle in den Abgrund zieht.[13] Wir lieben es einfach, uns erschrecken zu lassen: Bei Journalisten heißt es deshalb nur halb scherzhaft, allein schlechte Nachrichten seien gute Nachrichten: *»Only bad news is good news.«* Das Problem an diesem medienpsychologischen Wirkmechanismus: Indem wir dauerhaft – über Jahre und Jahrzehnte – unverhältnismäßig mehr schlechte als gute Nachrichten konsumieren, wird unsere Wahrnehmung der Wirklichkeit gestört.

Seriöse Gegenwartsdiagnosen und Zukunftsprognosen werden zwar aus Daten und Fakten destilliert, doch in ihrer Bewertung, Auswahl und Darstellung kommen Meinungen, eine bestimmte Haltung zur Welt, ja sogar Ideologien zum Ausdruck. Der amerikanische Kognitionswissenschaftler Steven Pinker verteidigt in seinem Buch *Aufklärung jetzt* die Errungenschaften von Vernunft, Humanismus und Wissenschaft gegen weitverbreitete, oft alarmistische Krisendiskurse, die in ihrer Gegenwartsbeschreibung vor allem Störungen sichtbar machen und soziale Ungerechtigkeiten, Umweltzerstörung oder aus dem Ruder gelaufene Finanzmärkte beklagen. Er betrachtet die Gegenwart als einen Abschnitt unserer Menschheitsgeschichte und beschreibt Prozesse, die seit dem 18. Jahrhundert zu einer stetigen Verbesserung der Lebensverhältnisse geführt haben, nicht nur in Europa und den USA, sondern auf der ganzen Welt. Blickt man auf Lebenserwartung, medizinische Versorgung, Bildungsstand, Hunger, Kindersterblichkeit, Migration, die Zahl der Kriegstoten und viele andere Faktoren, dann geht es der Welt heute besser als je zuvor in der Geschichte der Menschheit. Doch angesichts einer weitverbreiteten Geschichtsvergessenheit, so Pinker, überschätzen wir die gegenwärtigen Probleme. So relativiere sich zum Beispiel die Zahl von vier Millionen syrischen Flüchtlingen, stellt man sie den zehn Millionen Flüchtlingen aus dem Bangladesch-Krieg von 1971 gegenüber oder den vierzehn Millionen in den 1940er-Jahren, als der Konflikt zwischen Hindus und Muslimen in die Spaltung Indiens und die Gründung Pakistans mündete; ganz zu schweigen von den sechzig Millionen Flüchtlingen während des Zweiten Weltkriegs. Hinzu kommt, dass diese Zahlen im Verhältnis zur damals deutlich geringeren Gesamtbevölkerungszahl noch stärker ins Gewicht fielen. Andere Trends zum Positiven werden übersehen: So wuchs die Zahl der demokratischen Staaten weltweit von zwölf in den 1930er-Jahren auf hundertdrei im Jahr 2015. Umgekehrt hatten 1950 etwa 50 Prozent aller Staaten eine Gesetzgebung, die Minderheiten offiziell diskriminierte; 2003 waren es nur noch weniger als 20 Prozent. Diese Liste ließe sich lange weiterführen.

Ähnlich wie Pinker legt der schwedische Gesundheitsforscher Hans Rosling Zahlen vor, mit denen er auf eindrückliche Weise belegt, dass nahezu alle von der UN und der Weltgemeinschaft anvisierten Ziele weltweit zu einer stetigen Verbesserung der sozialen Verhältnisse führen. Roslings Buch *Factfulness* trägt den bezeichnenden Untertitel »Wie wir lernen, die Welt zu sehen, wie sie wirklich ist«. Denn der Autor belässt es nicht bei der Darstellung von Zahlen, sondern erklärt auch die Mechanismen unserer Wahrnehmung, die uns dazu verleiten, Dinge zu negativ zu bewerten und Gefahren und Risiken zu überschätzen, zum Beispiel, indem wir Einzelereignisse verallgemeinern. Gefragt nach der Entwicklung der weltweiten Verteilung extremer Armut in den letzten zwanzig Jahren, so schreiben Rosling und seine Mitautoren, haben in den USA nur 5 Prozent der Befragten auf die richtige Antwort getippt: Sie hat sich um die Hälfte verringert. Sage und schreibe 95 Prozent der Befragten glaubten, die Verteilung extremer Armut sei gleich geblieben oder habe sich sogar verdoppelt. In Großbritannien kamen 9 Prozent auf die richtige Antwort. Und das, obwohl an beiden Umfragen jeweils die klügsten und wirtschaftlich kompetentesten Köpfe des Landes teilgenommen hatten. Rosling widmet solchen Irrtümern, bei denen die Einschätzung der Mehrheit der Befragten und die wirklichen Daten extrem auseinanderliegen, ein ganzes Kapitel.

Es ist also auch eine Frage der Perspektive, ob man sich einem allgemeinen Krisenempfinden hingibt oder die Welt vor einer rosigen Zukunft sieht. Wahrscheinlich liegt man nicht falsch, wenn man die gegenwärtigen Krisen ernst genug nimmt, um zu handeln, aber nicht so ernst, dass man in Angst und Fatalismus erstarrt.

Wir leben in und von einem System, das wir selbst nicht herstellen können

»Deutsche, kauft deutsche Zitronen!«, spottete Kurt Tucholsky in seinem Gedicht »Europa«, das er 1932 unter dem Pseudonym Theobald Tiger veröffentlichte. Er spielte damit nicht auf eine Zukunft an, in der es infolge des Klimawandels möglicherweise bald wirklich in Deutschland angebaute Zitronen geben könnte. Tucholsky kritisierte den überall in Europa grassierenden Nationalismus und die damit verbundene Politik der Marktabschottung, den Protektionismus, zum Beispiel in England: Als die Industrialisierung im 19. Jahrhundert Fahrt aufnahm, begann man, sich über massenhaft aus Deutschland importierte Produkte zu ärgern. Man warf den Deutschen vor, die Ware sei häufig von schlechter Qualität, bei vielem handele es sich um Imitate und Plagiate. Kurz, die bösen Billigprodukte, die heute aus Asien westliche Märkte überschwemmen, kamen der englischen Propaganda zufolge damals aus Deutschland (wobei die Deutschen den nationalistischen Protektionismus genauso betrieben wie die Briten, dagegen wandte sich Tucholsky ja mit seiner Kritik). In England ließ man »Made in Germany« auf die Ware drucken, um die heimische Bevölkerung vor deren Kauf zu warnen. Die Strategie ging nicht auf. Messer aus Solingen hatten solide Klingen, Liebigs Suppenwürfel war eine Wucht und auf die Qualität deutscher Maschinen konnte man sich verlassen. Die Leute kauften gerne bei uns ein, *Made in Germany* wurde zu einem Qualitätsmerkmal. Noch heute, mehr als hundert Jahre später, ist der Slogan die beste Werbung für deutsche Produkte, ein Treiber des Erfolgs Deutschlands als langjähriger Exportweltmeister, auch, weil der Protektionismus in den vergangenen Jahrzehnten zunehmend überwunden wurde und wir heute Zugang zu Märkten auf der ganzen Welt haben.

Wäre das nicht so, sähe das Leben in unserem Land, in unseren Städten und Dörfern deutlich anders aus. In Abwandlung des Böckenförde-Diktums vom freiheitlichen Staat, der seine Voraussetzungen nicht garantieren kann, behaupte ich, dass wir in Deutschland von einem System leben, das wir selbst nicht herstellen können. Es handelt sich um das System der offenen Märkte und der militärischen Absicherung. Wir sind in ein Netz von globalen Handelsbeziehungen, militärischen Bündnissen, diplomatischen Verträgen und politischen Allianzen eingebunden, ein Netz, das unser Haus der Freiheit nach außen absichert und in seinem Inneren für Wohlstand sorgt.

Unser heimischer Markt ist mit seinen 83 Millionen Verbrauchern viel zu klein, um unser gegenwärtiges Wohlstandsniveau alleine hervorzubringen. Mit Wohlstand meine ich nicht nur die Tatsache, dass man im Sommer zwischen fünfzig verschiedenen Eissorten wählen kann. Wohlstand bedeutet hohe Qualitätsstandards im Gesundheitswesen und bei der Erzeugung von Lebensmitteln; er bedeutet Ressourcen und Freiräume, um ein gutes Bildungssystem, sozialen Ausgleich und Umweltschutz zu finanzieren, genauso wie eine vielfältige Kulturlandschaft. Wohlstand bedeutet Mütterrente und Kindergeld, Pflegekasse und Kurzarbeitergeld, Natur- und Umweltschutz, Opern, Museen, Galerien. Im Jahr 2020 erlaubte es unser Wohlstand, die durch den Corona-Lockdown verursachten Schäden mit milliardenschweren Soforthilfen abzufedern.

Durch die zusammenwachsende EU ist ein Binnenmarkt entstanden, der 60 Prozent unserer Exporte aufnimmt. Der Absatz für Produkte, die in Deutschland hergestellt werden, hat sich so von 83 Millionen Deutschen auf 450 Millionen Europäer vergrößert. Aber der Binnenmarkt besteht nicht nur aus Exportstatistiken, er begegnet uns jeden Tag im Supermarkt, beim Autokauf oder im Krankenhaus. Französische Medikamente, italienische Autos und eine unüberschaubare Auswahl an Lebensmitteln aus allen europäischen Ländern kosten uns durch die Zollfreiheit der EU keinen Cent mehr, als wenn sie hier bei uns in Deutschland produziert würden.

Gleichzeitig profitieren wir, seit die junge Bundesrepublik 1955 in die NATO integriert wurde, von einem starken Bündnis und einem atomaren Schutzschild. In der Hochzeit des Kalten Krieges im 20. Jahrhundert haben wir für die militärische Abschreckung 4 Prozent unserer Wirtschaftsleistung aufgebracht.[14] Dreißig Jahre nach der Wiedervereinigung ist uns unsere Bundeswehr gerade noch 1,3 Prozent wert. Das bedeutet: Wir verdienen als Teil des europäischen Binnenmarkts und des freien Welthandels sehr viel Geld, unsere militärische Sicherheit aber kostet uns fast nichts. Hinzu kommt, dass sich mit der EU um uns herum ein riesiger Raum eröffnet hat, in dem wir uns frei bewegen können: Wir reisen ohne Passkontrollen von Helsinki bis Heraklion, und wer das Leben in Deutschland nicht mag oder mehr Sonne braucht, lässt sich dauerhaft auf Mallorca oder in Mailand nieder. Wir leben in einem wirtschaftlich wohlhabenden, kulturell, landschaftlich und klimatisch höchst vielfältigen Freiheitsraum namens Europa und zahlen einen lächerlich geringen Preis für die Sicherheit unserer Lebensweise. So zumindest war es bisher. Aber wie ist es dazu gekommen?

Die Gegenwart entsteht

Schon im ausgehenden 18. Jahrhundert mahnte Immanuel Kant in seiner Schrift *Vom ewigen Frieden* ein Völkerrecht an, das jeden Angriff eines Landes auf ein anderes Land zum Unrecht erklärt. Diese Idee gewann an Attraktivität, als Waffen durch Mechanisierung und Industrialisierung wirksamer und zahlreicher, Kriege damit erheblich grausamer wurden. Am Ende des verheerenden Ersten Weltkriegs stellte der amerikanische Präsident Woodrow Wilson bei den Friedensverhandlungen von Versailles 1919 ein Vierzehn-Punkte-Programm vor, das zum ersten Mal die Forderung enthielt, es müsse ein »Selbstbestimmungsrecht der Völker« geben. Jedem Volk solle das Recht zustehen, souverän – ohne Einmischung von außen – über seine innere Verfasstheit zu entscheiden und frei von Fremdherrschaft zu sein. Allerdings widersprach die im Versailler Vertrag festgelegte Neuordnung Europas in vielen Punkten Wilsons Plan, und der neu gegründete Völkerbund, ein Vorläufer der UNO, scheiterte daran, dass kaum ein Staat bereit war, ihm beizutreten – selbst die USA nicht. Wilson erlebte bei der Abstimmung im Senat eine peinliche Niederlage. Das Völkerrecht war vorerst passé.[15]

Das änderte sich 1941. Wenige Wochen nachdem NS-Deutschland am 22. Juni 1941 unter dem Decknamen »Unternehmen Barbarossa« die Sowjetunion überfallen hatte, trafen sich der amerikanische Präsident Franklin D. Roosevelt und der britische Premier Winston Churchill auf dem britischen Schlachtschiff *HMS Prince of Wales* und vereinbarten die heute zu Unrecht weithin vergessene »Atlantik-Charta«, die sie im August 1941 veröffentlichten. Das Treffen fand unter größter Geheimhaltung statt. Was war das für eine Vision: Mitten in der Katastrophe des Zweiten Weltkriegs bemühten die USA sich erneut um ein großes Friedensprojekt, um die Gründung von »Vereinten Nationen« als Organisation, die zwischen den Staaten eine verbindlich geltende Rechtsordnung herstellt. Sie sollte die Völker der ganzen Welt in ein System einbinden, das allen dauerhafte Sicherheit gewährleistet. Ein halbes Jahr später, im Januar 1942, bekannten sich bereits sechsundzwanzig Staaten in der »Deklaration der Vereinten Nationen« zur Atlantik-Charta. Im Jahr darauf wurden China und Russland in die Verhandlungen eingebunden, dann Frankreich, schließlich wurde die *Charter of the United Nations* am 26. Juni 1945 in San Francisco von fünfzig Staaten feierlich unterzeichnet.

Die Gründer der Vereinten Nationen formulierten hehre Ziele. Sie verpflichteten sich dazu, auf Gebietserweiterungen und auf Gewaltanwendung zu verzichten, das Selbstbestimmungsrecht der Völker achten, und allen Nationen weltweit Zugang zum Welthandel und zu Rohstoffen zu gewähren und vieles mehr. Allerdings widersprach schon die Macht, die Großbritannien durch das Empire immer noch über manche Staaten und Regionen der Welt ausübte, damals den Verlautbarungen der Atlantik-Charta, die in der Kolonialzeit geschaffenen Verhältnisse waren längst nicht überwunden. Dennoch war mit den UN und ihren Gremien zum ersten Mal eine Organisation entstanden, in der bis heute Staaten mit den unterschiedlichsten Interessen zusammenkommen, ganz egal, ob sie sich gerade als Freunde oder Feinde gegenüberstehen.

Als die Alliierten Ende des Zweiten Weltkriegs über die Nachkriegsordnung in Europa berieten, zeichnete sich jedoch schon ab, dass die USA, Frankreich und Großbritannien auf der einen und die Sowjetunion auf der anderen Seite unterschiedliche Vorstellungen davon hatten, wie die neue Friedensordnung aussehen sollte. In seinem berühmt gewordenen Buch *Present at the Creation* analysierte der amerikanische Außenminister Dean Acheson 1969 sehr genau, wie die Fronten und Handlungsmöglichkeiten im ersten Kalten Krieg bereits unmittelbar in der Zeit nach dem Zweiten Weltkrieg definiert wurden. Schon auf den Konferenzen der Alliierten während und nach dem Krieg waren die Weichen für diese Entwicklung gestellt worden.

Zunehmende Spannungen führten so folgerichtig aufseiten des Westens zur Gründung der NATO, mit der sich Nordamerika und Westeuropa zum Militärbündnis des demokratischen Westens zusammenschlossen. Am 24. August 1949 trat der Nordatlantikvertrag in Kraft, 1952 erhielt die NATO eine ständige Organisation in Paris, der Brite Lord Ismay wurde zu ihrem ersten Generalsekretär. Von ihm stammt die berühmte Formulierung, der Zweck der NATO bestehe darin, »*to keep the Americans in, the Germans down and the Russians out*«. Teil der Bündnisstrategie in den ersten Jahren war die Bereitschaft, militärische Angriffe »massiv zu vergelten«, dafür gegebenenfalls auch Nuklearwaffen einzusetzen und diese in Westeuropa zu stationieren.[16] Als die NATO 1955 die Bundesrepublik aufnahm und damit bis unmittelbar an die Grenze der Ost-West-Konfrontation vorrückte, konsolidierte die Sowjetunion ihre Vorherrschaft in Ostmitteleuropa und gründete den Warschauer Pakt, in dem sie die von ihr dominierten Staaten militärisch organisierte.

Die USA arbeiteten noch während des Zweiten Weltkriegs an einer militärischen Neuordnung der Welt. Aber sie stellten auch Handel und Finanzen auf neue Grundlagen. Schon im Juli 1944 trafen sich die Finanzminister und Notenbankchefs von vierundvierzig Staaten in der kleinen Gemeinde Bretton Woods in New Hampshire und vereinbarten ein Abkommen, aus dem das sogenannte Bretton-Woods-System entstand: eine internationale Währungsordnung mit dem Dollar als Ankerwährung, der seinerseits an die Goldreserven der amerikanischen Bundesbank gebunden war. Für den internationalen Handel hatte die Einführung einer internationalen Leitwährung den Vorteil, dass es einen verlässlichen, goldbasierten Zahlungsstandard und feste Wechselkurse gab.

Wenig später wurde das Bretton-Woods-Abkommen mit der Gründung der Weltbank und des Internationalen Währungsfonds auch institutionell verankert. Die Weltbank, eigentlich »Internationale Bank für Wiederaufbau und Entwicklung«, diente der Finanzierung des Wiederaufbaus der vom Zweiten Weltkrieg zerstörten Staaten, der Internationale Währungsfonds vergibt als Institution der Vereinten Nationen Kredite an Länder, die in finanzielle Schwierigkeiten geraten sind. Der nächste Schritt, die Gründung einer internationalen Handelsorganisation, scheiterte zunächst, sodass sich erst 1947, drei Jahre nach dem ersten Treffen in Bretton Woods, dreiundzwanzig Staaten auf das GATT einigten – das »Allgemeine Zoll- und Handelsabkommen« (*General Agreement on Tariffs and Trade*), einen völkerrechtlichen Vertrag mit Sekretariat in Genf. Damit waren die Grundlagen dafür geschaffen, in den folgenden Jahrzehnten nach und nach Zölle und Handelshemmnisse auf der ganzen Welt abzubauen. Erst fast fünfzig Jahre später ging das GATT schließlich in der 1994 gegründeten Welthandelsorganisation WTO auf, die weiter vertiefen sollte, was im Rahmen des GATT erreicht worden war: ein Handelssystem für die ganze Welt, das auf amerikanische Initiative in der kurzen Zeit zwischen 1944 und 1947 entstanden war.

Auch das Zentrum der wissenschaftlichen und technischen Innovation wanderte nach Jahrhunderten der europäischen Moderne ab 1945 nach Amerika. Herausragende Wissenschaftler und Intellektuelle, die vor den Nazis und den Gräueln des Krieges geflüchtet waren, arbeiteten in der militärischen und zivilen Forschung, in Universitäten und neu gegründeten Unternehmen. Das deutsch-jüdische Genie Albert Einstein floh genauso in die USA wie der Literaturnobelpreisträger Thomas Mann. Nach dem Krieg sicherten sich die USA das Wissen von Wernher von Braun, noch kurz zuvor der wichtigste Raketeningenieur des NS-Regimes. 1903 hatte der erste Motorflug der Brüder Wright in North Carolina stattgefunden, keine siebzig Jahre später rammte Neil Armstrong 1969 die amerikanische Fahne in den Boden des Mondes. 1981 kam in Amerika der erste Personal Computer von IBM auf den Markt, kurz darauf nahm die digitale Revolution im Silicon Valley ihren Anfang und eroberte von dort aus die gesamte Welt. Bis heute: Das Smartphone ist noch keine fünfzehn Jahre alt und hat unser Leben doch schon gründlich verändert, vom Texting über das Banking bis zum Streaming und zum Dating – nicht nur die Technik ist amerikanisch, auch die Begriffe haben wir übernommen. Die Zahl der Nobelpreise für amerikanische Wissenschaftlerinnen und Wissenschaftler geht in die Hunderte, es gibt keine einzige andere Nation, ja nicht einmal eine andere Weltregion, die auch nur annähernd mit amerikanischen Forschungserfolgen mithalten kann.

Deutschland erlebte diese Ereignisse gewissermaßen »von unten«, als Verlierer des Krieges am Boden liegend. Wir waren der Feind, gegen den die internationale Friedensordnung errichtet wurde. Die Entstehung der Atlantik Charta und die Gründung der Vereinten Nationen wurde durch den Angriff der Wehrmacht auf die Sowjetunion im Juni 1941 ausgelöst. Während Churchill und Roosevelt sich trafen, um die Welt für die Nachkriegszeit auf der Grundlage des Rechts neu zu ordnen, planten Heydrich und Eichmann die Wannseekonferenz, um die Logistik für die Ermordung der jüdischen Bevölkerung Europas zu organisieren.

Zum Zeitpunkt des ersten Bretton-Woods-Abkommens befand sich Deutschland an allen Fronten im Kampf gegen die militärische Niederlage. Als drei Jahre später, 1947, das GATT geschlossen wurde, gab es keinen deutschen Staat; wir waren vollständig besetztes Gebiet, hatten 1945 und 1946 zwei Hungerwinter überstanden, das Einzige, was blühte, waren die Schwarzmärkte. Die Währung dort war nicht deutsches Geld, sondern amerikanische Zigaretten. Wir hatten den Holocaust zu verantworten, Bilder aus den befreiten Konzentrationslagern gingen um die Welt, die die deutsche Barbarei unzweifelhaft und zutiefst schockierend dokumentierten. Deutschland war ein Aussätziger, in die Vereinten Nationen nahm man uns nicht auf, stattdessen werden wir in der Satzung bis heute als *»Enemy State«* geführt – als Feindstaat. Heute gibt es Bestrebungen, diese auch rechtlich inzwischen obsolete Klausel zu löschen; das gilt auch für Japan, das ebenfalls noch als *»Enemy State«* geführt wird.

Um unsere Zukunft kümmerten sich andere. Als besetztes Land hatten wir weder die Macht noch die Möglichkeiten dazu. Amerikaner, Briten, Franzosen und Russen verwalteten uns. In Frankfurt am Main saß OMGUS, das *Office of the Military Government of the US*, von der Vier-Mächte-Stadt Berlin aus verkündeten die Briten die Gründung Nordrhein-Westfalens, in

Hannover überwachten sie den Aufbau des Nachrichtenmagazins *Der Spiegel*. Die eher kleine Hansestadt Bremen wurde nur deshalb ein eigenes Bundesland, weil die Amerikaner im britisch verwalteten Niedersachsen einen Hafen brauchten. Die Sowjetunion transportierte zahlreiche Industrieanlagen als Reparationsleistung aus ihrer Besatzungszone zwischen Ostsee und Erzgebirge ab, die französische Regierung gründete 1945 »Radio Koblenz« und förderte später die Entstehung des Südwestfunks.

Die Amerikaner legten den Marshallplan auf, leisteten den notleidenden Bevölkerungen in Europa Hilfe gegen Hunger und finanzierten den Wiederaufbau. 1948 beendete die Einführung der D-Mark schlagartig die Warenknappheit, die Läden waren wieder voll. 1949 wurden schließlich die beiden deutschen Staaten gegründet und in zwei unterschiedliche Systeme integriert. Wir *wurden* integriert – die anderen nahmen uns auf. Mit dem wichtigen Unterschied, dass wir in der Bundesrepublik frei darüber diskutieren konnten, ob wir das überhaupt wollten. Der SPD-Vorsitzende Kurt Schumacher war der festen Überzeugung, dass eine Integration in den Westen die Wiedervereinigung auf alle Zeiten unmöglich machen würde, und sprach sich deshalb strikt dagegen aus. Der erste Bundeskanzler Konrad Adenauer hingegen sah in der Westbindung die einzige Chance für Deutschland, wieder in die Reihen der zivilisierten Nationen aufgenommen zu werden, in seinen Augen die zwingende Voraussetzung dafür, dass an eine Wiedervereinigung überhaupt gedacht werden konnte. Diese Auseinandersetzung wurde mit großer Härte geführt, sie prägte die ersten Jahre der Bundesrepublik.

Das war in der DDR völlig undenkbar. Die eiserne Faust von Stalin und seine deutschen Helfer erstickten hier jede Debatte im Keim. Einen Oppositionellen wie Kurt Schumacher konnte es in der DDR nicht geben, denn die SPD war durch die Zwangsvereinigung mit der Kommunistischen Partei abgeschafft, ihre wichtigsten Köpfe waren weggesperrt oder ins Exil getrieben worden.

Wir räumten die Trümmer auf, die der Krieg in unseren Städten, unseren Familien und unseren Seelen hinterlassen hatte, wobei viele es kaum ertragen konnten oder wollten, den Tatsachen ins Auge zu blicken: dass wir nicht Opfer der Ereignisse waren, sondern als Täter ganz Europa in Schutt und Asche gelegt hatten.

Und was machten die Europäer? Nur sechs Jahre nach Kriegsende schlug der französische Außenminister Robert Schuman die Gründung der sogenannten Montanunion vor. Sechs westeuropäische Länder – Frankreich, Belgien, die Niederlande, Luxemburg, Italien und die westdeutsche Bundesrepublik – schlossen sich zur »Europäischen Gemeinschaft für Kohle und Stahl« zusammen, der ersten Europäischen Gemeinschaft. Sie erwies sich als wesentlicher Impuls für den Wiederaufbau der deutschen Wirtschaft, weil das Ruhrgebiet von der Montanunion stark profitierte.

Man muss sich das kurz vor Augen halten: In Frankreich, das in Deutschland nach drei Kriegen (dem deutsch-französischen Krieg 1870/71 und den beiden Weltkriegen) seinen größten Feind sah, initiierte nur sechs Jahre nach 1945 ein Außenminister eine gemeinsame Politik unter gleichberechtigter Einbindung der deutschen Seite. Wieder sechs Jahre später, 1957, unterschrieben dieselben »Sechs« die Römischen Verträge und begründeten damit das größte europäische Friedensprojekt der Geschichte. Deutschland wurde von seinen Nachbarländern in diese Gemeinschaft aufgenommen, obwohl wir sie kaum zwanzig Jahre zuvor als aggressive Kriegsmacht überfallen hatten. Nun schlossen sich die »Sechs« zur Europäischen Wirtschaftsgemeinschaft EWG und zur Europäischen Atomgemeinschaft EURATOM zusammen und richteten auf der Grundlage der Römischen Verträge ein Parlament, einen Gerichtshof und einen Wirtschafts- und Sozialausschuss ein. Und noch einmal sechs Jahre später, 1963, schloss Charles de Gaulle sogar den Deutsch-Französischen Freundschaftsvertrag mit Konrad Adenauer ab, den Élysée-Vertrag.

Doch die Nachkriegsordnung war in erster Linie eine Pax Americana. Nur mit den USA als politischer, militärischer und finanzieller Supermacht im Rücken, konnten wir unter dem Schutzschirm der NATO und wieder akzeptiert von den Europäern beträchtlichen Wohlstand erwirtschaften. Die Bonner Republik entwickelte sich zum erfolgreichsten Staat der deutschen Geschichte. Aber es war nur zum Teil unser Verdienst. Mit der Schaffung des Systems aus UN, Bretton-Woods, GATT, NATO und EU hatten wir nichts (oder nur wenig) zu tun. Auf der Grundlage von Entscheidungen, die andere gefällt hatten, wurde die Bundesrepublik Deutschland zu einem der freiesten und reichsten Länder der Welt.

Aber das war nur das halbe Bild. Deutschland lag in den Jahrzehnten seiner Teilung genau in der Mitte des Weltkonflikts. Die Frontlinie der Auseinandersetzung zwischen den USA und der Sowjetunion verlief zwischen Goslar und Wernigerode, in Berlin trennte sie Reinickendorf von Pankow, Friedrichshain von Kreuzberg, Neukölln von Treptow. Selbstschussanlagen, Todesstreifen, Schießbefehl waren Vokabeln einer Zeit, in der die DDR ihren Bürgern unter Todesdrohung das Reisen innerhalb Deutschlands verbot. Die DDR war geopolitisch ein Teil der russischen Pufferzone gen Westen, Mitteldeutschland genauso sowjetisch besetztes Gebiet wie die baltischen Republiken, Polen oder die ČSSR. Freiheit gab es nicht, politische Äußerungen konnten fatale Folgen haben, viele Menschen flohen nach Westen, und wer blieb, musste sich anpassen.

Was jenseits der großen Politik die Deutschen in Ost und West verband, war die Sehnsucht nach Frieden. Über den Weg dahin wurde im freien Teil Deutschlands mit ähnlicher Härte gestritten wie über die Westbindung. Im Oktober 1981 hatte die Angst vor nuklear bewaffneten Mittelstreckenraketen dreihunderttausend Menschen zur größten Demonstration der deutschen Geschichte in den Bonner Hofgarten getrieben. Bundeskanzler Helmut Schmidt wurde von seiner eigenen Partei gestürzt, die damals ziemlich zotteligen Grünen zogen 1983 noch sehr naiv friedensbewegt erstmals in den Bundestag ein.

Von solchen Debatten waren die Ostdeutschen weitgehend ausgeschlossen. Aus Kirchengemeinden heraus wurde ab 1990 zwar gefordert, »Schwerter zu Pflugscharen« zu machen, doch Moskau gestand seinen Vasallen in Ostberlin noch lange keine freien Debatten zu. Gerade wegen dieser Unfreiheit verschwand die Frage nach der Wiedervereinigung nie ganz, trotz aller Anstrengungen der SED-Oberen. Am Anfang hatte der ostdeutsche Staat in seiner Hymne noch »Deutschland, einig Vaterland« als nationales Interesse festgeschrieben. Gesungen wurde sie allerdings seit 1972 nicht mehr, weil ein Westdeutscher ab 1971 versuchte, seinem ostdeutschen Rumpfstaat international Geltung zu verschaffen: Erich Honecker aus Neunkirchen im Saarland. Für Honecker war der Sozialismus auf deutschem Boden sein Lebensziel, während auf der westdeutschen Seite ein Ostdeutscher immer wieder versuchte, die Politik der Westbindung weiterzuentwickeln und gleichzeitig den Osten durch allmähliche Annäherung so zu schwächen, dass die Wiedervereinigung möglich wurde: Hans-Dietrich Genscher aus Halle in Sachsen-Anhalt. Für Genscher war die Überwindung der deutschen Teilung eine Herzensangelegenheit. Am 3. Oktober 1990 erfüllte sich sein Wunsch, Honecker floh im März 1991 nach Moskau. Der Kalte Krieg in Deutschland war zu Ende.

Das goldene Jahrzehnt der Weltpolitik

Im Herbst 1991 war ich zum Studium der Geschichte und der Internationalen Politik an der Georgetown University in Washington eingeschrieben. Am letzten Tag eines Seminars, im Dezember, betrat unsere Professorin den Raum und machte eine überraschende Ankündigung: »Wir werden heute nicht besprechen, was auf unserem Lehrplan steht. Stattdessen bitte ich Sie, mit mir darüber nachzudenken, wie mein Seminar in Zukunft heißen soll.« Die Professorin hieß Madeleine Albright, später wurde sie Außenministerin der Vereinigten Staaten unter Präsident Bill Clinton, als erste Frau in diesem Amt. Für mich aber war sie im Herbst 1991 einfach meine Professorin. Ich hatte über ihre faszinierende Lebensgeschichte erst einige Details gehört und über ihre prominente Rolle in der Demokratischen Partei der USA noch gar nichts. Sie war eine unglaublich kluge und dabei nahbare Lehrerin, die unser Seminar so spannend gestaltete, dass man sich trotz der vielen Arbeit (pro Woche ein Paper) jedes Mal darauf freute, wenn sie den holzgetäfelten Hörsaal im Hauptgebäude von Amerikas ältester Jesuiten-Universität betrat und sich ihrer Studenten annahm. Das Seminar, dessen Namen wir neu finden sollten, trug den Titel »*US-Soviet-Relations*«. Dieses Thema war Albrights Spezialgebiet, der Kalte Krieg, die Blockkonfrontation zwischen den Supermächten USA und Russland, die jahrzehntelang nahezu überall auf der Welt die Außen- und Sicherheitspolitik bestimmt oder zumindest beeinflusst hatte. Bald aber, das war klar, würde es die Sowjetunion nicht mehr geben. Am Abend des 25. Dezember 1991 verkündeten Moskauer Nachrichtensender offiziell, dass die Macht von der Sowjetunion auf die Russische Föderation und von Gorbatschow auf Jelzin übergegangen war. Die Gegenwart, die Albright in ihrem Seminar mit uns studierte, war vor unseren Augen Geschichte geworden.

Man kann sich heute kaum noch vorstellen, wie verrückt der

Gedanke war, die Sowjetunion könnte aufhören zu existieren. Was heute China ist, war damals Russland: der große Gegenspieler, der gesellschaftliche Gegenentwurf. Was heute der Klimawandel ist, waren damals die Atomwaffen: die Angst der jungen Generation vor dem Weltuntergang. Mit dem Ende des Kalten Krieges endeten Jahrzehnte der Angst vor einem atomaren Vernichtungskrieg der Supermächte. Aus dem großen geopolitischen Machtkonflikt war Amerika als eindeutiger Sieger hervorgegangen, die Rote Armee zog sich aus zahlreichen Ländern zurück, ehemalige Satellitenstaaten wandten sich von Moskau ab und gingen eigene Wege.

Auch der Wettstreit zwischen freiheitlicher Demokratie und real existierendem Sozialismus war entschieden und damit der zwischen ihren philosophischen Fundamenten: Der Liberalismus hatte sich dem Kommunismus gegenüber als überlegen erwiesen. Menschenrechte, Rechtsstaatlichkeit und Demokratie hatten sich durchgesetzt, zudem strebten die Völker, die jahrzehntelang Plan- und damit Mangelwirtschaft hatten ertragen müssen, zur Marktwirtschaft, jedenfalls zu ihren materiellen Segnungen. Wenig später legte der US-amerikanische Historiker Francis Fukuyama mit seiner Schrift *The End of History and the Last Man* (1992) eine Diagnose vor, in der er die historische Bedeutung dieses Sieges betonte. Die Geschichte habe das Potenzial, auf einen Zustand hinauszulaufen, in dem es keine weltpolitischen Konflikte mehr gibt. Die internationale Gemeinschaft, so die Hoffnung, könnte in ein friedliches Gleichgewicht übergehen. Das *Ende der Geschichte* wurde jedoch sehr schnell zum missverstandenen Wort. Fukuyama hatte nicht das Jahr 1991 zum Ende der Geschichte ausgerufen. Er hatte vielmehr aus dem Siegeszug der Freiheit abgeleitet, dass eine solche Entwicklung, wenn sie denn global um sich greifen würde, zum Ende der Konflikte zwischen Staaten und Völkern führen könnte. Da er diesen Vorgang als dialektischen Prozess von Fortschritt und Rückschritt, Freiheit und Unfreiheit, Modernisierung und

Archaik versteht, gilt Fukuyama zu Recht als Hegelianer.[17] Aber sogar in Kants Philosophie ist zumindest theoretisch ein Endzustand der Geschichte zu erkennen, wenn sein politisches Hauptwerk den Titel *Der ewige Friede* trägt. Doch ähnlich wie andere Philosophen und Historiker vor ihm, musste auch Fukuyama miterleben, dass der Titel seines philosophisch angelegten Werkes tagespolitisch zum geflügelten Wort wurde, den zu widerlegen sich seither zahlreiche Autoren bemüßigt fühlen.

In den Jahren nach dem Erscheinen seines Buches aber sah es ganz so aus, als ob seine Prognose auch in ihrer banalisierten Verkürzung zutreffen würde. Immer mehr Länder wurden demokratisch, Wirtschaftswachstum und Wohlstand stiegen dramatisch an. Technologischer Wandel befeuerte die großen Hoffnungen der 1990er-Jahre. Tim Berners-Lee und Robert Cailliau hatten am Genfer Kernforschungszentrum CERN das World Wide Web entwickelt und der Öffentlichkeit im Sommer 1991 zur freien Verfügung gestellt. Und zwar kostenlos, weil sie damit, ganz im Geist der Zeit, ein radikal demokratisches Signal senden wollten. Jeder, egal, an welchem Ort er sich befindet, sollte

Freiheit und Wohlstand stiegen weltweit parallel

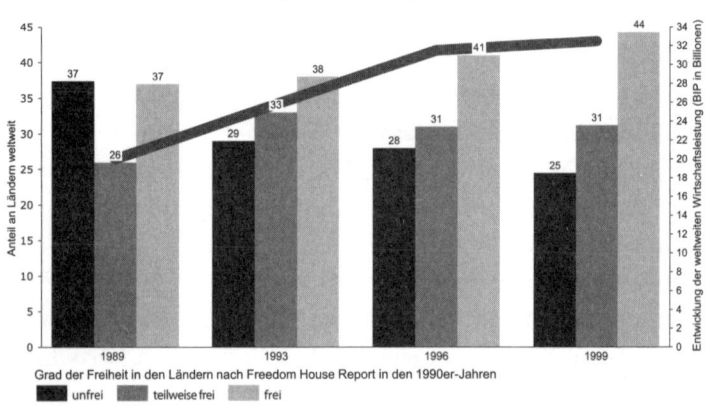

Grad der Freiheit in den Ländern nach Freedom House Report in den 1990er-Jahren
unfrei   teilweise frei   frei

freien Zugang zu Information und öffentlichen Diskursen haben. Auf diese Weise, so hofften viele im Westen, würde das WWW dazu beitragen, autokratische Regime zu unterwandern. Wie der Medienwissenschaftler Marshall McLuhan schon in den 1960er-Jahren prophezeite, sollte das Internet die Welt zu einem globalen Dorf schrumpfen, in dem alle frei und friedlich kommunizierten.

In Deutschland entsprach die Erleichterung über das Ende von Teilung und Blockkonfrontation der riesigen Anspannung der langen Teilungsjahrzehnte. Teile der Mauer, von Mauerspechten und Behörden innerhalb von nur einem Jahr abgetragen, wurden wie Reliquien als Symbol des friedlich überwundenen Kalten Krieges in der ganzen Welt gehandelt. In leer stehenden Gebäuden und ungenutzten Flächen feierten Partygänger die neu gewonnene Freiheit zu den Beats von Technomusik, die erste Love-Parade wurde als politische Demonstration für »Friede, Freude, Eierkuchen« angemeldet. In Zukunft sollte das Kräftemessen zwischen Nationen nur noch im Sport stattfinden. Und noch während wir dabei waren, die innerdeutschen Grenzanlagen abzureißen, wurde das wiedervereinigte Deutschland im Sommer 1990 bei der WM in Italien Fußballweltmeister.

Große Teile dieses Prozesses waren hoffnungsvoll und von Optimismus geprägt. Den Konflikten und Bedrohungen, die wir heute erleben, ging in den 1990er-Jahren ein geradezu goldenes Jahrzehnt der internationalen Zusammenarbeit voraus. Schon seit den 1970er-Jahren hatte durch die Dekolonisierung einer Reihe von Staaten in Afrika eine Welle der Demokratisierung begonnen. Die Auflösung der Sowjetunion ebnete jetzt den Weg für die Bildung oder Wiederherstellung demokratischer Institutionen nicht nur in Osteuropa, sondern auch in Lateinamerika, Afrika und Asien. Die Zahl der Staaten, die zwischen 1988 und 2005 als »nicht frei« eingestuft wurden, fiel um fast 14 Prozentpunkte, während der Anteil der als »frei« bewerteten Staaten fast spiegelbildlich zunahm.[18]

Wenn es je Ansätze zu einer »Weltinnenpolitik« gab, in der sich die Staaten der Welt bemühten, globale Themen wie Klimawandel und Umweltzerstörung, Armut und Hunger gemeinsam anzugehen, dann in den Jahren nach dem Ende des Kalten Krieges, als plötzlich alles möglich schien. In den 1990er-Jahren versammelten sich Diplomaten, Minister und Staatschefs zu einer Reihe von wirklich globalen Konferenzen zu den großen Herausforderungen der Menschheit. Die Welt kam 1992 zum Erdgipfel in Rio de Janeiro zusammen, der zur Einigung auf das Kyoto-Protokoll und damit zum ersten weltweiten Klimaschutzabkommen führte. 1993 folgte die Weltkonferenz für Menschenrechte in Wien, 1994 wurde in Genf die Welthandelsorganisation WTO gegründet. Nach dem Weltfrauengipfel 1995 in Peking kam 1996 die Konferenz Habitat II in Istanbul dazu, in der die UNO das 1976 initiierte Programm für das Recht auf Wohnraum fortsetzte.

Die unwahrscheinlichsten Erfolge, die den Umbruch vom Kalten Krieg zu einer globalen Weltinnenpolitik markierten, waren die Verträge zur Rüstungskontrolle und Abrüstung. Den INF (Intermediate Range Nuclear Forces Treaty) genannten Vertrag über nukleare Mittelstreckenraketen schlossen Russland und die USA schon 1987 nach dem Machtantritt Michail Gorbatschows. Er schrieb die Vernichtung von landgestützten Flugkörpern mit einer Reichweite von 500 bis 5500 Kilometern vor, die dann auch tatsächlich vollzogen wurde, und zwar unter gegenseitiger Kontrolle. Man muss sich vorstellen, was das praktisch bedeutete: Russische und amerikanische Waffenexperten reisten in das Land des jeweils anderen und überprüften, dass die Raketen auch wirklich mit Schweißbrenner und Schrottpresse unbrauchbar gemacht wurden. So entstanden damals Vertrauen und Berechenbarkeit. Auch der START-Vertrag aus dem Jahr 1991 über die Verringerung der Anzahl strategischer Waffen sah die Vernichtung von Raketen vor.

Gleichzeitig setzte man auch in Europa auf eine Demokratisierung in den Nachfolgestaaten der Sowjetunion. Ein von der NATO schon im Juni 1990 veröffentlichtes Statement appellierte an die Mitglieder: »Streckt die Hand zur Freundschaft und Zusammenarbeit aus.«[19] 1994 sollte die »Partnerschaft für den Frieden« eine Grundlage zur militärischen Zusammenarbeit zwischen der NATO und zwanzig weiteren europäischen und asiatischen Staaten schaffen, die keine NATO-Mitglieder waren. 1997 wurde auf Initiative von Außenminister Klaus Kinkel der »Gemeinsame Ständige NATO-Russland-Rat« als Beratungsforum gegründet und fünf Jahre später in den NATO-Russland-Rat überführt. Bei den Vereinten Nationen registrierte man erleichtert, dass Russland im Weltsicherheitsrat nicht mehr ständig sein Veto einlegte.

Westliche Beobachter hofften nicht nur auf Veränderungen in Russland, sondern auch in China. Eine Zeit lang sah es so aus, als könnte der Wirtschaftsaufschwung nach dem Prinzip »Wandel durch Handel« auch das starre kommunistische System im Reich der Mitte aufbrechen. Immerhin hatte Deng Xiaoping 1992 in Shanghai die Devise »Reich werden ist ruhmreich!« ausgegeben.[20] Seine Landsleute nahmen sich das zu Herzen, die chinesische Wirtschaft wächst seither bis zur Corona-Krise im Schnitt um 9,2 Prozent im Jahr, seit 2012 ist China die größte Handelsmacht und gemessen an der Kaufkraftparität seit 2015 sogar die größte Volkswirtschaft.[21] Das sind offizielle chinesische Zahlen, die von manchen bezweifelt werden. Doch der gigantische Sprung nach vorn, den China in nur einer Generation geschafft hat, ist unbestritten.

Last but not least formierten sich die Europäischen Gemeinschaften in den 1990er-Jahren zur Europäischen Union. Der 1992 unterzeichnete Vertrag von Maastricht schuf am 1. Januar 1993 den europäischen Binnenmarkt, zu dem auch noch Norwegen, die Schweiz, Island und Liechtenstein gehörten. Er beruht auf den vier Freiheiten des Personen-, Waren-, Dienstleistungs- und Kapitalverkehrs und erhielt am Ende der Dekade durch die Einführung des Euro eine Währung, die den Handel zwischen den Mitgliedstaaten zusätzlich vereinfachte. Nach der Ratifizierung durch alle Mitgliedstaaten trat der Vertrag von Maastricht am 1. November 1993 endgültig in Kraft und schuf damit die EU mit ihren drei Säulen: der Fortführung und Erweiterung der bisherigen Europäischen Gemeinschaften um neue Politikfelder wie Umwelt- und Verbraucherschutz, der neu eingeführten »Gemeinsamen Außen- und Sicherheitspolitik« und der ebenfalls neuen Zusammenarbeit in den Bereichen Inneres und Justiz. Und während die EU sich in ihrem Inneren radikal erneuerte, drängten von jenseits des ehemaligen Eisernen Vorhangs die jetzt freien Nationen Ostmitteleuropas in die Union. Mit dem Beitritt von Tschechien, Ungarn, der Slowakei, Polen, Slowenien, den drei baltischen Staaten, Malta und Zypern im Jahr 2004 und von Bulgarien und Rumänien 2007 wuchs die EU um zwölf neue Mitglieder.

Das Ende der Geschichte ist in den Neunzigerjahren nicht eingetreten. Und doch haben sich viele Hoffnungen der Wendezeit erfüllt – auch wenn das angesichts zahlreicher aktueller Krisen in den öffentlichen Debatten wenig wahrgenommen wird. Gleichzeitig waren es die Neunzigerjahre, in denen viele unserer heutigen Krisen und Konflikte ihren Ausgang nahmen. Paradoxerweise gilt das besonders für die Krisen der Demokratie und der Diplomatie; Krisen, die in einer eigentlich goldenen Zeit entstanden. Ebenso irritierend ist, dass auch diese Entwicklung ihren Ausgang in den USA nahm, jenem Land, das mit seinem Liberalismus als Sieger aus dem Kalten Krieg hervorgegangen war. Was Dean Acheson für die späten 1940er-Jahre beschrieb, gilt auch für die frühen 1990er-Jahre: Nach dem Kalten Krieg entstand eine neue Ordnung. Bei genauerer Betrachtung stellt man jedoch fest, dass diese Ordnung eigentlich eine Unordnung ist. Während die Institutionen aus der Zeit des Kalten Krieges stammen, sind Bestrebungen der Akteure der Gegenwart und die Machtverschiebungen zwischen ihnen nicht mehr durch den Ausgang des Zweiten Weltkriegs, sondern viel eher durch den des Kalten Krieges erklärlich.

Rückschritte

Die Wende von 1989/90 brachte für Deutschland einen dreifachen Schub. Mit der Wiedervereinigung, der Einführung des Euro und der Entstehung des europäischen Binnenmarktes sorgten gleich drei Faktoren dafür, dass Deutschland zu einer wirtschaftlichen Weltmacht aufstieg. Für uns in Deutschland war das die gute Nachricht. Die schlechte lautet: Während wir allmählich immer stärker wurden, gerieten die Voraussetzungen unseres Wachstums und unseres Wohlstands, die Demokratie und die Diplomatie, nahezu unbemerkt unter Druck.

Noch während wir uns in Europa 1992 über den bevorstehenden Amtsantritt des jugendlich dynamischen US-Präsidenten Bill Clinton und seine brillante Ehefrau Hillary freuten, verwandelte sich die Politik im Herzen Amerikas. Newt Gingrich, ab 1994 Sprecher des Repräsentantenhauses, entdeckte hemmungslose Lügen und vernichtende Rufmordkampagnen als wirksames Mittel im Kampf gegen politische Gegner, womit er, wie der *Atlantic* 2018 rückblickend schrieb, die Politik in Amerika vergiftete, den Kongress zerstörte und Trumps Wahl 2016 den Weg bereitete. Seine Strategie verhalf den Republikanern Mitte der 1990er-Jahre zu neuem Aufschwung, allerdings um den Preis, dass sie den demokratischen Streit zunehmend in eine Schlammschlacht verwandelte, die der Demokratie, ihren Repräsentanten und ihren Verfahren beträchtlichen Schaden zufügte (ausführlicher dazu in Kapitel 6).

Auch die Hoffnung, das World Wide Web würde als Korrektiv zu einer neutralen, allen zugänglichen Informationsquelle werden und so das Niveau der politischen Auseinandersetzung heben, wurde herb enttäuscht, ja verkehrte sich sogar in ihr Gegenteil. Seit seinen frühen Tagen zerfällt das Netz in Unteröffentlichkeiten. Sie werden zu geschlossenen Diskursblasen, in denen Teilnehmer mit ähnlichen Neigungen und Ansichten einander bestärken, wie abstrus diese auch sein mögen und ohne ein Korrektiv von außen. Anfang der 2000er-Jahre bekam ich als Presseattaché an der Deutschen Botschaft Washington den Auftrag herauszufinden, wie man deutsche Neonazi-Gruppen aus dem Netz vertreiben kann, die amerikanische Server nutzten, um NS-Propaganda in deutscher Sprache für die Verbreitung in Deutschland zu speichern. Die Antwort der US-Behörden war klar: Holocaust-Leugnung ist in den USA nicht strafbewehrt, die Servernutzung durch Neonazis war legal. Wer von wo aus welche Inhalte in welcher Sprache anschaue, könne die US-Regierung nicht kontrollieren. Aus ihrer Sicht hatten meine Gesprächspartner im *Department of Homeland Security* völlig recht. Mir wurde jedoch schon damals klar, dass das World Wide Web nicht nur ein Heilsbringer werden würde. Wie so vieles im Leben entwickelten das World Wide Web und später die sozialen Medien Licht- und Schattenseiten. Die weitaus meisten Nutzer sehen in der neuen Technologie einen großartigen Fortschritt, der ihr Leben und bei manchen auch das Bankkonto bereichert. Aber auch Kriminelle wissen die Vorzüge des Digitalen zu nutzen. Plattformen, auf denen sich zivilgesellschaftliche Akteure wie die Kampagneorganisation Campact bis hin zu den sogenannten Querdenkern, Corona-Leugnern und Impfgegnern zusammenfinden und organisieren können, setzen die Demokratie seit Jahrzehnten zusätzlichem Stress aus.

Das goldene Jahrzehnt internationaler Zusammenarbeit nach dem Kalten Krieg, als die Demokratie Aufwind hatte, die Europäische Union zusammenwuchs und die Weltgemeinschaft globale Politik versuchte, endete mit dem Auftauchen neuer Bedrohungen zu Beginn des 21. Jahrhunderts. Gab es in den 1980ern noch ein gefährliches, aber stabiles Gleichgewicht und in den 1990ern diplomatische Zusammenarbeit nahezu aller mit allen, wurden die 2000er ein Jahrzehnt der langen Kriege, deren Auswirkungen bis heute andauern.

Wie dramatisch diese neuen Bedrohungen werden konnten, erfuhr die Welt am 11. September 2001. Ein in seiner Komplexität und Brutalität nicht für möglich gehaltener Anschlag auf Washington und New York, das politische und das finanzielle Zentrum des Westens, führte der Welt das drastisch vor Augen. Es gibt wahrscheinlich niemanden, der nicht mehr weiß, wo er oder sie die Bilder von den Flugzeugen gesehen hat, die in die beiden Türme des World Trade Centers einschlugen. Erstmals nahm die zivilisierte Welt wahr, mit welchem Fanatismus, welcher Gewalt- und Opferbereitschaft islamistische Terroristen den Westen bekämpfen. Ich lebte damals in Washington und bekam durch Freunde und Bekannte mit, wie sehr diese Anschläge die Bevölkerung auch in ihrem Nationalstolz trafen,

Die Freiheit ist weltweit unter Druck

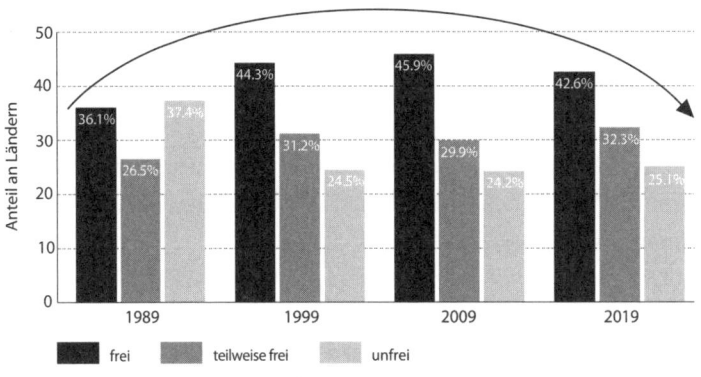

denn einen solchen Angriff auf amerikanischen Boden hatte es zuletzt 1812 im Krieg gegen die Briten gegeben.

In Washington hatte man als Ausgangspunkt dieses fürchterlichen Anschlags mit mehr als dreitausend Todesopfern schnell und zutreffend Afghanistan ausgemacht. Die US-Streitkräfte vertrieben daraufhin die Taliban-Regierung aus Kabul und besetzten Afghanistan bis Dezember 2001 vollständig, um al-Qaida und Osama bin Laden, die Urheber des Anschlags, ausfindig zu machen. In den folgenden Jahren hinterließ der Terror der Islamisten überall auf der Welt seine grauenvolle Blutspur: in Bali, Boston, Brüssel und Berlin, in Moskau, Orlando, Madrid und Paris, ganz besonders aber an zahlreichen Orten in der islamischen Welt selbst. Die Besetzung Afghanistans war der Auftakt zu einem Krieg der zivilisierten Nationen – nicht nur des Westens, sondern insbesondere auch Russlands – gegen diese brutalen Fanatiker.

Manche Kritiker der USA weisen darauf hin, dass diese an der Entstehung von islamischen Terrorgruppen in Afghanistan und Pakistan nicht unbeteiligt gewesen seien. Das stimmt und ist doch nicht ganz richtig. Im Kampf gegen die Sowjetunion, die 1979 in Afghanistan einmarschiert war, erschienen die Mudschahedin den USA als nützliche Alliierte, die entsprechend mit Geld, Waffen und Ausbildung versorgt wurden. Doch islamistische Gruppierungen und Parteien gab es in Afghanistan schon vorher. Am bekanntesten war die schon 1968 gegründete, besonders radikale Hisb-i-Islami von Gulbuddin Hekmatyar. Die USA stärkten die Mudschahedin zwar, sie erschufen sie aber nicht. Dennoch war es ein Schock, dass sich diese Gruppen später als Zauberlehrlinge des Terrors gegen ihre ehemaligen Unterstützer wandten; das hatte man in Washington nicht erwartet, genauso wenig wie das Ausmaß der Gewalt.

Der ganzen Welt war klar, dass die USA an 9/11 Opfer eines unprovozierten Angriffs geworden waren. Entsprechend fielen die Reaktionen aus. Zum ersten Mal in der Geschichte der

NATO wurde die Beistandsklausel, der Artikel 5 des Nordatlantikvertrages, aktiviert. Der sozialdemokratische Bundeskanzler Gerhard Schröder versicherte die USA seiner »uneingeschränkten Solidarität«. Die Grünen stimmten dem Militäreinsatz der USA in Afghanistan zu. Die transatlantischen Beziehungen waren intakt. Dann aber änderten sich die Fakten und die Stimmung. 2003 marschierten die USA im Irak ein, ohne dass es einen Angriff aus dem Land gegeben hätte. Keinen Zweifel gab es daran, dass Saddam Hussein ein brutaler Diktator war, der seine Bevölkerung unterdrückte und die Nachbarn bedrohte. 1990 war der Irak völlig überraschend in Kuwait eingefallen, um das Land zu annektieren. Diesen Angriff hatten die USA gemeinsam mit Verbündeten zurückgeschlagen, die Vereinten Nationen hatten scharfe Sanktionen gegen das Regime in Bagdad verhängt. Zwölf Jahre später jedoch war die amerikanische Begründung für den Einmarsch, ein angebliches irakisches Programm zur Herstellung von Massenvernichtungswaffen, zweifelsfrei erfunden. Der Irakkrieg von 2003 beruhte auf Lügen, kostete viele Menschenleben, destabilisierte eine ganze Region und beschädigte die Reputation der USA als Garant der Weltordnung massiv.

In der Folgezeit stellte sich jedoch heraus, dass sich die internationale Lage und die transatlantischen Beziehungen, bei aller Kritik, nicht zwangsläufig verbesserten, wenn die USA sich zurückhielten. Als der libysche Diktator Muammar al Gaddafi öffentlich damit drohte, die Bevölkerung der Millionenstadt Bengasi auszulöschen, entschlossen sich Frankreich und Großbritannien, ihm in den Arm zu fallen. Zu frisch war die Erinnerung an die Massaker in Ruanda, Darfur und Srebrenica. Einen weiteren Massenmord in unmittelbarer Nähe schweigend mit anzusehen, hätte die europäische Öffentlichkeit nicht verstanden. Die USA trugen die Entscheidung politisch mit, unterstützten auch eine erste Angriffswelle, hielten sich danach jedoch sowohl militärisch als auch politisch zurück. Präsident

Obama bezeichnete es im Rückblick als einen schweren Fehler, dass die USA sich an der Nachkriegsplanung nicht stärker beteiligten. Damit hat er ohne Zweifel recht, diesen Fehler müssen wir allerdings auch uns selber ankreiden. Einen noch schwereren Fehler beging Obama in Syrien. Er hatte dem Diktator Assad eine rote Linie aufgezeigt. Sollte dieser Giftgas gegen Aufständische einsetzen, würden die USA ihn militärisch angreifen. Dann aber, als Assad diese Linie überschritt, handelte Obama nicht und stellte dem syrischen Machthaber so einen Freibrief für weitere Giftgas-Angriffe gegen seine eigene Bevölkerung aus. Bei aller Kritik an Donald Trump gehört es zur Wahrheit dazu, dass er eine derartige Schwächung der amerikanischen Glaubwürdigkeit nicht zuließ. Nach einem weiteren Chemiewaffenangriff 2017 bei Chan Scheichun hat er den Rat seiner führenden militärischen Berater befolgt und mit einem gezielten Schlag gegen militärische Einrichtungen des Regimes bei Homs reagiert.

Das Machtvakuum, das die USA im Nahen Osten hinterließen, versuchen andere zu füllen. Russland, der Iran, die Türkei und Saudi-Arabien haben sich im Irak, in Syrien, Libyen und dem Jemen in mehrere parallele Konflikte verstrickt, die hinsichtlich der aktiv beteiligten Parteien und der im Hintergrund wirkenden Akteure kaum mehr zu durchschauen sind. Eine ordnende Hand ist nirgends zu erkennen, China hat kein Interesse an einer Beruhigung der Lage, Russland befeuert die Konflikte durch eigene Beteiligung und die USA sind mit sich selbst und dem Blick über den Pazifik voll ausgelastet.

In der Meinung der Weltöffentlichkeit vermischen sich angesichts der immer weiter wachsenden Komplexität die verschiedenen Schauplätze, Einsätze und Maßnahmen. So gelten die USA heute vielen nicht mehr als Garant einer internationalen Ordnung, sondern als das Gegenteil. Besonders die Generation, die um Mauerfall und Jahrtausendwende herum geboren wurde,[22] nimmt die USA als Risikofaktor im System der Großmächte wahr. Befeuert wurde das durch die erratische Amtsführung eines Donald Trump, der während seiner Zeit im Weißen Haus alle Vorurteile bestätigte, die in Europa über das angeblich kulturlose Amerika zirkulieren. Auf der Münchner Sicherheitskonferenz wurde 2020 debattiert, wie das stabile Gleichgewicht und die globale Kooperation zunehmend von chaotischen Machtspielen und harter Konfrontation abgelöst werden, in denen der Westen durch Abwesenheit glänzt – *»Westlessness«* lautete die Diagnose.

Und wir in Deutschland und Europa? Wir Deutschen hatten uns in der Pax Americana hervorragend eingerichtet. Noch immer glauben wir an Demokratie und Diplomatie, doch seit zwanzig Jahren sind die beiden Grundlagen unseres Wohlstands in ständig wachsender Gefahr. Verwundert reiben wir uns die Augen darüber, dass die liberale Weltordnung und die Idee Europa, wie sie sich in den fünfhundert Jahren seit der Neuzeit durch Renaissance, Humanismus und Aufklärung entwickelt haben, von so vielen Seiten bedroht sind. Werden wir in der Lage sein, dieses humanistische und freiheitliche Erbe der Jahrhunderte zu sichern und zu verteidigen? Wird es uns gelingen, unsere europäische Art zu leben, unseren *European Way of Life* an künftige Generationen weiterzugeben? Voraussetzung dafür ist, dass wir zum einen über die Bedrohungen der Grundlagen unseres Wohlstandes ehrlich Rechenschaft ablegen, zum anderen müssen wir die großen Akteure im internationalen System unserer Zeit besser verstehen als bisher.

Teil 2

4

Chiffre 1905: Die Welt aus nichtwestlicher Sicht

Der Geist von Tsushima

Wenn Europa, wie Jean-Claude Juncker gesagt hat, »weltpolitikfähig« werden will, wenn die EU, wie es Ursula von der Leyen plant, von einer »geopolitischen Kommission« geführt werden soll, dann müssen wir die »Weltpolitik« verstehen und in »geopolitischen« Kategorien denken. Das klingt logisch, ist aber keineswegs einfach, denn dieses Verstehen setzt das Überwinden unserer eurozentrischen Weltsicht voraus. Auch war der Begriff »Geopolitik« in Deutschland lange verfemt, wurde er doch im Zusammenhang mit der Lebensraum-Ideologie der Nationalsozialisten gesehen. Problematisch an dem Begriff der Geopolitik ist ja, dass er keine Wertbindung enthält, sondern Machtverhältnisse allein aufgrund räumlicher Gegebenheiten analysiert und daraus dann politische Schlussfolgerungen gezogen werden. Da aber viele Nationen ganz selbstverständlich diese geografische Analyse in ihr außenpolitisches Denken und Planen einbeziehen, ist es für uns wichtig, sie nachvollziehen und selbst anwenden zu können. Wenn ich den Begriff Geopolitik verwende, plädiere ich damit also nicht für eine Abkehr von Werten, sondern möchte die Voraussetzung dafür schaffen, das internationale System der Gegenwart mit all seinen Akteuren und in seiner ganzen Dynamik verstehen zu können. Dazu gehört, die inneren Antriebskräfte der wichtigsten Nationen zu verstehen, die in der Staatenwelt von heute eine entscheidende Rolle spielen – oder spielen wollen.

Der indisch-britische Politologe Pankaj Mishra setzt unserem Blick auf das 20. Jahrhundert eine andere Sichtweise entgegen: die Erzählung der »subalternen Völker«. Das sind in seiner Definition all jene Völker, die sich auf der Verliererseite von Machtverhältnissen befanden, die der Imperialismus bis zum Ende des 19. Jahrhunderts geprägt hatte. Für den von Niall Ferguson beschriebenen »Rest der Welt«, also für die Menschen in Lateinamerika, Asien und Afrika, seien die beiden Weltkriege und der Kalte Krieg nicht von so großer Bedeutung. Für sie bestehe das zentrale Ereignis des 20. Jahrhunderts vielmehr in der Dekolonisierung, der Befreiung von den einstigen Kolonialherren.[23] Zur Chiffre dieser umgekehrten Perspektive auf das 20. Jahrhundert macht der Politologe die Seeschlacht von Tsushima, die im Mai 1905 den Russisch-Japanischen Krieg um die Mandschurei entschied.

Mishra deutet die Schlacht in der Koreastraße, einer Meeresdurchfahrt zwischen dem Ostchinesischen Meer und Japan, als Wendepunkt und Beginn der Befreiung: Der Sieg der Japaner über die Russen sei wie ein Donnerschlag gewesen, der bei den nichtwestlichen Völkern auf der ganzen Welt widerhallte. Zum ersten Mal in der Neuzeit hatten Asiaten eine europäische Großmacht besiegt und damit die These von den »unterlegenen Rassen« widerlegt, die, so die weitverbreitete Vorstellung, angeblich unfähig zu den technischen, militärischen und wirtschaftlichen Leistungen der Europäer waren. Unter allen, die sich damals im Widerstand gegen imperialistische Herrscher befanden, machte sich eine solidarische Welle der Euphorie breit. Der Sieg der Japaner entwickelte eine riesige Strahlkraft. Viele waren überrascht, manche schöpften Mut, alle aber debattierten die Folgen der verheerenden russischen Niederlage bei Tsushima. Zu den Prominenteren (und bei uns Bekannteren) gehörten Mahatma Gandhi, der damals gerade gegen rassistische Unterdrückung in Südafrika kämpfte, und Mustafa Kemal Pascha, der spätere Kemal Atatürk, der in Damaskus von einer unabhängigen, modernen Türkei träumte. Nicht zufällig, so Mishra, schufen die Perser 1906 eine Nationalversammlung, während die Ägypter im selben Jahr zum ersten Mal einen großen Aufstand gegen die britischen Besatzer wagten. Tausende Chinesen gingen in der Zeit nach der Schlacht von Tsushima nach Japan, um von den Japanern zu lernen, die das Wunder geschafft hatten, eine europäische Macht militärisch zu besiegen. 1911 stürzten aus Japan zurückkehrende chinesische Revolutionäre die kaiserliche Dynastie. Auch der Revolutionär Sun Yat-sen hielt sich in Japan auf, ehe er 1912 zum provisorischen Präsidenten Chinas wurde und nach seiner Rückkehr die Nationale Volkspartei Kuomintang gründete, deren Vertreter siebenunddreißig Jahre später vor Maos Kommunisten nach Taiwan flüchteten.

Viele Prognosen im Westen blendeten in den 1990er-Jahren im Überschwang der großen Zeitenwende die Sichtweise der anderen nichtwestlichen Länder aus, ihre Geschichte, ihre Motive und ihre politischen Ziele. Nach der Öffnung des Eisernen Vorhangs unterlagen die USA einem Machtirrtum. In Washington glaubten maßgebliche Denker, dass der Zusammenbruch der Sowjetunion ihnen nicht nur einen »unipolar moment« beschert habe, sondern dass sie auf Dauer die einzig verbleibende Supermacht der Welt bleiben könnten. In Europa dagegen unterlagen wir einem Werteirrtum, weil wir glaubten, Freiheit, Demokratie und Menschenrechte würden sich weltweit und ebenfalls auf Dauer durchsetzen. Beides zusammen verlängerte den Irrtum über unsere Zentralität, dem viele bis heute anhängen: die Vorstellung, dass die wichtigsten Stränge der Weltpolitik durch Europa laufen müssten, dass Europa also in der Mitte der Welt liegt, so, wie wir es von unseren Atlanten und Weltkarten kennen.

Insofern lohnt es sich, den Anstoß Mishras aufzunehmen und die Geschichte der letzten rund hundertfünfzig Jahre jeweils aus der Perspektive der nichtwestlichen Staaten zu betrachten, um zu verstehen, was das drohende Auseinanderbrechen des Westens (die in München beklagte *Westlessness*) bedeutet, welche Rolle politische Akteure wie China, Russland, die Türkei bei geopolitischen Verschiebungen spielen, und vor allem, welche Interessen sie verfolgen. Einen solchen Perspektivwechsel legen nicht zuletzt die Zahlen nahe: Der Westen macht mit den USA, Europa, Kanada, Japan, Australien und Südkorea weniger als ein Sechstel der Weltbevölkerung aus. Mehr als fünf Sechstel gehören zum »Rest der Welt«.

Chimerica

Vor vierzehn Jahren, in einem gemeinsamen Aufsatz von 2007, schufen der schottische Historiker Niall Ferguson und der deutsche Ökonom Moritz Schularick den Ausdruck »Chimerica«. Damals sah es danach aus, als würden die Volkswirtschaften Chinas und der USA eine für beide Seiten nützliche Symbiose eingehen. »Die Integration des riesigen Pools asiatischer Arbeitskräfte in die Weltwirtschaft hat die Kapitalrenditen global stark erhöht, während die Kapitalkosten, gemessen in langfristigen Zinssätzen, nicht nur nicht gestiegen, sondern sogar gefallen sind. Dieses zweiseitige Phänomen nennen wir ›Chimerica‹, weil es zu einem großen Teil die Folge der symbiotischen Wirtschaftsbeziehung ist, die sich zwischen der Volksrepublik China und den Vereinigten Staaten von Amerika entwickelt hat.«[24] Eine solche Analyse schien damals keineswegs abwegig. Die Verflechtungen zwischen den beiden riesigen Volkswirtschaften waren über Jahrzehnte immer enger geworden, die Dynamik der Beziehung nahm weiter stark zu. Unternehmen wie Apple begannen, ihre in den USA aufwendig designten Produkte in China billig zu produzieren, die Chinesen profitierten vom Zugang zu Technik und Technikwissen und gewährten ihrerseits den USA leichten Zugang zu chinesischem Risikokapital.

Tatsächlich sind West und Ost wirtschaftlich eng miteinander verflochten. Um es nur einmal an einem von unzähligen Beispielen zu demonstrieren: Der taiwanesische Halbleiter-Hersteller TSMC fertigt die besten Chips, sogenannte Quirin-Chips, nur in Taiwan selbst. Aber er hat Fabriken auf dem chinesischen Festland, bezieht die benötigten Maschinen aus Holland, die mit Lasern aus Deutschland ausgestattet sind. Das chinesische Unternehmen Huawei wiederum, das überall in Europa Mobilfunktechnik verbaut hat, kann solche Halbleiter selbst nicht produzieren.

Angesichts solcher Verflechtungen lag die Vorstellung einer weltweiten Symbiose der großen Volkswirtschaften auf der Hand. In der Bezeichnung Chimerica hallt die westliche Idee vom Ende der Geschichte nach, von der Vision einer multipolaren Weltordnung, in der sich der Globus nicht mehr um eine oder zwei starke Machtachsen dreht, die alle anderen dominieren – so, wie das im 16. Jahrhundert Spanien und Portugal, dann die Holländer, im 19. Jahrhundert die Briten und im 20. Jahrhundert Amerikaner und Russen taten. An ihre Stelle sollte die multipolare Weltordnung des 21. Jahrhunderts treten, ein digital, demokratisch und wirtschaftlich vernetztes globales Dorf. Im Zeichen dieser Idee hatten die Amerikaner der Welt das Internet kostenlos zur Verfügung gestellt.[25]

Doch Chimerica entpuppt sich als Chimäre. Inzwischen deuten Analysten die Gegenwart mit genau umgekehrten Vorzeichen. Die chinesische Führung betreibt eine Politik massiver wirtschaftlicher Expansion, um daraus einen globalen Machtanspruch abzuleiten. Kein anderes Land der Welt verbindet wirtschaftliche Größe und militärische Macht mit einem derart klaren und langfristigen geostrategischen Plan, und immer offener zeigt die Führung in Peking, dass sie sich für Menschenrechte nicht interessiert und internationales Recht nach eigenem Ermessen interpretiert. Allmählich beginnen wir im Westen, Verhältnisse zu fürchten, die es dem kommunistisch-autokratisch geführten Reich der Mitte erlauben könnten, uns einen Kulturwandel à la chinoise aufzuzwingen. Insofern ist es an der Zeit, einen Blick auf die chinesische Geschichte und Kultur zu werfen.

Über Jahrtausende haben chinesische Kaiser sich als Herrscher des Reiches der Mitte für die Harmonie zwischen Himmel und Erde verantwortlich gefühlt. Aus chinesischer Perspektive war die Verbotene Stadt in Peking das Machtzentrum der Welt. Was sich am Rande oder sogar ganz außerhalb des chinesischen Herrschaftsbereichs abspielte, war so uninteressant, dass China sich, gerade zu der Zeit, als europäische Seefahrer die Welt zu erobern begannen, für mehrere Jahrhunderte vollkommen gegen die Außenwelt abschloss. Das ging so lange gut, bis die europäische Expansion, die mit den Seefahrten Richtung Asien bis dahin unbekannte Ausmaße angenommen hatte, an die verschlossenen Tore Chinas stieß. Auf der Suche nach neuen Märkten versuchten die Briten beharrlich, die Chinesen zur Öffnung des Landes zu zwingen, und da sie durch wissenschaftlichen Fortschritt und wirtschaftliche Macht eine zunehmend industrialisierte, schlagkräftige Militärtechnik entwickelten, gelang ihnen das in der Mitte des 19. Jahrhunderts schließlich auch. Die Briten bauten auf ihren riesigen Besitzungen in Indien Opium an, für das sie in China einen großen Absatzmarkt fanden. Für China bedeutete das: Die extrem gefährliche Droge machte die Bevölkerung krank, der Staatskasse ging das Geld aus, dem Land drohte nach kurzer Zeit der Bankrott. Die chinesische Regierung versuchte, das Opium zu verbieten, riesige Vorräte wurden vernichtet. Doch die Briten zwangen die Chinesen zum Import der Droge. Ein Beamter des Kaisers schrieb an die britische Königin Victoria und flehte: »Habt Ihr kein Gewissen?« Die Briten antworteten mit den Opiumkriegen, Frankreich und die

USA unterstützten sie. Das Reich der Mitte erlebte eine demütigende Niederlage und unterschrieb die »Ungleichen Verträge«, mit denen es sich verpflichtete, hohe Entschädigungssummen zu zahlen, einen Großteil seiner Häfen dem Handel zu öffnen und die Stadt Hongkong an die britische Krone abzutreten.

Die Dimension dieser Demütigung und die Erschütterungen, die sie in China auslöste, sind kaum zu überschätzen. Die Imperialisten warfen eines der ältesten Reiche der Welt mit seiner viertausend Jahre zurückreichenden Tradition, Kultur und Geschichte zu Boden. Nach den Opiumkriegen lag das erhabene chinesische Kaiserreich so darnieder, dass es vom viel kleineren Japan einfach überrannt wurde. Das hatte auch damit zu tun, dass Japan auf den Schock der Begegnung mit den Europäern mit radikalen Reformen reagiert hatte, binnen kürzester Zeit mit den modernen westlichen Industriestaaten mithalten konnte und so selbst zu einer imperialistischen Macht aufstieg. Nach der Niederlage gegen die Europäer wurde China zu Beginn des 20. Jahrhunderts von zahlreichen Revolten zusätzlich geschwächt und damit für das japanische Kaiserreich leichte Beute. Alleine im Massaker von Nanking starben über zweihunderttausend Chinesen. Auch wenn es eine fiktive Aufarbeitung der Geschehnisse ist, so ist es doch lohnend, sich Bernardo Bertoluccis Film *Der letzte Kaiser* einmal bewusst aus der Perspektive eines chinesischen Patrioten anzuschauen. Diese Epoche des Zerfalls und der Demütigung ist bis heute die Triebfeder eines »Nie wieder« in der Staatsführung in Peking, eines Gefühls, das viele Chinesen teilen, ganz gleich, ob sie nun Anhänger der Kommunistischen Partei sind oder nicht.

Mishra beschreibt den Ursprung des zu Beginn des 20. Jahrhunderts in ganz Asien weitverbreiteten Gefühls und zitiert unter anderem den chinesischen Revolutionär und Parteigründer Sun Yat-sen: »Die Menschen dachten und glaubten, die europäische Zivilisation sei – in Wissenschaft, Industrie, Manufaktur und Bewaffnung – progressiv, und Asien könne nichts Vergleichbares vorweisen. Folglich nahmen sie an, Asien könne Europa niemals widerstehen, und die europäische Unterdrückung lasse sich niemals abschütteln.«[26] Hundert Jahre später entwickelt der chinesische Philosoph Zhao Tingyang in seinem Werk *Alles unter dem Himmel* eine Vorstellung von einer neuen Weltordnung – unter völlig veränderten Vorzeichen. In ihr soll das jahrtausendealte chinesische Prinzip des »*Tianxia*« (»alles unter dem Himmel«) regieren. Auch Zhao sieht eine Zukunft, in der es keine Nationalstaaten und keine kriegerischen Konflikte mehr gibt. Allerdings ist diese Welt kein demokratisch vernetztes Dorf, sondern steht unter der Herrschaft einer neuen Weltmacht, die Zhao wohlweislich nicht beim Namen nennt. Doch er macht keinen Hehl daraus, dass Demokratie und Menschenrechte in der zukünftigen Weltordnung keinen Platz haben, weil sie, wie Zhao ausführlich analysiert, nicht zu dem erhofften friedlichen Zusammenleben der Völker geführt haben. An ihre Stelle soll eine durch das Prinzip des *Tianxia* begründete hierarchische Ordnung treten, wie sie aus Zeiten der Kaiserreiche bekannt ist. Ein Hegemon bietet tributpflichtigen Vasallen, die sich ihm vollständig unterworfen haben, Schutz und Sicherheit. Der Kaiser als Hüter der allumfassenden Harmonie zwischen Himmel und Erde. So klingt das Ende der Geschichte auf Chinesisch.

Fall und Aufstieg des Reiches der Mitte

Es gibt Zhaos Vision schon zum Nachlesen in einem grellen, aber gerade deshalb erhellenden Roman von Gary Shteyngart. Er schildert in *Super Sad True Love Story* den Besuch des – natürlich fiktiven – mächtigsten Manns der Welt in New York. Sein Name ist Li, er ist Leiter der chinesischen Zentralbank. In der dystopischen Zukunft des Romans hat China die Weltherrschaft erreicht, der chinesische Yuan den Dollar als Leitwährung abgelöst. Die USA werden »parteiübergreifend« von einer »Allparteienpartei« regiert, die nicht viel mehr ist als die Marionette einer gigantischen chinesischen Tech-Firma. Der Besuch des chinesischen Bankers produziert in den Medien Bilder, die wir von Staatsbesuchen gekrönter Häupter aus der Vergangenheit kennen. Straßen werden für die Limousine des Staatsgastes abgeriegelt, den eine jubelnde Menge und sich tief verneigende Gastgeber empfangen. Als Li zurück in Peking ist, sagt er herablassend in die Kameras der Nachrichtensender, die USA seien »ein instabiles, kaum regierbares Land, das fürs internationale System unternehmerischer Staatsführung und Wechselkursmechanismen ein ernstes Risiko darstellt«.[27]

Shteyngarts Roman erschien in den USA 2010, heute, mehr als ein Jahrzehnt später, wirkt dieses Szenario erschreckend nahe. Schon lange beobachten aufmerksame Analysten den Aufstieg Chinas, der sich seit Ende der 1970er-Jahre langsam, aber unaufhaltsam vollzieht. Die Volksrepublik hat nach dem Tod von Mao Zedong 1976 die schnellste Industrialisierung und den rasantesten wirtschaftlichen Aufschwung aller Zeiten hingelegt. Das Bruttoinlandsprodukt Chinas war 2017 gut 54-mal höher als 1970.[28] War das Land 1977 noch eine rückständige Agrarökonomie, so ist es im Frühjahr 2019 zur größten Handelsmacht der Welt aufgestiegen, derzeit ist nur die Volkswirtschaft der USA noch größer.[29]

Der Erfolg Chinas geht auf die Politik eines Mannes zurück, der selbst nie Premier oder Vorsitzender der Kommunistischen Partei war, zwischen 1979 und 1997 jedoch fast zwanzig Jahre lang als faktischer Machthaber galt: Deng Xiaoping. Deng leitete einen Kurs der marktwirtschaftlichen Öffnung Chinas ein, für den er zwei große Ziele formulierte. Zum einen sollte die Wirtschaftsleistung um ein Vielfaches steigen und den Wohlstand der chinesischen Bevölkerung deutlich verbessern. Zum anderen wollte er Hongkong und Taiwan wieder zu Teilen des chinesischen Staates machen. China sollte wieder China werden, unter kommunistischen Vorzeichen. Allerdings sollte sich der radikale Umbau auf die Bereiche Wirtschaft und Außenpolitik beschränken – zu große Veränderungen im Inneren ließ die Regierung nicht zu. Deng brachte diese Absicht früh zum Ausdruck, indem er in der Partei die sogenannten Vier Grundprinzipien ausarbeiten ließ: den sozialistischen Weg, die Diktatur des Proletariats, den Führungsanspruch der Kommunistischen Partei und die ideologischen Grundlagen des Marxismus-Leninismus und Maoismus.

Deng schaffte es, eine Spaltung der chinesischen Gesellschaft zu verhindern, indem er – trotz des Umfangs seiner Reformen – einen vollständigen Bruch mit der Vergangenheit vermied, der die Vertreter des alten Regimes als Verlierer zurückgelassen hätte. In Bezug auf das Gedenken an Mao Zedong wählte die kommunistische Partei einen Mittelweg zwischen verherrlichendem Kult und Verurteilung. Die Erinnerung in der Bevölkerung an die kommunistischen Experimente »Großer Sprung nach vorn« und »Kulturrevolution« mit ihren Millionen von Verhungerten, Ermordeten und Gefolterten war ja noch sehr gegenwärtig. Chinas Regierung entschuldigte sich für Fehler und ließ erklären, dass der Große Führer »zu 70 Prozent recht und zu 30 Prozent unrecht« hatte. Damit verdiente sich die Partei neuen Respekt bei Kritikern, ohne die Anhänger Maos zu verprellen.

Auch bei der Öffnung Chinas für Handel und Marktwirtschaft ging die chinesische Führung behutsam vor. In Küstenstädten und -provinzen wie Shenzhen in Guangdong (unter anderem Sitz des Mobilfunkunternehmens Huawei) oder Hainan wurden Sonderwirtschaftszonen eingerichtet, um zunächst nur dort mit Devisen, marktwirtschaftlichen Prinzipien und Investitionen aus dem Ausland zu experimentieren. Während die Wirtschaft wegen der Liberalisierung der Märkte geradezu märchenhaft zu wachsen begann, achtete Deng tunlichst darauf, eine Liberalisierung der Gesellschaft zu verhindern. Das machte er durch seine harte Haltung gegenüber den Demonstranten auf dem Tian'anmen-Platz deutlich. Am 4. Juni 1989 endeten die friedlichen Proteste mit einem Massaker, obwohl damals selbst Teile der Parteiführung mit den Demonstranten sympathisierten.

Im Hinblick auf sein Ziel, Hongkong und Taiwan in die Volksrepublik wiedereinzugliedern, entwickelte Deng das Prinzip »ein Land, zwei Systeme« vorerst in Form eines Angebots an die dortigen Bewohner. Sie sollten, wie es zunächst hieß, für die nächsten fünfzig Jahre ihre Autonomie weitgehend beibehalten. Gleichzeitig kündigte er im Hinblick auf Taiwan schon 1979 gegenüber den USA an, für die Rückeroberung auch Waffen einsetzen zu wollen, und wiederholte diese Drohung wenig später mit Blick auf Hongkong gegenüber Margaret Thatcher. Die USA rüsteten daraufhin Taiwan auf, bekannten sich 1982 jedoch auf Druck Pekings zur Ein-China-Politik und schränkten ihre Waffenverkäufe nach Taiwan wieder ein. Niemand, so der Wunsch der kommunistischen Führung, sollte die »Republik China auf Taiwan« anerkennen, die nach 1949 der Flucht der legitimen chinesischen Regierung vor Mao Zedongs Kommunisten entstanden war. Auf diese Weise gelang es Peking, Taiwan völkerrechtlich weitgehend zu isolieren. Auch das ist ein Beispiel dafür, dass in der Politik die Wirklichkeit der Macht das Recht verändern kann. Historisch und juristisch betrachtet, ist Taiwan der legitime Nachfolger des alten chinesischen Reiches, denn die kommunistische Revolution von 1949 war ja eindeutig rechtswidrig. In dieser Frage gab es lange einen internationalen Konsens, denn bis 1971 vertrat Taiwan, dessen staatlicher Name »Republik China« lautet, alle Chinesen in den Vereinten Nationen. Doch mit einer Bevölkerung von über einer Milliarde Chinesinnen und Chinesen hat die Volksrepublik gegenüber der deutlich kleineren Inselrepublik mit ihren kaum fünfundzwanzig Millionen Menschen einen nachvollziehbaren, relevanten Anspruch auf das Vertretungsrecht für die chinesische Nation. So sah man das dann auch in den Vereinten Nationen und verabschiedete 1971 die Resolution 2758, die Peking den chinesischen Sitz zuschlug.

Die Konflikte um Taiwan und Hongkong sind ein deutliches Indiz dafür, dass Chinas globale Machtansprüche wachsen. Neben Singapur und Südkorea zählen sie zu den vier »Tigerstaaten« in Ostasien, die in den letzten Jahrzehnten des 20. Jahrhunderts ein sagenhaftes Wirtschaftswachstum erlebten. Sowohl Hongkong als auch Taiwan sind technisch und wirtschaftlich hoch entwickelte Industrie-Zentren, Taiwan ist unter anderem der weltweit zweitgrößte (!) Produzent von Halbleitern, wie sie in Notebooks und anderer IT verwendet werden. Schon aus wirtschaftlichen Gründen ist das Interesse Pekings an Taiwan und Hongkong daher groß. Führt man sich jedoch vor Augen, wie insbesondere Hongkong als Ergebnis eines der ungleichen Verträge aus dem chinesischen Staatsverband gelöst wurde, so konnte man eigentlich erwarten, dass Peking die Bewohner des inzwischen größten Finanzplatzes Asiens eines Tages unter Druck setzen würde. Damit verletzt die kommunistische Führung in Peking zwar das mit den Regierungen in Hongkong und Großbritannien ausgehandelte Versprechen, die Autonomie der Stadt für die nächsten fünfzig Jahre zu respektieren und bricht zugleich internationale Vereinbarungen, bewegt sich aber in ihrer eigenen Logik auf der Linie von Deng Xiaoping, China wieder zu China zu machen. Wir Europäer stehen Hongkong durch die britische Geschichte und die zahlreichen deutschen und europäischen Unternehmen, die sich dort angesiedelt haben, recht nah. Umso schärfer kritisieren wir das rechtswidrige Vorgehen Pekings. Aus der Perspektive zahlreicher Länder des globalen Südens, die ihre eigene Geschichte der Dekolonisierung hinter sich haben, stellt sich der Sachverhalt ganz anders dar: Ein unabhängiges Land beseitigt die letzten Spuren des

Kolonialismus auf seinem Gebiet. Die gemeinsame Erfahrung von Demütigung und Dekolonisierung erklärt die großen Sympathien, die China in Teilen Afrikas genießt. Die Führung in Peking macht sie sich dort politisch und wirtschaftlich durch zahlreiche Kooperationsprojekte nutzbar.

Ganz anders als die zunehmend aggressivere Haltung gegenüber Taiwan und Hongkong sind allerdings Chinas Vorstöße ins Südchinesische Meer zu werten, ein als Handelsroute und wegen der dort vermuteten Ressourcen wichtiges Seegebiet. Weit von der chinesischen Küste entfernt (tausend Kilometer von Chinas Küste, aber nur zweihundert Kilometer vor den Philippinen) lässt die Regierung in Peking Inseln aufschütten und eine Militärbasis bauen. China gefährdet damit die Freiheit eines bisher offenen Seewegs und bricht auch hier internationales Recht.[30] Freie Seewege sind eine Grundlage der Globalisierung, des Freihandels und damit auch unseres Wohlstandes in Deutschland und Europa.

Auch entlang seiner unmittelbaren Grenzen dehnt China seine Macht durch kleine Züge Schritt für Schritt aus. In Myanmar wird eine Trasse von Ost nach West verlegt und der Tiefseehafen am Zielpunkt bei Kyaukpyu wird absehbar zu einem chinesischen Marinestützpunkt werden. Das beunruhigt Indien, das völlig zu Recht eine Verschiebung des strategischen Gleichgewichts im Golf von Bengalen befürchtet. In Kambodscha baut China Staudämme, Straßen und Kasinos, wobei, wie sich inzwischen zeigt, davon vor allem Chinesen profitieren, die Kambodschas Armut und eine von Korruption durchlöcherte Verwaltung nutzen, um Land zu kaufen und – für China – lukrative Infrastrukturprojekte zu bauen.[31] Ähnlich verfahren die Chinesen in Malaysia, auf den Philippinen, in Indonesien, Singapur und Vietnam. In vielen Ländern Südostasiens löst China damit den Westen als Geldgeber und Entwicklungshelfer ab, allerdings unter völlig anderen Vorzeichen. Während westliche Regierungen ihre Hilfen an Standards wie die Menschenrechte oder gute

Regierungsführung binden, stellt die Regierung in Peking keine Bedingungen. Dass es sich bei den Empfängern chinesischer Zahlungen auch um korrupte, autoritäre Machthaber handelt, die Oppositionelle und Kritiker unterdrücken, kommt der chinesischen Führung sogar noch entgegen, da sie auf dieselben Methoden setzt. Das hat im vergangenen Jahrzehnt bereits nachweislich zu einer Schwächung demokratischer Strukturen in diesen Ländern Südostasiens geführt.

Im Kontext des durch die WTO und internationale Verträge geregelten Welthandels gibt es schon lange Streit um unfaire Handelspraktiken. Als China vor zwanzig Jahren in die Welthandelsorganisation aufgenommen wurde, war die Hoffnung noch sehr präsent, das Land würde sich rechtsstaatlich und marktwirtschaftlich entwickeln und sich auch so verhalten. Das aber ist nicht der Fall. China entzieht sich den Bemühungen der WTO, ein »*level playing field*« zu schaffen, das gleiche Bedingungen für alle Teilnehmer am internationalen Handel sicherstellt. Obwohl sich die Weltgemeinschaft bereits vor fünfundsiebzig Jahren im GATT darauf geeinigt hat, dass Subventionen und Staatsunternehmen die Chancengleichheit auf den Weltmärkten unterminieren, greift der chinesische Staat weiterhin in Schlüsselbranchen ein und privatisiert große Staatsunternehmen nicht. Das hindert die Volksrepublik mit ihrer kommunistischen Führung aber nicht daran, innerhalb der WTO offiziell den Status einer Marktwirtschaft für sich zu reklamieren. Das erschwert es allen anderen Ländern, sich gegen Chinas unfaire Praktiken zur Wehr zu setzen, weil bei der Berechnung von Herstellungskosten und Dumpingpreisen so getan wird, als hätten sich alle Preise in China im freien Spiel der Marktkräfte gebildet. Peking schottet zudem seinen riesigen Markt bis heute weitgehend gegen freie Investitionen aus dem Ausland ab. Westliche Unternehmen brauchen immer chinesische Partner, oft müssen diese sogar Mehrheitseigentümer des Gemeinschaftsunternehmens sein. In vielen ausländischen

Unternehmen werden ganz offiziell Zellen der Kommunistischen Partei eingerichtet, und der Erwerb von Wissen durch Industriespionage und Abkupfern ist Teil des Plans, technologisch möglichst schnell zum Westen aufzuschließen. Immer wieder hält die Volksrepublik die Weltgemeinschaft mit Versprechen hin, diese Dinge zu ändern, doch es passiert wenig. Insofern gibt es keinen großen Anlass zur Freude darüber, dass China beim EU-China-Gipfel 2019 ein deutliches Entgegenkommen in Wirtschafts- und Handelsfragen angekündigt und sich in der Abschlusserklärung verpflichtet hat, Versprechen zur Marktöffnung umzusetzen und fairen Wettbewerb zu gewährleisten. Ähnliche Stellungnahmen gibt die chinesische Führung in allen möglichen Foren seit vielen Jahren ab, beim Weltwirtschaftsforum in Davos versprach Xi Jinping persönlich, das Angekündigte auch umzusetzen. Dass das als Propaganda sehr gut funktioniert, wird deutlich, wenn man naive westliche Medienberichte über solche Reden liest, die regelmäßig den Hinweis enthalten, wie viel besser Xi doch klinge als seinerzeit Donald Trump.[32]

Um den Widerstand ihrer Handelspartner zu schwächen, nimmt die Regierung in Peking hohe Summen in die Hand. Seit Jahren investieren chinesische Staatsunternehmen in die Infrastruktur vieler Länder in Europa und Afrika, bauen Straßen, Brücken, Bahnstrecken, Telekommunikations- und Energienetze. Die gigantischen Investitionen in Europa, Asien und Afrika bündelt die Führung in Peking seit 2013 unter dem Dach der »Belt and Road Initiative«, auch »Neue Seidenstraße« genannt. Sie gilt als das Lieblingsprojekt von Staatspräsident Xi Jinping. In den vergangenen Jahren haben insbesondere osteuropäische Länder wie Ungarn, die Tschechische Republik oder Polen mit Chinas Regierung Absichtserklärungen zur Neuen Seidenstraße geschlossen, deren Wortlaut nie veröffentlicht wurde. Chinesische Unternehmen kaufen staatliche Unternehmen in Polen, investieren in eine neue Autobahn in Nordmaze-

donien, bauen in Belgrad eine Donaubrücke und eine Hochge-
schwindigkeitstrasse von Belgrad nach Budapest.[33]

Seit 2013 bündelt die Führung in Peking ihr Engagement in
Osteuropa und auf dem Balkan noch einmal gesondert im sogenannten 17+1-Format, mit dem China siebzehn mittel- und
osteuropäische Staaten sowie Griechenland wirtschaftlich an
sich bindet – und nebenbei die EU zu spalten droht, für die es
durch die entstehenden Abhängigkeiten schwerer wird, geschlossen gegenüber China aufzutreten. Schon mehrfach hat
beispielsweise Ungarn die Verurteilung von Menschenrechts-
verstößen in Hongkong verhindert. Kein Wunder, führt doch
die chinesisch finanzierte Schnellbahn von Budapest nach Belgrad. Serbien ist im Urteil der renommierten Denkfabrik *Center
for Strategic and International Studies* inzwischen sogar ein »Kli-
entenstaat« der Volksrepublik geworden. Es ist zu hoffen, dass
die Regierungen in Osteuropa allmählich merken, in wessen
Interesse Peking handelt. China verkaufte die riesige Initiative
der Neuen Seidenstraße lange Zeit erfolgreich als großzügigen
Geldsegen, der zu neuem Aufschwung und einer Win-win-
Situation auf allen Seiten führen soll. Doch aus einer Untersu-
chung der Europäischen Handelskammer in China geht hervor,
dass bisher vor allem chinesische Unternehmen profitieren,
während der versprochene Segen kaum bei Unternehmen in
den Partnerländern ankommt.[34]

Aber auch der westliche Teil Europas ist zunehmend in Abhängigkeit von China geraten. Seit fünfzehn Jahren ist die EU
ununterbrochen Chinas größter Handelspartner, allein 2018 ist
das Handelsvolumen zwischen China und der EU um mehr als
10 Prozent auf rund 682 Milliarden Dollar gestiegen. Deutsche
Automobilkonzerne können ohne China inzwischen gar nicht
mehr überleben. BMW verkauft wie Daimler ein gutes Viertel
seiner Neuwagen in China – bei Volkswagen sind es sogar etwa
40 Prozent.[35] Man kann sich vorstellen, was das in den Unter-
nehmensbilanzen ausmacht.

Was das für die Unabhängigkeit Europas bedeutet, ist unlängst am Beispiel Huawei sichtbar geworden. In der Hardware des Mobilfunknetzes der Telekom – und vieler anderer Mobilfunk- und Breitbandnetze von Großbritannien bis Spanien und den USA – steckt Technik des chinesischen Konzerns. Dieses Engagement wurde erst jetzt, im Zusammenhang der Debatte um den neuen Mobilfunkstandard 5G, als problematisch erkannt, denn es ermöglicht den Chinesen theoretisch, in ihrer Technik nicht nur Spionagesoftware zu verstecken, sondern über die gerade bei 5G ständig erforderlichen Firmware-Updates auch die Möglichkeit zur Sabotage zu programmieren.[36] So könnten über die Software einer rivalisierenden Großmacht unsere Wasserwerke, Krankenhäuser, Verkehrsleitanlagen oder Banken auf einen Schlag lahmgelegt werden.

Noch ganz andere Dimensionen hat das Wachstum des Handelsvolumens von China mit Afrika, das allein in den vergangenen zehn Jahren um das Zehnfache gestiegen ist. Für den Kontinent im Süden hat sich die Volksrepublik seit 2009 zum größten Investor und Handelspartner entwickelt. Chinesische Firmen – zu 80 Prozent handelt es sich um staatliche Unternehmen – investieren kräftig in die Infrastruktur afrikanischer Länder wie Sudan, Kongo, Äthiopien, Angola oder Sambia, umgekehrt fließen wachsende Mengen an Ressourcen von Afrika nach China: Eisenerz, Kupfer, Mineralien, Kohle und Erdöl. Chinesische Investoren kaufen Flächen für Landwirtschaft auf, bauen Minen, Straßen, Schienen und Häfen, um Rohstoffe zu schürfen und nach China zu importieren. »Chinas neuer Kontinent« ist denn auch ein Bericht in der ZEIT online vom 28. Juni 2017 übertitelt.[37]

Diese globale geopolitische Strategie nach außen wird von kontinuierlich steigenden Militärausgaben flankiert. Im Jahr 2017 hatte das Land den zweithöchsten Wehretat der Welt. Nach innen untermauert die Führung in Peking die Expansion durch milliardenschwere Investitionen in technische Innovationen. Hier setzt die chinesische Regierung vor allem auf die Weiterentwicklung der künstlichen Intelligenz. Bis 2030, so das erklärte Staatsziel, will China im Bereich der KI weltweit führend sein und mit dem Silicon Valley als Innovationszentrum der Welt mindestens gleichziehen.[38]

Die Entwicklung Chinas in den letzten vierzig Jahren fasziniert und verstört zugleich. Doch wenn man sich die Geschichte des Imperialismus mit Blick auf China und die Opiumkriege vergegenwärtigt, muss man mindestens fragen, warum sich ein einst in seinem ganzen Stolz und Selbstverständnis verletztes Land fünfzig oder hundert Jahre später geräuschlos in eine Weltordnung fügen soll, die nicht seinen eigenen Vorstellungen entspricht. Chinas geplanter Aufstieg und die daraus folgende Machtverschiebung lassen sich besser verstehen als eine Entwicklung, die sich nicht am Ende des Zweiten Weltkriegs orientiert, sondern den Bogen von der demütigenden Niederlage der Opiumkriege zu Zhaos staatsphilosophischer Zukunftsvision für das 21. Jahrhundert spannt. Wenn Pekings Plan aufgeht, das Silicon Valley zu überholen und China zum neuen technischen Innovationszentrum der Welt zu machen, dreht die Welt sich bald nicht mehr um die Achse des Westens, sondern um eine neue Machtachse, die in Asien liegt. Diese geopolitische Analyse ist im Ergebnis nicht wertfrei oder neutral. China ist eine staatskapitalistisch-kommunistische Diktatur. Deshalb haben wir ein großes Interesse daran, dass es nicht so kommt, wie es die Machthaber in Peking planen – wenn wir weiterhin so leben wollen, wie es unseren Werten entspricht.

Das russische Trauma

Nach dem Ende des Kalten Kriegs und dem Zerfall der Sowjetunion hofften viele auf eine Annäherung von Russland und

Europa. Zahlreiche zivilgesellschaftliche Verbindungen wurden geknüpft, im Militärischen setzte man auf Kommunikation bis hin zur Kooperation im NATO-Russland-Rat und die Wirtschaft sah Russland als kommenden Markt.

Im Westen übersahen wir dabei zu oft die Traumata, die der sowjetische Zerfallsprozess ausgelöst hatte. Der Schriftsteller Michail Schischkin schildert, wie er als Heranwachsender in der Sowjetunion das Gedenken an das Kriegsende 1945 erlebte: »Alljährlich zum 9. Mai, dem Tag des Sieges, nahm mein Vater seine Marineuniform aus dem Schrank, die er wegen zunehmender Leibesfülle immer wieder umändern musste, und hängte alle seine Orden an. Es war so wichtig für mich, stolz auf meinen Vater zu sein. Es hat einen Krieg gegeben, und Papa hat ihn gewonnen! […] Zu Gorbatschows Zeiten, als die harten Hungerjahre anbrachen, bekam Vater als Kriegsveteran Hilfspakete zugeteilt, darunter auch Lebensmittel aus Deutschland. Er empfand das als persönliche Demütigung. Das ganze Leben hatten er und seine Kameraden sich als Sieger gefühlt, und nun sollten sie die Brosamen vom Tisch des besiegten Feindes essen. Als Vater uns das erste Mal die Lebensmittelration brachte, betrank er sich und schrie: ›Wir haben doch gesiegt!‹ Dann wurde er still und weinte und fragte Gott weiß wen, wendete sich aber an mich: ›Sag, haben wir den Krieg gewonnen oder verloren?‹«[39]

Die Niederlage, die Russland damals sowohl im geopolitischen Machtkampf der Supermächte als auch im Wettbewerb der Systeme erlitten hatte, wird im Land selbst bis heute nicht offen thematisiert. Die kritische Auseinandersetzung mit dem Scheitern der Sowjetunion fällt aus – wie schon die Verbrechen Stalins während der Phase des Tauwetters zu Beginn der Chruschtschow-Ära nur kurz an der Oberfläche des politischen und gesellschaftlichen Bewusstseins auftauchten –, was zur Folge hat, dass sogar Stalin inzwischen ein Comeback erlebt und unlängst von den Zuschauern einer Fernsehshow zur

»wichtigsten historischen Persönlichkeit« Russlands gewählt wurde (ein Votum, das die Redaktion der Sendung eiligst korrigierte).[40]

Als die Sowjetunion zerfiel, schrumpfte Russland trotz seiner nach wie vor imposanten Größe auf einen kleinen Teil seiner selbst zusammen; ein zerrüttetes Land, das wirtschaftlich am Boden lag. Viele Russen erlebten diese Phase wie Schischkins Vater. Das Ende der UdSSR war Armut, Demokratie war Chaos, und Kapitalismus war Raubrittertum. Es herrschten abenteuerliche Zustände, wer viel Mut und wenig Skrupel hatte, konnte enorm profitieren, die meisten aber kämpften täglich darum, sich überhaupt ernähren zu können. Die Menschen in Russland waren so frei wie nie zuvor, aber es war eine partielle Freiheit. Für politische Teilhabe und den Aufbau zivilgesellschaftlicher Strukturen fehlte eine wichtige Voraussetzung: die Freiheit von Armut. Da jede Wirtschaftspolitik zeitverzögert greift und ihre Auswirkungen immer erst bei den Nachfolgern sichtbar werden – so profitierte Bill Clinton von Ronald Reagans und Tony Blair von Margaret Thatchers Wirtschaftspolitik –, litt die russische Ökonomie massiv unter den Folgen der zusammengebrochenen sowjetischen Planwirtschaft. Die Gesellschaft spaltete sich, wie Swetlana Alexijewitsch in *Secondhand-Zeit* schreibt: Die einen genossen die neue Freiheit in vollen Zügen, die anderen litten unter Zuständen, die dafür sorgten, dass die 1990er heute rückblickend als »Zeit der Anarchie« wahrgenommen werden. Ist es deshalb wirklich so überraschend, dass Russland auf seine jahrhundertealte Tradition autoritärer Herrschaft zurückfiel?

Was heute erst in seinem ganzen Ausmaß sichtbar wird, deutete sich in Russland schon in den 1990er-Jahren an. Ich war im Winter 1996 für zwei Monate als Student in der Nähe von Nowosibirsk, um dort Russisch zu lernen. Während ich studierte und in meiner Freizeit bei minus 20 Grad Fußball spielte, mussten meine warmherzigen älteren Vermieter Nina und Mischa weiterarbeiten, weil sie ihre Rente nicht regelmäßig bekamen.

All ihren Freunden und Kollegen ging es genauso. Überall in der Stadt tauchten im Vorfeld der Präsidentschaftswahl Graffiti der Liberal-Demokratischen Partei Russlands auf. Diese Partei ist weder liberal noch demokratisch, ihr Anführer Wladimir Schirinowski ist ein lupenreiner Rechtsextremist. Aber der Staat hatte kein Geld, die Verhältnisse waren Anfang und Mitte der 1990er so verheerend, dass das Land nur knapp an einer Hungersnot vorbeischrammte. Es war die Zeit, in der Reformer wie Jegor Gaidar und Boris Nemzow verzweifelt versuchten, das Land zu stabilisieren, aber nicht verhindern konnten, dass Extremisten vom Schlage eines Schirinowski Oberwasser bekamen. Doch noch gab es Demokratie in Russland, Schirinowski war keineswegs der einzige Gegner von Präsident Boris Jelzin. Sein stärkster Konkurrent war Kommunistenführer Gennadi Sjuganow, der (echte) Liberale Grigorij Jablinski trat ebenso an wie der populärste General Russlands, Alexander Lebed.

Ich weiß nicht, wessen Namen Nina und Mischa bei der Wahl angekreuzt haben, habe wohlweislich auch nicht danach gefragt, kann es mir aber denken. Im Regal stand an prominenter Stelle ein Bild des jungen Mischa als Rotarmist, und wir haben oft über seine Zeit im Militär gesprochen, auf die er sehr stolz war. Wie den Vater von Michail Schischkin schmerzte auch ihn der Niedergang seines Landes im tiefsten Inneren sehr. So gesehen ist es vielleicht gar nicht so verwunderlich, dass Putin nach seinem Amtsantritt 1999 daranging, das Land Schritt für Schritt zur Selbstherrschaft zurückzuführen und seine Macht dauerhaft zu festigen. Die zarten Gehversuche in der Demokratie mussten nach Jahrhunderten der Zarenherrschaft und Jahrzehnten der kommunistischen Diktatur unvollkommen sein. Sie hatten den meisten Russen Armut und Unsicherheit gebracht. Bei seiner Machtübernahme von Jelzin versprach Putin Ordnung, Disziplin, Ruhe, die Wiederherstellung des Ansehens Russlands in den Augen der Welt – und regelmäßige Rentenzahlungen. Nina und Mischa waren damit sicher sehr einverstanden.

Wir im Westen beobachteten und unterstützten die gewaltigen Transformationsprozesse, die die Länder der ehemaligen Sowjetunion durchliefen. Nach anfänglicher Hoffnung mussten wir mit ansehen, wie die meisten von ihnen von kleptokratischen Eliten gekapert wurden. Heute ist die Menschenrechtslage nicht nur in Russland schlecht, sondern auch in Aserbaidschan, Usbekistan und vielen anderen ehemaligen Sowjetrepubliken. Das russische Verfassungsreferendum vom Juni 2020, mit dem Putin sich den Weg für zwei weitere Amtszeiten bis ins Jahr 2036 ebnete, war nur der letzte Schritt in einer Reihe von Maßnahmen, die Russland in eine nur noch fadenscheinig bemäntelte Autokratie verwandelt haben. Demokratische Verfahren entscheiden in Russland nicht über die kommende Regierung, sondern dienen lediglich dazu, der Selbstherrschaft einen Anschein von Legitimität zu verleihen. Aber immerhin, selbst der autokratische Herrscher Putin braucht eine Legitimationsgrundlage, und da das Gottesgnadentum wie bei den echten Zaren nicht mehr funktioniert, sucht der Zar der Neuzeit sie in demokratischen Verfahren. Dass die Wahlen gefälscht werden, ist eine so traurige wie erwartbare Realität, dass Oppositionspolitiker ihr Leben riskieren, leider auch. Aber seit er den freiheitlichen Westen buchstäblich vor der Haustür hat, seit die osteuropäischen Länder von Estland bis Bulgarien als freie demokratische Nationen zur EU gehören, steigt der Druck auf Putins Regierung. Die Erinnerung an die 1990er-Jahre half ihm vor allem in den ersten Jahren seiner Amtszeit, als es ihm gelang, das Land wirtschaftlich zu stabilisieren. Doch die anfängliche Konsolidierung, die zu einem erheblichen Teil auf russischen Öl- und Gasvorkommen basiert, verwandelt sich allmählich in eine Starre, die manche schon an die späte Breschnew-Ära erinnert. Durch den Verfall des Ölpreises sind die Staatseinnahmen rückläufig, die Realeinkommen der Bevölkerung sinken, und die Rentenreform von 2019 war so unpopulär, dass selbst die Kreml-Strategen vom Ausmaß der Proteste überrascht waren. Umso stärker setzt die russische Regierung in jüngster Zeit auf ein historisches Narrativ, das den nationalen Zusammenhalt stärken soll.

Geschichte als Ideologieersatz

Russlands Verständnis der Geschichte liest sich wie das exakte Spiegelbild der westeuropäischen Erzählung über das 20. Jahrhundert. 1945 befand Europa sich am Tiefpunkt seiner Geschichte, es folgten der Prozess der europäischen Einigung und schließlich die Öffnung des Eisernen Vorhangs 1989/90, ein Jahr, das wir im Westen als Sternstunde des 20. Jahrhunderts feiern. In Russland ist es genau umgekehrt. Der Glanz des Sieges über NS-Deutschland 1945, der jedes Jahr am 9. Mai mit einer Militärparade gefeiert wird, kann gar nicht hell genug strahlen, um das Trauma des sich anschließenden Niedergangs und der 1990 erlittenen Niederlage vergessen zu machen.

Nun ist Russland auch vor 1945 nicht gerade von Sieg zu Sieg geeilt. Immerhin war es eine Niederlage des Zarenreichs, die Mishra zum Ausgangspunkt seiner Analyse des 20. Jahrhunderts macht. Zur Seeschlacht bei Tsushima wäre es übrigens nie gekommen, hätte Zar Nikolaus II. auf einen Lambsdorff gehört. Mein Ururgroßonkel Wladimir war von 1900 bis 1906 russischer Außenminister und hatte dringend abgeraten, sich auf das Abenteuer eines Krieges gegen Japan einzulassen. Aber Admiral Alexejew und Alexander Besobrasow hatten mehr Einfluss auf den Zaren, wollten den Krieg und bekamen ihn – mit allen Konsequenzen, einschließlich einer Revolution gegen die zaristische Selbstherrschaft.

Mishra klassifiziert das Russland von 1905 so selbstverständlich wie zutreffend als eine europäische imperiale Macht dieser Zeit. Als Großmacht wird Russland im 19. Jahrhundert neben

Frankreich zum wichtigsten Konkurrenten des British Empire: Im »*Great Game*« kämpften Russen und Briten um die Vorherrschaft in Afghanistan, dem Iran und weiteren Gebieten Zentralasiens. Die russischen Zaren taten, was andere europäische Herrscher auch machten: Sie vergrößerten ihr Herrschaftsgebiet, sicherten sich Zugänge zu wichtigen Häfen und Handelsrouten. Der Zar sammelte russische Erde, indem er das Reich durch die Eroberung der zentralasiatischen Gebiete erweiterte.

Was 1905 völlig klar war – Russlands Zugehörigkeit zu den europäischen Großmächten –, hatte sich 1945 in sein Gegenteil verkehrt. Während sich nach und nach alle anderen ehemaligen europäischen Mächte mit den USA verbündeten und sogar die Türkei der NATO beitrat, wurde das ehemalige Zarenreich in neuer Gestalt als Sowjetunion zum großen Feind und Gegenspieler des Westens. Das Auseinanderbrechen in einen Ost- und einen Westblock brachte für Russland eine Reihe von Kränkungen mit sich, und anders als die chinesische Führung, die sich im Hinblick auf ihre geopolitischen Ziele bedeckt hält und eine Politik der Aggression auf leisen Sohlen betreibt, benennt Wladimir Putin diese Kränkungen aus der Geschichte ganz offen als Triebfedern seiner gegenwärtigen Politik.

So äußerte er sich etwa im Juni 2020 ausführlich in einem Artikel, der unter dem Titel »*The Real Lessons of the 75th Anniversary of World War II*« in der amerikanischen Fachzeitschrift *The National Interest* erschien. Der russische Präsident macht in diesem Artikel keinen Hehl daraus, dass seine Geschichtsschreibung dem Motto »Ich habe recht« folgt. Gebetsmühlenartig wiederholt er, was er beschreibt, sei die »historische Wahrheit«, man müsse nur in die Archive gehen, um all seine Äußerungen zu belegen.

Putin erhebt das Gedenken an den Sieg über NS-Deutschland zum »Zentrum der russischen Vaterlandsliebe«. In seinem Artikel widmet er den sich daraus ergebenden »russischen

Werten« mehrere Absätze. Selbstlose Pflichterfüllung, Patriotismus, Liebe zur Heimat, zur Familie und zum Vaterland, das seien die Werte, die »in sehr hohem Maße das Rückgrat der Souveränität« des Landes prägten. Die Generationen, schreibt er, seien durch »Blutsbande« verbunden, die Liebe zum Vaterland, die zum Sieg über die Nazis verholfen hat, sei heute ungebrochen, ebenso wie die Bereitschaft, sich einer größeren Sache zu opfern.

Da die Bedeutung des Sieges der Sowjetunion über NS-Deutschland, mit dem Russland, wie Putin schreibt, »die ganze Welt gerettet hat«, im Ausland bewusst und böswillig kleingeredet werde, aber doch der Kern des russischen Patriotismus sei, verstärkt seine Regierung das Gedenken noch mit Hilfe der Repräsentation durch Architektur. Das unterstreicht eine riesige, neu gebaute Militärkirche, die Putin am 75. Jahrestag des Kriegsendes zusammen mit dem Oberhaupt der orthodoxen Kirche Patriarch Kyrill weihte (wegen Corona wurde die Feier vom 9. Mai auf den 15. Juni 2020 verschoben). Die Kirche des Sieges, wie sie heißt, ist nun die drittgrößte Kathedrale des Landes und voller Kriegssymbolik. In den zum Eingang führenden Stufen sind Pistolen verbaut, die während des Zweiten Weltkriegs von Soldaten der Wehrmacht erbeutet wurden; der Durchmesser der fast 100 Meter hohen Hauptkuppel beträgt 19,45 Meter, in Erinnerung an die Jahreszahl des glorreichen Sieges, der Glockenturm ist, da die Kirche zum 75. Jahrestag des Kriegsendes geweiht wurde, 75 Meter hoch, usw. Sogar ein Mosaik in der Art orthodoxer Ikonen mit Putins Konterfei war geplant; da auch Stalin porträtiert werden sollte und sich dagegen dann doch Widerstand regte, ließ man dieses Vorhaben jedoch fallen. Welch große Wirkung sich die russische Regierung von derlei Geschichtspolitik und dem Gedenken an den Sieg von 1945 erhofft, lässt sich daran ablesen, dass sie das Referendum über die Verfassungsänderungen, die Putin den Weg für zwei weitere Amtszeiten ebneten, zeitlich unmittelbar nach der Feier zum 75. Jahrestag des Kriegsendes und die Weihung der Kirche des Sieges ansetzte.

Seiner zur Ideologie überhöhten Geschichtsauslegung stellt Putin das Völkerrecht und die Menschenrechte gegenüber, die er als »Herrschaftsinstrumente des Westens« diskreditiert. Die Welt, so die Erzählung, befinde sich im Würgegriff globaler Eliten, die westlichen Gesellschaften degenerierten – »Gayropa« nennen russische Nationalisten Europa, in abfälliger Anspielung auf das in freiheitlichen Gesellschaften hochgehaltene Recht zur sexuellen Selbstbestimmung. Zu den zweihundertsechs Änderungen der Verfassung, über die Putin abstimmen ließ, gehört die Festschreibung der Ehe ausschließlich als Bund von Mann und Frau – auch die russische Regierung macht mit Homophobie Wahlkampf.

Dem Sieg über NS-Deutschland kommt auch für den neurechten Denker Alexander Dugin eine Schlüsselrolle zu bei dem Versuch, sein antiliberales, revisionistisches, antisemitisches und homophobes Gedankengut zu einem Gesellschaftsmodell aufzubauschen, das er als »Neo-Eurasismus« propagiert. Die »Kultur« einer asiatisch-russischen Steppe, die Russland zu etwas Eigenem macht, das weder asiatisch noch europäisch ist. Aus der historischen Erzählung bezieht er die Werte, die das Neo-Eurasische charakterisieren, und diese Werte finden sich in den offiziellen Narrativen genauso wie in der praktischen Politik wieder.

Die russische Regierung hat Verträge wie die Schlussakte von Helsinki, die Charta von Paris, das Budapester Memorandum – mit dem Russland nicht nur die Unabhängigkeit der Ukraine final anerkannt hat, sondern sogar versprach, ihre territoriale Integrität zu schützen – und schließlich die Europäische Menschenrechtskonvention unterzeichnet.[41] Wenn Putin diese dann dennoch achselzuckend verletzt, etwa durch die völkerrechtswidrige Annexion der Krim oder die Beschneidung der Bürger- und Menschenrechte im eigenen Land, dann mit dem Hinweis auf einzigartige »russische Werte« und dem Vorwand, Völkerrecht und Menschenrechte seien Unterdrückungsinstrumente des Westens.

Russland sammelt wieder Erde

Mit der Perspektive der staatlichen russischen Geschichtsschreibung auf das 20. Jahrhundert als Spiegelbild der europäischen Erzählung unterscheiden sich auch die Lehren, die aus der Geschichte gezogen werden. Die europäische Staatenordnung, wie sie sich nach dem Kalten Krieg entwickelt hat, ist für Putin und seine Mitstreiter geopolitisch inakzeptabel, Russland will zurück zu alter Größe. Der letzte deutsche Botschafter in Moskau Rüdiger von Fritsch berichtet in seinem faszinierenden Buch *Russlands Weg* über seine Gespräche mit Wladimir Putin und dessen Aussage, »der Zusammenbruch der Sowjetunion ist die größte geopolitische Katastrophe des 20. Jahrhunderts« gewesen[42]. In Deutschland wird oft das Wort »geopolitisch« weggelassen, wenn man Putin zitiert – doch es geht ihm nicht um die Wiedererrichtung des kommunistischen Systems, es geht ihm um die Rückkehr zu Russlands alter Größe. Russland sei ein »revisionistisches« Land, schreiben Analysten der internationalen Politik, und genau so ist es. Russland akzeptiert den Status quo nicht, es will seine »Revision«, also die Veränderung der Grenzen in Europa und vielleicht auch in Zentralasien.

Bei dieser ausgreifenden Politik Russlands kommt einem Begriff besondere Bedeutung zu: Faschisten. Der russische Stolz auf die Vorfahren, die im Zweiten Weltkrieg mit dem Sieg über den Faschismus »die Welt gerettet haben,« ist nachvollziehbar. Die begriffliche Gleichsetzung von Nationalsozialisten und Faschisten macht deutlich, dass diese als das absolute Böse angesehen werden. Auch das ist angesichts der immensen russischen

Opfer im Zweiten Weltkrieg verständlich. Dank dieser begrifflichen Klarheit und der emotionalen Kraft der Erinnerung lässt sich der Begriff aber auch politisch hervorragend instrumentalisieren – das erklärt, warum das Gedenken an den Sieg über NS-Deutschland derart zentral für Putins Machterhalt ist. Sobald sich Faschisten zeigen, versteht auch die jetzige Generation von Russen es als ihre geradezu heilige Pflicht, sie ebenfalls zu besiegen. Der Kreml verbreitet daher über die Massenmedien mit Vorliebe die Propaganda, Faschisten kehrten zurück, um so Unterstützung für seine revisionistische Politik zu gewinnen. So zum Beispiel in Bezug auf den Konflikt in der Ukraine. Der Kreml behauptet, in Kiew sei eine faschistische Junta am Werk und die Proteste auf dem Maidan seien ein Putsch gewesen. Wahr ist: Es gibt eine rechtsextreme Partei, die zur Wahl antreten durfte, sie erzielte allerdings nur ein bescheidenes Ergebnis. Doch ein paar verstreute Rechtsextreme reichten dem Kreml, um mit dem Bedrohungsszenario von der Wiederkehr des Faschismus Propaganda zu machen.

Auch für die ehemaligen Randstaaten der Sowjetzone vom Baltikum bis zum Balkan wird die Behauptung wiederholt, ganz besonders im Hinblick auf Estland und Lettland, deren militärische Besetzung und widerrechtliche Annexion durch die Sowjetunion im Jahre 1940 bis heute von der russischen Regierung bestritten wird. Die beiden unabhängigen baltischen Länder, so die wenig plausible Behauptung in Moskau, hätten sich vollkommen freiwillig unterworfen, ihre Eingliederung in die UdSSR sei auf »eigenen Wunsch« erfolgt. An die sich anschließenden Massendeportationen des estnischen und lettischen Bürgertums nach Sibirien wird man in Moskau dagegen eher ungern erinnert.

Der russische Präsident verständigte sich, wie er in seinem oben erwähnten Artikel schreibt, Ende 2019 mit den Regierungschefs anderer GUS-Staaten darauf, die Erinnerung an die Tatsache hochzuhalten, »dass die Nazis in allererster Linie vom sowjetischen Volk geschlagen wurden, und dass Vertreter aller zur Sowjetunion gehörigen Republiken in diesem Heldenkampf Seite an Seite gekämpft haben«. Indem er sie in das russische Heldengedenken einbezieht, vereinnahmt er seine Nachbarstaaten zugleich für sein geostrategisches Ziel, Russlands alte Größe wiederherzustellen. Dabei folgt er neben dem Kampf gegen den Faschismus einem zweiten Prinzip: »*Russki mir*« – die russische Welt. Diesem vom Kreml entwickelten Prinzip zufolge hat Russland überall dort, wo Russen leben, das Recht, sich einzumischen, um diese zu »beschützen«. Nach dem Prinzip des »*Russki mir*« billigt der Kreml den ehemaligen GUS-Staaten, die in der offiziellen Sprache der russischen Regierung als »näheres Ausland« bezeichnet werden, nur beschränkte Souveränität zu, was eine klare Verletzung des Völkerrechts darstellt. Die Folge dieses Prinzips ist die Präsenz russischer Soldaten in Moldawien in Transnistrien, in Georgien in Südossetien und Abchasien und in der Ukraine auf der Krim und im Donbas – gegen den Willen der dortigen Regierungen. Russische Offizielle behaupten gerne, die NATO sei aggressiv. Es gibt jedoch keinen einzigen NATO-Soldaten, der in einem anderen Land ohne dessen Einwilligung steht.

Nach dem Prinzip des »*Russki mir*« verfährt die russische Regierung auch, wenn sie im Donbas russische Pässe verteilt, um so durch diese »Passportisierung« ukrainischen Boden in russische Erde zu verwandeln. Sie verfährt nach diesem Prinzip, indem sie in den ehemals zur Sowjetzone gehörenden Ländern besonders aggressiv agiert; zum Beispiel, indem sie wie 2007 in Estland russische Minderheiten zu Demonstrationen gegen die Regierung anstachelt, als diese die Statue eines Rotarmisten aus dem Zweiten Weltkrieg umsetzen ließ. Zeitgleich mit den Demonstrationen wurden Cyberangriffe auf estnische Ministerien und Banken registriert.

Ähnliches passierte nun vor Kurzem in Prag. Dort haben russische Strategen zunächst Demonstrationen gegen die Entfernung einer Statue des sowjetischen Marschalls Iwan Koniew organisiert, der in Russland als Befreier Prags von den Nazis, in Tschechien jedoch als Akteur bei der Niederschlagung des »Prager Frühlings« in Erinnerung ist. Auch darauf spielt Putin in seinem Artikel in *The National Interest* an, in dem er Europa vorwirft, sowjetische Helden, die die Welt von den Nazis befreit haben, vom Sockel zu stoßen, weil die Sowjetunion dort »angeblich«, so Putin, als Besatzer aufgetreten sei. Dabei war die Entfernung der Koniew-Statue erst der Anfang. Der Prager Bürgermeister Zdeněk Hřib ließ den Platz, an dem sich die russische Botschaft befindet, in Boris-Nemzow-Platz umbenennen, nach dem in Sichtweite des Kreml ermordeten ehemaligen Vize-Premierminister. Zusammen mit Nemzows Tochter Schanna Nemzowa weihte er eine Gedenkplakette ein. Die russische Regierung schlug hart zurück, mit Cyberangriffen, Desinformationskampagnen und Verleumdungen der Prager Politiker, über die Falschnachrichten verbreitet wurden. Das hatte eine neue Qualität. Während der russische Geheimdienst bisher »nur« ins Ausland geflohene Landsleute ermorden ließ, verdichteten sich im Sommer 2020 erstmals Hinweise darauf, dass die russische Regierung Mordanschläge auf Hřib und zwei Prager Bezirksbürgermeister plant[43] – auf demokratisch gewählte Politiker eines Landes mitten in der EU.

Russland im Krieg

Kaum ein Land hat historisch engere Beziehungen zu Russland als Deutschland: Schon im Mittelalter blühte der Handel zwischen den deutschen Hansestädten und der russischen Stadtrepublik Nowgorod. In der Moskauer »Deutschen Vorstadt« haben deutsche Handwerker und Händler Jahrhunderte gelebt und gearbeitet. Über Generationen heirateten Russlands Zaren

Mitglieder deutscher Familien, Katharina die Große war zu Beginn ihres Lebens die Prinzessin Sophie von Anhalt-Zerbst. Gegen Napoleon kämpften Russland und Deutschland auf derselben Seite. Der Kommunismus wäre ohne Marx und Engels nicht denkbar gewesen. Die grausamsten Schlachten des Zweiten Weltkriegs fanden auf dem Gebiet der ehemaligen Sowjetunion statt. Unvergessen ist die Vertreibung der Russlanddeutschen durch Stalin und seine Schergen. Aber auch große Versöhnungsgesten fanden zwischen Russland und Deutschland statt. Gorbatschow stimmte der deutschen Einheit zu und machte den Weg zur Wiedervereinigung frei.

Wie können die Beziehungen zu diesem schwierigen Partner heute aussehen? Es hilft niemandem, dem Herrscher im Kreml kritiklos zu schmeicheln, wie es AfD, Linke und einige Russland-Romantiker tun. Das Gespräch ganz zu verweigern, kann aber auch nur in eine Sackgasse führen. In der Tradition Hans-Dietrich Genschers steht für mich fest, dass Dialog auch in schwierigen Zeiten sinnvoll und möglich ist. Deshalb fahre ich regelmäßig nach Moskau, um dort Journalisten, Politiker und andere Vertreter der russischen Gesellschaft zu treffen. Es ist nicht ungewöhnlich, dass wir uns auch mit Vertretern des Militärs zusammensetzen, so auch im Juni 2018 zu einem Gespräch mit einer Delegation der FDP in kleiner Runde mit einem ehemaligen russischen General. Wir sprachen mit ihm darüber, wie sich Gesprächskanäle in schwierigen Zeiten offen halten ließen, welche Felder es für eine Zusammenarbeit zwischen Russland und Deutschland geben und wie wir in der Sicherheitspolitik wieder zu vertrauensbildenden Maßnahmen zwischen Russland und der NATO kommen könnten. Ungewöhnlich war, was nach etwa zwanzig Minuten passierte. Der General sah mich als Delegationsleiter erstaunt an und sagte: »Das ist ja schön, wie wir hier reden. Wir tun so, als wäre alles normal. Aber wir sind doch im Krieg!«

Wir waren sprachlos. Auch wenn die russischen Aggressionen

gegen den Westen durchaus bekannt sind, denn die Regierung macht nicht nur durch die allmähliche Verwandlung des politischen Systems in eine Autokratie Schlagzeilen, sondern auch mit Angriffen auf den Westen. Wir wissen, dass staatliche Stellen sogenannte Trollfabriken betreiben, um soziale Netzwerke wie Facebook und Twitter mit Fake News zu überschwemmen; heute gibt es kaum noch Zweifel daran, dass 2016 Putin für Trump als einflussreicher Wahlkampfhelfer agiert hat. Im August 2020 erschien ein erneuter Bericht der CIA, der zu dem Ergebnis kam, Trumps Wahlkampf sei von Russland intensiv unterstützt worden. Wir wissen von russischen Hackerangriffen auf die Computersysteme westlicher Regierungen und von den Morden, die der russische Geheimdienst auf unserem Territorium verübt. Dennoch nehmen wir all das nicht als das wahr, was es aus anderer Perspektive offenbar ist: ein Krieg Russlands gegen den Westen.

Krieg ist in unserem Verständnis meist noch als ein mit Waffen ausgetragener Konflikt definiert, aber im weiteren Sinne auch durch das Ziel: die Zerstörung eines Feindes zum Zweck des eigenen Machtgewinns oder um Versuche eines Feindes, die eigene Macht zu erweitern, abzuwehren. Mit dem Ziel, Feinde zu schwächen und die eigene Macht auszubauen, haben in den vergangenen Jahren russische Militärs nicht nur die Leistungsfähigkeit der Streitkräfte dramatisch erhöht, sondern ihre Kriegführung auf zivile Felder der Politik, Ökonomie und Gesellschaft ausgeweitet. Die Strategie der »hybriden Kriegführung« ist unter dem Schlagwort »Gerassimow-Doktrin« bekannt geworden, benannt nach dem Generalstabschef Waleri Gerassimow, der das russische Vorgehen mehrfach beschrieben hat. Der heiße Krieg, die militärische Auseinandersetzung, wird durch Maßnahmen der »präemptiven Destabilisierung« vorbereitet. Es ist eine digital modernisierte, auf die Innenpolitik des Feindes abzielende Variante des klassischen »Teile und Herrsche«. Eine Gesellschaft wird durch Desinformation, Propaganda und kleine Nadelstiche verunsichert und gespalten, sodass sie von innen heraus ins Wanken gerät. Die Strategie zielt auf das ab, was ich im ersten Kapitel als Gefahr für die Demokratie beschrieben habe: die Zerstörung des Wissens um das, was Fakten sind, als Voraussetzung dafür, dass eine autoritäre oder gar totalitäre Regierung die Macht ergreifen kann.

Unser Gesprächspartner in Moskau war ein hochintelligenter, erfahrener General, der sehr gut Englisch sprach und sich ganz selbstverständlich mit westlichen Delegationen traf. Wenn man seiner Beschreibung der Gegenwart folgt und genauer hinschaut, stellt man fest, dass Russland seinen hybriden Krieg gegen den Westen mit erstaunlich aufwendigen Mitteln betreibt, dass das Land dabei irritierend aggressiv vorgeht und eine erschreckend breite Wirkung erzielt. Neben den bekannten Desinformationskampagnen versucht die russische Regierung auf subtileren Wegen, auch in akademische politische Diskurse einzudringen. Man könnte auch von analogen Trollfabriken sprechen. Getarnt hinter Thinktanks, Stiftungen und anderen Organisationen, simuliert die russische Regierung in einer Art Mimikry die Vielfalt westlicher Meinungsbildungsprozesse. Sie höhlt zivilgesellschaftliche Dialoge und Nichtregierungsorganisationen aus, indem sie deren eigentliche erwünschte Teilnehmer durch von der Regierung ausgewählte Vertreter ersetzt. Das ist zum Beispiel beim Petersburger Dialog passiert, der ursprünglich als zivilgesellschaftlicher Austausch zwischen Russland und Deutschland ins Leben gerufen wurde. Heute sitzen bei vielen dieser Programme in Wahrheit nur auf der deutschen Seite zivilgesellschaftliche Organisationen, auf der anderen sitzen fast ausschließlich von der Regierung kontrollierte pseudo-zivilgesellschaftliche Organisationen, sogenannte »Gongos« – *Governmental Nongovernmental Organisations*. Indem die russische Seite westliche Vielfalt nur simuliert, hebelt sie echten Dialog aus und unterläuft die Bemühungen, mit der wirklichen Zivilgesellschaft in Kontakt zu kommen.

Bei der von Gerassimow beschriebenen hybriden Kriegsführung geht es darum, auf nichtmilitärischem Gebiet möglichst viele kleine Schlachten zu gewinnen, um so die Machtverhältnisse zu verändern und später möglicherweise militärisch geführte Kriege vorzubereiten. Ein Teil dieser Strategie besteht im Cyberwar, den Russland mit Hackerangriffen auf die Computersysteme westlicher Regierungen und Behörden führt und sogar mithilfe der noch gefährlicheren Denial of Service Attacks, mit denen digitale Infrastrukturen lahmgelegt werden. Wenn durch solche Attacken zum Beispiel Krankenhäuser von einer Sekunde auf die nächste von der Stromversorgung abgeschnitten werden und lebenswichtige Geräte ausfallen, ist das für viele Menschen lebensgefährlich. Am 13. Dezember 2019 legten Hacker durch die Kappung der Internetverbindung ein Klinikum in Fürth lahm, Anfang September 2020 traf es die Universitätsklinik in Düsseldorf, was mindestens für eine Patientin tödlich endete. Inzwischen deutet einiges darauf hin, dass der Hackerangriff aus Russland verübt wurde.

Je erfolgreicher Desinformationskampagnen sind, desto mehr bereitwillige Helfer finden autoritäre Regime in den Gesellschaften, die sie angreifen. Wer das Potenzial hat, den Zusammenhalt des Westens zu destabilisieren, wird aus Moskau großzügig unterstützt. Dabei ist man auch nicht zimperlich, wenn es sich um Organisationen handelt, die zumindest teilweise von Faschisten geführt werden. So hat Marine Le Pen, die Vorsitzende des rechtsextremen Rassemblement National aus Frankreich, einen ansehnlichen Kredit aus Russland bekommen, und Vertreter der AfD werden ständig nach Russland eingeladen. In Sankt Petersburg wurde 2015 ein Kongress europäischer Rechtsextremisten veranstaltet, der offensichtlich nicht ohne Genehmigung von regierungsamtlichen Stellen stattfinden konnte. Teilnehmer waren aus Deutschland unter anderem der damalige Europaabgeordnete der NPD und Vertreter der griechischen Neonazi-Partei »Goldene Morgenröte«.[44] Gleichzeitig unterstützt die russische Regierung auch linksextreme Kräfte. In ihrem illiberalen antiwestlichen Eifer unterscheiden sich rechte und linke Extremisten ja nicht, was aus Sicht des Kreml nützlich ist und zu einer kuriosen Situation führte. Zeitweise wurden in Berlin zwei Institute aus Russland finanziert, eines war Partner der AfD, eines war Partner der Linkspartei.[45]

Befinden wir uns mit Russland im Krieg? Und wenn ja – wer sind die Kriegsparteien? Man mag dies für eine Frage der Kommunikation halten, für bloße Nuancen der Interpretation. Aber was wäre, wenn wir uns derselben Rhetorik bedienten? Wenn Deutschland und Europa sich auch im Krieg mit Russland sähen? Wie würden wir dann russische Spenden an Parteien in Deutschland, Frankreich oder Italien bewerten? Oder die Tatsache, dass Abgeordnete von AfD und Linkspartei Moskaus Einladung gefolgt sind, auf der Krim als Wahlbeobachter zu fungieren? Als die Annexion der Halbinsel durch ein Referendum notdürftig legitimiert werden sollte, bescheinigten sie der Abstimmung einen einwandfreien Verlauf – obwohl sie in Wahrheit keinem einzigen Standard genügte, den seriöse Wahlbeobachter an solche Referenden anlegen. Seit im Herbst 2020 die Äußerungen ihres ehemaligen Pressesprechers öffentlich geworden sind, wissen wir, wie man in der AfD denkt: Je schlechter es Deutschland geht, desto besser geht es der AfD. Das ist schlimm genug als innenpolitische Aussage, befindet man sich aber in der Logik eines Krieges, wird ihr Urheber ganz real zum Volksverräter, ein widerlicher Hetzbegriff, den AfD-Anhänger ihren Gegnern in normalen politischen Auseinandersetzungen immer wieder entgegenschleudern. Sobald man sich in eine Kriegslogik begibt, ein schwarz-weißes Freund-Feind-Schema anwendet, endet normale Politik und wird durch Kampf mit dem Ziel der Vernichtung des Gegners ersetzt.

Es gibt also sehr gute Gründe dafür, dass wir uns im Westen gerade nicht auf kriegerische Denkweise und Rhetorik einlassen. Aus der Perspektive der Gerassimow-Doktrin aber ist die zunehmende Spaltung westlicher Gesellschaften ohne Zweifel ein Erfolg, den Russland in seinem Krieg bereits errungen hat. Auch, dass Marine Le Pen in Frankreich, Matteo Salvini in Italien und Geert Wilders in den Niederlanden Wahlen gewinnen, gehört zu diesen Erfolgen. Und wenn Donald Trump wie im September 2019 in einer Rede vor den Vereinten Nationen sagt: *»The future does not belong to globalists, the future belongs to patriots«*, dann bestätigt er damit, dass mit ihm vier Jahre lang ein Präsident regierte, der die Erosion der amerikanischen Gesellschaft genau in der nationalistischen Weise vorantrieb, wie Putin es sich von seinem Desinformationskrieg erhofft. Dass russische Hacker die Wahl Trumps und das Brexit-Referendum möglicherweise entscheidend beeinflusst haben, gehört zu den bemerkenswerten Siegen Russlands in einer geopolitischen Auseinandersetzung, die wir noch gar nicht in ihrem ganzen Ausmaß und ihrer ganzen Intensität verstanden haben.

Russland will den Status quo nicht akzeptieren, sondern revidieren und die verloren gegangene russische Erde wieder einsammeln. Auch auf der internationalen Bühne will die russische Regierung zu alter Größe zurückkehren. Dafür nutzt die russische Führung das Vakuum, das sich durch den Rückzug der USA und der EU im Nahen Osten eröffnet hat, um sich in Syrien, Libyen oder Venezuela in der Weltpolitik zurückzumelden. Anders als China hat Russland jedoch weder technologisch noch wirtschaftlich die Kraft, sich als künftige Supermacht zu etablieren und mit den USA und China Schritt zu halten. Im Gegenteil, wenn die Welt in den kommenden Jahren weniger auf klassische Energieressourcen wie Öl und Gas zurückgreifen sollte, drohen dem wirtschaftlich ohnehin schon schwachen Land die finanziellen Grundlagen wegzubrechen. Russlands Macht beruht auf seiner geografischen Ausdehnung und militärischen Stärke; neben den USA besitzt das Land immer noch die meisten Atomsprengköpfe. Russland ist keine Regionalmacht, wie Barack Obama einmal unklug bemerkte, sondern eine Weltmacht. Das wird auf Dauer aber nicht verhindern, dass Russland von China ebenso bedroht wird wie der Westen. Es ist undenkbar, dass eine chinesische Führung Russland auf Augenhöhe begegnet, wenn sie doch ihre eigene wirtschaftliche und technologische Dominanz ausspielen kann. Chinas Aufstieg im Osten scheint Putin jedoch als Gefahr kaum wahrzunehmen. Stattdessen hat er sich in einen neuen kalten Krieg gegen den altbekannten Feind im Westen verstrickt. Zu tief sitzt offenbar der Stachel der kränkenden Niederlage von 1990. Wie sehr Putin noch im Paradigma der Rivalität mit dem Westen denkt, lässt er in zahlreichen Details durchblicken – etwa, wenn er im Wettrennen um die Entwicklung eines Impfstoffs gegen Covid-19 das russische Vakzin »Sputnik V« nennt, nach dem ersten Satelliten, den Russland 1957 ins All schickte. Der erschütterte damals den gesamten Westen, weil die UdSSR plötzlich in puncto Raumfahrt die Nase vorn hatte. Betrachtet man die geopolitischen Verschiebungen realistisch, müsste das nationale Interesse Russlands eine andere Politik diktieren: Vorsicht gegenüber China und eine Hinwendung Russlands zu Europa. Zu dieser Politik im wahren nationalen Interesse sind die auf mysteriöse Weise extrem reich gewordenen ehemaligen KGB-Agenten an der Spitze des größten Landes der Welt nicht willens oder nicht in der Lage. Das gilt leider auch für den wichtigsten unter ihnen, Präsident Wladimir Putin.

Das Osmanische Reich zerfällt

»Die Osmanen nehmen erneut die Hagia Sophia ein«, titelte die russische Zeitung *Kommersant* am 11. Juli 2020, und könnte nicht deutlicher zum Ausdruck bringen, wie sie die Politik des türkischen Präsidenten Recep Tayyip Erdoğan interpretiert. Der Titel des *Kommersant* spielt auf das Jahr 1453 an, das vielleicht ruhmreichste Datum der türkischen Geschichte, in dem die Osmanen Konstantinopel eingenommen haben. Mit der Eroberung der goldenen Stadt setzten die Türken vor mehr als fünfhundert Jahren dem Byzantinischen Reich ein Ende, rückten Europa als Großmacht gefährlich nahe, überrannten in den folgenden Jahrhunderten den Balkan von Griechenland bis nach Rumänien und Ungarn und konnten erst vor den Mauern Wiens gestoppt werden. Konstantinopel, die Hauptstadt der Ostkirche, die an der schmalen Meerenge des Bosporus die beiden Kontinente Europa und Asien verbindet, wurde zu Istanbul, dem Sitz des türkischen Sultans. Die Türken waren mit ihren Janitscharen-Truppen kaum zu besiegen und so erstreckte sich das Osmanische Reich am Ende des 17.Jahrhunderts sogar über drei Kontinente, umrandete mit der Krim fast das ganze Schwarze Meer, reichte über weite Teile des heutigen Irak, Syriens und der arabischen Halbinsel, den Libanon und Palästina bis nach Nordafrika, von Ägypten zeitweise bis nach Algerien. Ein multiethnischer, multireligiöser Staat, in dem zahlenmäßig starke christliche Minderheiten wie Griechen, Bulgaren oder Armenier ebenso wie viele Juden unter der mehrheitlich muslimischen Bevölkerung von Türken, Arabern und Kurden lebten. Zugleich war der Sultan Herrscher über das größte islamische Reich der Zeit, weshalb er, obwohl als Türke der Sprache des Koran nicht mächtig, das Kalifat für sich beanspruchte, das Amt des geistigen Oberhaupts aller Muslime.

Vielleicht kann man die moderne Türkei am besten als Ergebnis von Flieh- und Druckkräften beschreiben, die auf den Raum zwischen dem südöstlichen Europa und dem Nahen Osten gewirkt haben. Druck kam von den Kolonialmächten England, Frankreich, Österreich und Russland, die schon seit dem 18.Jahrhundert in zahlreichen »Türkenkriegen« von der Krim bis zum Balkan Gebiete zurückeroberten und den Osmanen Gebiete in Nordafrika und dem Nahen Osten abnahmen. Zwischen etwa 1700 und 1920 fielen fast alle türkischen Eroberungen entweder in die Hände der Europäer – Algerien und Tunesien wurden französisch, Ägypten britisch, usw. – oder wurden zu unabhängigen Staaten. In Griechenland, Bulgarien, Rumänien oder Serbien entwickelten sich erstarkende Nationalbewegungen zu Fliehkräften, die das Osmanische Reich auseinanderrissen. Die Schwäche der einst so starken Türken rührte daher, dass die osmanischen Herrscher den Anschluss an die militärische, wirtschaftliche und technische Entwicklung der Moderne verpasst hatten. Der Sultan und seine Regierung reagierten zu spät, um diesen Rückstand noch aufzuholen. Sie luden Mitte des 19. Jahrhunderts preußische und französische Berater ins Land und öffneten sich weit für die neuen Ideen aus Europa, um das Reich mit den Tanzimat-Reformen zu reorganisieren und zu modernisieren, doch sie konnten am Ende den Niedergang nicht verhindern. Das stolze Osmanische Reich wurde zum »kranken Mann am Bosporus«, auch weil es zur Strategie der imperialen Mächte gehörte, die wirtschaftliche Unfähigkeit und Schwäche der türkischen Regierung auszunutzen und durch wirtschaftliche Drangsalierung zu verschärfen.

Die Russen, die hofften, durch den Zerfall des Osmanischen Reichs Einfluss auf den Balkan und über das Schwarze Meer einen Zugang zum Mittelmeer zu gewinnen, schürten die Fliehkräfte im Inneren des Reiches. Sie unterstützten die Unabhängigkeitsbewegungen der Griechen, Bulgaren, Serben, Bosnier im Westen und der Armenier im Nordosten. Die Gegenwehr blieb nicht aus, und so kam es im Inneren des Reiches zu blutigen Auseinandersetzungen bis hin zum Völkermord der Türken an den Armeniern während des Ersten Weltkriegs. Auch in Richtung Südosten und Süden gab es antiosmanische Bestrebungen. Zwar träumten unter den Muslimen viele von einem panislamischen Staat. Doch die meisten Araber konnten sich nicht mit dem Gedanken an eine Vereinigung aller Muslime unter der Herrschaft der Türken anfreunden. Stattdessen hofften sie auf die Hilfe von England und Frankreich. Auch diese beiden Großmächte betrieben den Zerfall des Reiches mit allen Mitteln und versprachen den Arabern, sie zu unterstützen, sollten sie sich gegen die Osmanen auflehnen. Im Gegenzug sicherten sie ihnen anschließende Souveränität zu.

Als sich im Verlauf des Ersten Weltkriegs ein Sieg der Entente aus England, Frankreich und Russland gegen das Osmanische Reich abzeichnete, trafen der englische Diplomat Mark Sykes und sein französischer Kollege François Georges-Picot am 16. Mai 1916 eine geheime Vereinbarung, in der sie den Nahen Osten im Falle ihres absehbaren Sieges unter sich aufteilten – entgegen vorheriger Versprechen, die die Briten den Arabern gegeben hatten. Sie zogen eine Linie und sahen die auf den beiden Seiten der Linie gelegenen Gebiete für französische bzw. britische Herrschaft vor. Das, was wir heute als Israel und palästinensische Gebiete kennen (exklusive eines Landstrichs um das israelische Haifa), sollte international verwaltet werden. Nach Kriegsende konnten die beiden Kolonialmächte dann diese bilaterale Abmachung fast vollständig auf internationaler Bühne durchsetzen und gründeten beiderseits der Sykes-Picot-Linie Staaten, indem sie recht willkürliche Grenzen um die bis dahin ethnisch und kulturell vielfältigen Provinzen des Osmanischen Reichs zogen; außerdem behielten sie sich gewisse Herrschaftsrechte vor. So entstanden unter dem Völkerbund-Mandat Frankreichs das heutige Syrien und der Libanon. Auch über die kurdischen Gebiete zwischen Adana in der Türkei, Aleppo in Nordsyrien und Teile im Nordirak bestimmten die Franzosen. Auf den ehemaligen britischen Gebieten finden sich heute Jordanien, der Irak und Kuwait sowie Israel und die palästinensischen Gebiete.

Die britische Reisende und Mitarbeiterin der Regierung, Gertrude Bell, schildert den Vorgang: »Ich habe einen guten Tag im Büro damit verbracht, in der südlichen Wüste die Grenze des Irak festzulegen«, schrieb sie im Dezember 1921 an ihren Vater. Kurz nach dem Treffen zwischen Sykes und Picot weihten Engländer und Franzosen ihren Bündnispartner Russland in das geheime Abkommen ein und sprachen ihm Armenien und Teile von Kurdistan zu. Italien erhielt Gebiete in Westanatolien und einige griechische Inseln. Zugespitzt formuliert könnte man sagen, eine britische Abenteurerin malte in ihrem Büro die Grenze des Irak auf eine Landkarte, und die Kolonialmächte verteilten Gebiete, als gäben sie Kuchenstücke aus. Als dann im Zuge der Russischen Revolution 1917 die Bolschewisten an die Macht kamen, wendeten Briten und Franzosen sich jedoch gegen sie. Daraufhin machten die Russen den Verrat, den die Kolonialmächte mit dem Abkommen begangen hatten, öffentlich, der britische *Guardian* griff den Skandal auf. Das Sykes-Picot-Abkommen wurde zu einem diplomatischen Desaster erster Ordnung. Kann man es den Arabern verdenken, wenn sie westlichen Einmischungsversuchen noch heute misstrauen?

Das Osmanische Reich war einer der Verlierer im Ersten Weltkrieg, der türkische Sultan musste 1920 Verträge unterzeichnen, die den verbliebenen Rest seines Reichs unter die Kontrolle der Alliierten stellten. Doch die Tanzimat-Reformen hatten Wirkung gezeigt, die türkische Gesellschaft hatte sich modernisiert. So war unter anderem eine türkische Nationalbewegung entstanden, die sich in politischen Parteien und Verbänden organisiert hatte und einen Nationalstaat nach europäischem Vorbild anstrebte. Unter der Führung des Offiziers Mustafa Kemal Pascha verweigerten sie dem Sultan, der die demütigenden Friedensbedingungen akzeptiert hatte, den Gehorsam, sammelten aus der Opposition heraus ihre Truppen und zogen in den Türkischen Befreiungskrieg. Mustafa Kemal Pascha gelang die vielleicht schnellste, unmittelbarste Korrektur der Nachkriegsordnung, die mit den Friedensverhandlungen von Versailles geschaffen worden war. Die Türken kämpften und zwangen die Alliierten schließlich zu einem neuen Kompromiss, der 1923 im Vertrag von Lausanne festgehalten wurde und bis heute die Grenzen der modernen Türkei festlegt. Ein knappes Jahr zuvor hatte die Befreiungsbewegung den Sultan abgesetzt und die Monarchie abgeschafft. Nach dem Friedensschluss von Lausanne, am 23. Oktober 1923, rief Mustafa Kemal Pascha die Republik Türkei aus und verlegte die Hauptstadt von Istanbul nach Ankara.

Von Atatürk zu Erdoğan

Mustafa Kemal Pascha verwandelte das Osmanische Reich in eine moderne Republik, wobei er sich stark an der politischen Verfassung Frankreichs orientierte. Er schuf eine Demokratie, modernisierte die Rechte der Frauen – vom Wahlrecht über den Zugang zur Bildung bis zum Ehe- und Scheidungsrecht –, ersetzte die arabische Schrift durch das lateinische Alphabet, säkularisierte islamische Schulen und Gerichte und führte den Laizismus ein, die strikte Trennung von Staat und Kirche. Die Hagia Sophia, im 6. Jahrhundert von Kaiser Justinian erbaut und tausend Jahre lang die berühmteste Kirche der Christenheit, hatten die Türken kurz nach der Eroberung von Konstantinopel zu einer Moschee gemacht. 1935, fast fünfhundert Jahre später, wandelte Kemal Pascha sie in ein Museum um.

Seine Reformen gingen als Kemalismus in die türkische Geschichte ein. In der Bezeichnung steckt zugleich ein Hinweis darauf, wie sich die gewaltige Transformation der türkischen Gesellschaft vollzog. Es handelte sich um eine Modernisierung von oben, die der charismatische Kemal Pascha teilweise mit brachialen Mitteln durchsetzte, und sie wurde nur von bestimmten Schichten mitgetragen. Bei vielen stießen die Maßnahmen auf großen Widerstand, vor allem bei den Geistlichen, die den Verlust ihres Einflusses nicht hinnehmen wollten, und bei einer Landbevölkerung, die der tief greifende Wandel in ihrem Alltag überforderte. Je kürzer die Zeit, die einer Gesellschaft für Transformationsprozesse bleibt, desto größer die Zumutungen. So machte etwa die Latinisierung der Schrift, um nur ein Beispiel zu nennen, viele mit einem Schlag zu Analphabeten. Und da die Regierung alte Zöpfe konsequent abschneiden wollte, verbot sie Männern per Gesetz, den als osmanische Kopfbedeckung bekannten Fes zu tragen. Besonders hart aber versuchten die Reformer, den Einfluss der Religion zurückzudrängen. So erließen sie für Frauen ein striktes Verbot, in öffentlichen Einrichtungen ein Kopftuch zu tragen, was zur Folge hatte, dass streng religiöse Musliminnen, wollten sie das Kopftuch nicht ablegen, zum Studieren ins Ausland gehen mussten – zum Beispiel nach Europa oder in die USA, wo das Tragen des Kopftuchs erlaubt ist.

Die junge Türkei sah sich mit Problemen konfrontiert, die in der gesamten muslimischen Welt zu beobachten waren. Zwar gab es im 19. Jahrhundert eine Art »islamischer Aufklärung«,[46] politische Ideen aus Europa, die wissenschaftliche Denkweise und die Industrialisierung der Wirtschafts- und Lebenswelt fanden in Istanbul und Kairo, Teheran und Kabul überall Anhänger. Doch es war eine oberflächliche Entwicklung, aus der Tiefe der Gesellschaften gab es massive Gegenbewegungen. Sie setzten sich im Lauf der Zeit in fast allen Teilen der muslimischen Welt durch, auch weil das Auftreten der europäischen Kolonialmächte es islamistischen Hardlinern leicht machte, mit dem Widerstand gegen die Besatzer auch deren Lebensweise und politische Ideen als »europäisch« und damit der eigenen Kultur fremd abzulehnen. Kemal Pascha und seine Anhänger oktroyierten in ihrer Zeit ihre säkularen Vorstellungen, dass viele Veränderungen aber nicht in allen Teilen der Gesellschaft ankamen, konnten sie nicht lösen.

Für die Türkei von heute sind diese Anfänge der Republik kein leichtes Erbe. Die Demokratisierung wurde von einem charismatischen Führer betrieben, der sich noch zu Lebzeiten den

Beinamen »Atatürk« – »Vater der Türken« gab. Eine derart dominante Überfigur stand im Grunde im Widerspruch zur Idee einer Demokratisierung. Atatürks Orientierungspunkt Europa kippte zudem nach Mussolinis Machtergreifung 1922 immer weiter in autoritäre Regierungsformen ab. Der zur Vaterfigur verklärte Gründer der Republik bietet deshalb bis heute Anknüpfungspunkte für Anhänger einer Politik, die auf einen starken, autoritären Führer setzt. Atatürk griff zudem immer wieder auf das Militär zurück, um seine Reformen durchzusetzen, das dadurch überdurchschnittlich großen politischen Einfluss erhielt. Solche Anfangsschwächen hatten das ganze 20. Jahrhundert hindurch Folgen, die Türkei war phasenweise eine Militärdiktatur. Zu den Geburtsfehlern gehört außerdem die ungelöste Frage nach den verbliebenen Minderheiten. Die junge Türkei basierte wie fast alle Nationalstaaten auf der Idee eines ethnisch-kulturell einheitlichen Staatsvolkes, für die Kurden schien kein Platz zu sein und so ist die Unterdrückung ihrer kulturellen und nationalen Identität bis heute Regierungspolitik. Schließlich bleibt bei schnellen, radikalen Veränderungen von Kultur und Gesellschaft die Gegenreaktion nicht aus, weshalb seit dem Ende des Zweiten Weltkriegs immer wieder religiöse Parteien Zulauf erhalten, die versprechen, dem Islam wieder mehr Bedeutung zu verschaffen, möglicherweise sogar ganz mit dem Laizismus zu brechen.

Die Widersprüche, die der Zerfall des Osmanischen Imperiums und der sich anschließende Kemalismus in der türkischen Gesellschaft hinterlassen haben, sind bis heute sichtbar. So werden beispielsweise die meisten Ehrenmorde in der Türkei nicht in einer fernab gelegenen ländlichen Region, sondern mitten in der modernen, pulsierenden Metropole Istanbul verübt – in einem Stadtviertel, in dem sich viele Kurden aus den rückständigsten Provinzen im Osten des Landes angesiedelt haben. Es ist nur ein Beispiel für die Gegensätze, die die Türkei prägen: zwischen West- und Ost-Orientierung, Stadt und Land, Wertkonservativen und Modernen, Islamisierung und Laizismus, und zwischen den religiösen und ethnischen Mehr- und Minderheiten.

Brückenkopf-Land

Trotz dieser Schwierigkeiten war die Türkei lange Zeit ein verlässlicher Partner des Westens. Atatürks Nachfolger setzten den Kurs fort, den der erste Präsident eingeschlagen hatte. Schon 1944 unterzeichnete die Türkei die UN-Charta, 1952 wurde sie zusammen mit dem Erzfeind Griechenland Mitglied der NATO. Das Westbündnis profitierte von dem Land, einem geostrategisch entscheidenden Brückenkopf zwischen Europa und Asien. Gerade im Kalten Krieg diente die Türkei als antisowjetisches Bollwerk an der Südostflanke des NATO-Gebiets. Und auch nach dem Zerfall der Sowjetunion ist sie als einziges Land, das zwischen der EU und dem Nahen Osten liegt, nach wie vor eine wichtige Pufferzone, nicht zuletzt deshalb, weil sie den Zuwanderungsdruck aus den Krisengebieten auf die EU erheblich abschwächt. Die Türkei ist nicht zufällig der Staat, der derzeit weltweit am meisten Flüchtlinge aufnimmt.

Auch die Türkei hat von ihren Beziehungen zum Westen profitiert. Es schien klar, wo das Land hinwill, und Verträge wie die Vereinbarung über die Entsendung von »Gastarbeitern« nach Deutschland oder das Assoziierungsabkommen mit der Europäischen Wirtschaftsgemeinschaft EWG von 1963 trugen möglicherweise dazu bei, dass die Regierungen den Prozess der Demokratisierung und Liberalisierung – trotz zahlreicher Rückschläge – auch nach dem Zweiten Weltkrieg immer wieder vorangetrieben haben. So schien es aus türkischer Sicht naheliegend, dass die Regierung 1987 einen Antrag auf Mitgliedschaft in der EU stellte. Doch das war einmal.

Heute hat sich das Verhältnis zum Westen deutlich abgekühlt. Die Beitrittsverhandlungen mit der EU liegen ebenso auf Eis wie eine Vertiefung der Zollunion oder die Visaliberalisierung. So gespalten die türkische Gesellschaft im Hinblick auf westliche Modernisierungen war, so ambivalent war auf der Gegenseite die Haltung in der Europäischen Union. Bei aller Kritik an ihrer Politik ist die Türkei wie auch Russland eine große, stolze Nation, die es verdient hat, mit Respekt behandelt zu werden. Dieser Respekt allerdings fehlte in manchen Äußerungen europäischer Politiker, insbesondere von konservativer Seite. Dass das zu Verbitterung in Istanbul und Ankara geführt hat, kann ich gut nachvollziehen.

Ich musste damit umgehen, weil ich mehrere Jahre lang der Türkei-Berichterstatter meiner Fraktion im Europaparlament war. Meine Kollegen trugen mir diese Aufgabe an, weil unsere Briten auf der einen Seite meinten: Die Türken müssen so schnell wie möglich in die EU! Auf der anderen Seite aber standen unsere Franzosen, die fest davon überzeugt waren: Der Beitritt der Türkei ist der Tod der EU! Hinter der britischen und der französischen Haltung gegenüber der Türkei stehen zwei grundsätzlich verschiedene Auffassungen von Europa.

Die Gründerväter, vor allem Franzosen und Deutsche, haben sich mit der Vision einer politischen Einheit zu den ersten europäischen Gemeinschaften zusammengeschlossen. Sie wollten nicht nur den Frieden in Europa sichern, sondern die EU auf lange Sicht zu einem handlungsfähigen Akteur in der Weltpolitik machen, der ein eigenes Gewicht hat im globalen Wettstreit der großen Akteure.

Die andere Vision, die in London kursierte, sah die EU als eher losen Verband, der vor allem als geopolitischer Stabilisator dienen sollte. Die Idee dahinter war verständlich: Wenn es überall ein bisschen mehr Demokratie, Rechtsstaatlichkeit und Marktwirtschaft gibt, kann das Regionen am Rande Europas stabilisieren. Auch die Amerikaner schauten von Washington über den Atlantik und sahen im Osten und Südosten Europas instabile, wirtschaftlich unterentwickelte Regionen wie Teile des Balkans und die Türkei. Und eine an den Westen angebundene Türkei war den Amerikanern besonders wichtig, als Brückenkopf in der Region. Da sie in der EU vor allem einen geopolitischen Stabilisierungsmechanismus sahen, plädierten also Amerikaner und Briten dafür, so viele Mitglieder so schnell wie möglich aufzunehmen. Dass die Union als politische Einheit dadurch ihren inneren Zusammenhalt verlieren und irgendwann nicht mehr handlungsfähig sein würde, hat London bewusst in Kauf genommen, denn mehr als ein loses Staatenbündnis mit angeschlossenem Markt wollten viele in Großbritannien gar nicht.

Vor dem Hintergrund dieser völlig gegensätzlichen Vorstellungen von der EU haben die britischen Liberaldemokraten in meiner Fraktion Druck gemacht, sie wollten alle so schnell wie möglich aufnehmen: die Rumänen, Bulgaren, den Balkan, die Türkei. Die Franzosen waren absolut dagegen. Die Deutschen vertraten eine Mittelposition, wir befürworteten den Beitritt der Mittel- und Osteuropäer, den von Rumänien und Bulgarien nicht zwingend, aber die Entscheidung war bereits gefallen, dass man die Staaten des ehemaligen Ostblocks nicht einzeln, sondern als Paket aufnehmen würde. Gegenüber der Türkei lavierte Deutschland in etwas scheinheiliger Weise und tut es im Grunde bis heute. Die Einzigen, die sich hier klar positionierten, waren die Grünen und die FDP. Die Grünen waren dafür, die FDP dagegen. Besonders abstrus ist die Position der Unionsparteien. Sie sind gegen einen Beitritt, aber dafür, die Verhandlungen fortzusetzen, die zum Beitritt führen sollen.

In meiner Zeit als Türkeiberichterstatter fuhr ich regelmäßig nach Ankara und Istanbul, einmal im Jahr auch nach Bodrum zu einer hochrangigen vertraulichen Konferenz, die ein türkischer Freund mit seinem Institut organisierte. Meine Besuche und die Gespräche, die ich in der Türkei führte, bestärkten mich darin, dass die Türkei der EU nicht beitreten kann. Auch, weil das Land sich politisch weit von den Werten der EU entfernte. Die Presse wurde massiv unter Druck gesetzt. Zensur war gar nicht mehr nötig, weil die meisten Journalisten Selbstzensur übten. An den Universitäten ist die Freiheit der Lehre faktisch abgeschafft, unbotmäßige Professoren müssen jeden Tag mit ihrer Entlassung rechnen.

Doch eine Aufnahme der Türkei in die EU wäre vor allem europapolitisch und aus ureigenstem Interesse der Union falsch. Die Türkei reicht bis an die Grenze des Iran, des Iraks und Syriens. Die meisten Menschen in Europa könnten sich mit der EU als einem europäischen Projekt nicht mehr identifizieren, wenn wir den Schengenraum bis dorthin ausdehnen würden. Da es mitunter ohnehin Probleme mit der Akzeptanz der EU gibt, wäre die Gefahr groß, dass durch einen Beitritt der Türkei die Stimmung gefährlich kippen würde. In Frankreich sind mittlerweile 80 Prozent der Bevölkerung gegen den Beitritt der Türkei, aber auch in den allermeisten anderen Mitgliedstaaten gibt es seit Jahren große Mehrheiten dagegen. Nicht nur ein Staat muss vom Vertrauen der Bürgerinnen und Bürger getragen werden, das gilt auch für die Europäische Union. Deshalb habe ich mich stark dafür eingesetzt (und es geschafft), Jahr für Jahr die Abstimmungen so weiterzuentwickeln, dass sich das Europaparlament 2017 für ein Einfrieren der Verhandlungen ausgesprochen und 2019 sogar ihren Abbruch verlangt hat.

Die harte französische Haltung war der türkischen Führung schon immer ein Dorn im Auge. Eine geradezu toxische Qualität erhielt sie allerdings nach dem Amtsantritt Recep Tayyip Erdoğans, denn er ist Anhänger der Muslimbrüderschaft. Sein politischer Ziehvater war Necmettin Erbakan,[47] bekannt als *Mujahid* Erbakan und Gründer von Millî Görüş, einer islamistischen Vereinigung, die auch in Deutschland viele Anhänger hat und vom Verfassungsschutz als demokratiefeindlich eingestuft wird.[48] Erdoğan selber hat sich früher ablehnend zum

EU-Beitritt der Türkei geäußert, weil, so dachte er damals, die EU ein christliches Bündnis sei. Auch zur Demokratie hat er ein gespaltenes Verhältnis. In einem Interview erklärte er ganz unverblümt, dass aus seiner Sicht die Demokratie lediglich ein Mittel sei, der Zweck der Politik aber die Errichtung eines Glaubensstaates. Derartige Ansichten waren in der autoritärlaizistischen kemalistischen Türkei hochriskant. Folgerichtig wurde Erdoğan 1998 verhaftet und zu einer zehnmonatigen Gefängnisstrafe verurteilt, die er teilweise auch verbüßen musste. Er hatte einen Dichter mit den Worten zitiert: »Minarette sind Bajonette, Kuppeln Helme, Moscheen Kasernen, Gläubige unsere Soldaten.«

Frankreich muss Erdoğan wie der exakte Gegenentwurf eines Landes erscheinen, wie er es sich vorstellt. Seine wüsten Ausfälle gegen Emmanuel Macron im Herbst 2020, als er ihn als geisteskranken Islamfeind bezeichnete, sind nur so zu erklären. Erdoğan kann und will nicht akzeptieren, dass die politischen Unterschiede zwischen französisch-republikanischen und türkisch-islamischen Werten zur Ablehnung der Mitgliedschaft führen. Es kränkt ihn in seinem Stolz, denn er empfindet es als Zurücksetzung der Türkei gegenüber anderen EU-Beitrittskandidaten. Zudem ist Frankreich auch noch ein Verbündeter Griechenlands und Armeniens, zweier Länder also, gegen die Erdoğan militärische Operationen durchführt. Ein Forschungsschiff ließ er von seiner Kriegsmarine begleiten, als es in griechische Gewässer eindrang, und als der Konflikt um Bergkarabach erneut aufflammte, unterstützte die Türkei Aserbaidschan in seinem Krieg gegen Armenien.

Natürlich gibt es auch noch profanere Gründe für das militärische Abenteurertum der Türkei mit Soldaten gleichzeitig im Kaukasus, in Syrien, auf dem Mittelmeer und in Libyen. Blickt man auf die Wirtschaftsdaten, zeigt sich nach Jahren des Aufschwungs ein fast schon dramatisches Gesamtbild. Seit erste Erholungsanzeichen durch die Corona-Krise gebremst wurden, geht der IWF von Wachstumserwartungen von minus 3 bis minus 5 Prozent aus; im August 2020 wurde sogar ein Einbruch der Wirtschaft um 11 Prozent vermeldet. Ausländische Investoren ziehen sich zurück, allein im Jahr 2019 ist der ausländische Kapitalzufluss um etwa 40 Prozent gesunken. Das hat auch damit zu tun, dass Erdoğans Politik zu einer starken Abwertung der türkischen Lira geführt hat, womit nicht nur die Kaufkraft der Bevölkerung sinkt, sondern sich auch die Gewinne ausländischer Firmen beim Umtausch in ihre jeweiligen Heimatwährungen in Luft auflösen. Auch die Leistungsbilanz wird aufgrund der starken, nicht nur coronabedingten Rückgänge im Tourismus negativ ausfallen.

Angesichts dieser Probleme könnte man erwarten, dass die Türkei ihre nach wie vor engen wirtschaftlichen Verbindungen zu Deutschland und zur EU zu intensivieren sucht. Doch das Gegenteil ist der Fall. Auf innenpolitischen Druck reagiert Erdoğan ähnlich wie Putin und versucht, sein Präsidentenamt durch Großmachtpolitik zu stützen. Wie Putin setzt er dabei auf eine Strategie der Expansion und militärischen Konflikte, die er mit einem historischen Narrativ verbindet, indem er sein Amt als Sultanat im osmanischen Stil interpretiert. In aufwendig produzierten Videos lässt Erdoğan sich als neuer Sultan bejubeln, dessen moderne Streitkräfte als direkte Nachfolger der legendären Janitscharen inszeniert werden. Wo aber Putin allein auf den Sieg über NS-Deutschland setzt, die Verfehlungen der Sowjetzeit und die Niederlage im Kalten Krieg aber ausblenden muss, bietet sich Erdoğan eine doppelte Chance, vor allem mit Blick auf den hundertsten Geburtstag der Republik Türkei im Jahr 2023. Er kann beim Kemalismus an das türkische Nationalgefühl und die Konzentration auf eine autoritäre Präsidentschaft anknüpfen. Das hilft ihm, sein eigentliches Ziel umzusetzen, nämlich das laizistische Erbe Atatürks durch Re-Islamisierung zu überwinden und so im Jahre 2023 zu einem zweiten, diesmal islamistischen Vater aller Türken zu werden. Der türkische Präsident knüpft so bewusst doppelt an die Zeit des Osmanischen Reichs an – als Präsident einer Großmacht und, wie damals der Sultan, als Oberhaupt aller Muslime. Ganz in diesem Sinne stellte er vor Kurzem sogar die Ergebnisse offen infrage, die Atatürk im Vertrag von Lausanne bei Gründung der Republik aushandelte: »Wir haben unsere derzeitigen Grenzen nicht freiwillig akzeptiert«, sagte Erdoğan in einer Rede. »Unsere Gründungsväter wurden außerhalb dieser Grenzen geboren.«[49] (Das Geburtshaus von Atatürk steht in Thessaloniki.) Vor allem mit Bezug auf Griechenland sind seine Äußerungen mehr als fragwürdig: »Im Vertrag von Lausanne haben wir Inseln weggegeben. So nah, dass wir eure Stimmen hören können, wenn ihr herüberruft. Das waren unsere Inseln. Dort sind unsere Moscheen.«

Die erneute Umwidmung der Hagia Sophia in eine Moschee im Juli 2020, nach fast hundert Jahren als Museum, passt exakt zu dieser Politik. Die Maßnahme ist der leicht durchschaubare Versuch, durch das Anknüpfen an den Sieg der Osmanen 1453 mit islamischer Symbolik Wähler zurückzugewinnen, die ihm und seiner Partei AKP allmählich davonlaufen. Seine Beschimpfungen Emmanuel Macrons sind das außenpolitische Pendant zu dieser Politik, die ihrerseits gut ankommt. Von Bagdad über Teheran bis nach Islamabad jubelten Muslime Erdoğan zu, und ihre Regierungen stimmten in die Kritik an Frankreich ein.[50] Diese in altem Großmachtdenken und islamistischer Überzeugung liegenden Triebfedern türkischer Politik sind für Erdoğan und seine Anhänger wichtiger als Rechtsstaatlichkeit, Menschenrechte und Demokratie.

5

Die Gleichzeitigkeit des Ungleichzeitigen

Der Union Jack in Manschettenknöpfen

Als ich 1995 meine Ausbildung für den Auswärtigen Dienst absolvierte, wurden regelmäßig Diplomaten und Botschafter aus anderen Ländern eingeladen, die vor uns Vorträge hielten. Einer von ihnen war der Gesandte Robert Cooper von der britischen Botschaft. Ich erinnere mich genau, denn er trug ein blütenweißes Hemd mit zwei riesigen Manschettenknöpfen aus glänzendem Plastik, der eine war rot, der andere blau. Wir hatten den Eindruck, der Union Jack persönlich stünde vor uns. In bestem britischem Akzent begann er seine Ausführungen zur britischen Außenpolitik mit den Worten: »Sie müssen als Erstes eines verstehen: Großbritannien ist eine Insel.« Wir schauten uns an und dachten, er wolle uns auf den Arm nehmen. Doch die scheinbare Schlichtheit dieser Information trog. Spätestens 2016, beim Brexit-Referendum, sollte sie sich traurigerweise als wichtig herausstellen.

Insulares Denken hatte sich über viele Jahre in der englischen politischen Klasse breitgemacht.[51] Cooper selber gehörte sicher nicht zu den Fans der britischen *splendid isolation*«, im Gegenteil. In Brüssel entwickelte er maßgeblich die europäische Außenpolitik mit, was viele seiner Landsleute sehr kritisch sahen. Er gehörte zum Team von Javier Solana, dem ehemaligen NATO-Generalsekretär, der von 1999 bis 2009 Hoher Vertreter für die Gemeinsame Außen- und Sicherheitspolitik der EU war. Doch schon bevor er in Solanas Dienste trat, hatte der exzentrische Brite mit einer Analyse über den »Postmodernen Staat und die politische Ordnung der Welt« Furore gemacht. In dieser Analyse (original: »*The Post-modern State and the World Order*«) unterteilt er die Länder der Welt in »prämoderne«, »moderne« und »postmoderne« Staaten. Die Gleichzeitigkeit des Ungleichzeitigen mache unsere Welt aus, schrieb er und widersprach damit der in den Medien so oft erhobenen Forderung, Außenpolitik dürfe nie mit zweierlei Maß messen, sie müsse immer denselben Maßstäben und Regeln folgen. Seine Analyse ist eine genauere Betrachtung wert, denn um die Welt zu verstehen, sind nicht nur historische Entwicklungen maßgeblich, sondern auch der gegenwärtige Zustand der Gesellschaft und die Innenpolitik der Staaten im internationalen System.

Als prämoderne Staaten bezeichnet Cooper Länder, in denen es kaum staatliche Strukturen und oft auch keine stabile Regierung gibt. Stattdessen ringen regionale Clans und von Warlords beherrschte Gruppierungen miteinander um Einfluss. Macht wird vor allem von denen ausgeübt, die Zugang zu Waffen haben, oft vom Militär. Die Wirtschaft dieser Staaten ist kaum entwickelt, sie basiert zu einem erheblichen Teil auf Landwirtschaft. Religion spielt eine große Rolle, oft sind magische Vorstellungen und Aberglaube weit verbreitet. Schulen, Universitäten, öffentliche Verwaltung und Rechtsprechung sind nur rudimentär vorhanden und funktionieren schlecht oder gar nicht. Die Außenpolitik solcher Staaten beschreibt Cooper als chaotisch, sofern man überhaupt außenpolitische Beziehungen erkennen kann. Eher sind Clans und Gruppierungen den unterschiedlichen Einflüssen und Interessen ihrer Nachbarn ausgeliefert. Afghanistan und Zentralafrika sind typische Beispiele,

Somalia und Guinea-Bissau, aber auch in Ländern wie Pakistan, Samoa oder Turkmenistan stößt man auf prämodernes Denken und Handeln.

Den »modernen« Staat nennt Cooper nicht so, weil er neu ist, sondern weil er im Zuge der Moderne als Nationalstaat in Erscheinung tritt. Er unterscheidet zwischen einer älteren und einer jüngeren Form. Die frühere zeichnet sich durch eine teils agrarische, teils schon Handel treibende Wirtschaft aus, der Staat ist zentral organisiert, vor allem im Hinblick auf das Militär, aber auch in Bezug auf den Handel. Die Außenbeziehungen nehmen zu, wenn auch noch auf niedrigem Niveau, innere und äußere Angelegenheiten werden klar voneinander getrennt. Neben Grenz- und Gebietsverschiebungen können auch wirtschaftliche Konflikte Kriege auslösen. In Europa entstanden solche frühmodernen Verhältnisse zwischen dem 15. und dem 17. Jahrhundert, als der Handel im von England über Deutschland bis nach Russland entstehenden Netz der Hansestädte sowie durch die Gründung von Kapitalgesellschaften und Banken vor allem in Norditalien in Schwung kam.

Im spätmodernen Staat werden die öffentlichen Strukturen ausgebaut. Der Staat übernimmt neben dem Militär auch Verantwortung für Bildung, das Gesundheitswesen, Sozialfürsorge, Industrie und Handel. Die Wirtschaft basiert auf Erzeugnissen der industriellen Massenproduktion und auf industrienahen Dienstleistungen. Die Abgrenzung von Innen- und Außenpolitik ist sehr ausgeprägt. Im Inneren entsteht Nationalismus, nach außen verschärfen sich die Rivalitäten. Nach Coopers Definition führen »moderne« Nationalstaaten Kriege um Grenzen und Territorien, aber auch um Einfluss in Regionen außerhalb des eigenen Landes, um Zugänge zu wichtigen Handelsrouten, Häfen und Ressourcen. Mächtige Staaten erweitern ihr Gebiet durch militärische Eroberungen, sie verschieben ihre Grenzen mit Gewalt. Es gilt das Prinzip: »*Might is right*«, wer die Macht hat, hat recht, hat das Sagen. Das große Schwungrad der Moderne bildete die Industrialisierung, die in Verbindung mit der Aufklärung die Lebensverhältnisse radikaler und schneller veränderte als je zuvor. Den spätmodernen Staat gibt es in demokratischer und autoritärer Form. Fast alle europäischen Monarchien des 19. Jahrhunderts haben so gehandelt, doch auch heute gibt es zahlreiche Staaten, die in spätmodernen Kategorien denken, China, Russland und die Türkei gehören dazu. Aber auch Großbritannien oder die USA sind mindestens teilweise von einer spätmodernen Einstellung geprägt.

Im postmodernen Staat schließlich ist Macht nicht mehr zentral organisiert, sondern verteilt auf unterschiedliche Staatsgewalten. Diesen Staat gibt es nur als Demokratie, die Regierung wird von Parlamenten und Gerichten kontrolliert. Die Medien spielen eine wichtige Rolle, Entscheidungsprozesse werden schwieriger und langwieriger, weil sie durch einen hochkomplizierten Ausgleich zahlreicher, oft schwer überschaubarer Interessen herbeigeführt werden. Zivilgesellschaftliche Gruppierungen verlangen Gehör für ihre Anliegen und erlangen Zugang zu Entscheidungsprozessen. Als wirtschaftliche Basis des postmodernen Staats wächst neben der klassischen Industrie die Bedeutung von Dienstleistungen weiter an, die Informations- und Kommunikationstechnik wird immer wichtiger. Die Außenbeziehungen werden vielfältiger und nicht mehr nur vom Staat bestimmt, sondern auch von nichtstaatlichen Akteuren wie Unternehmen, Nichtregierungsorganisationen, wissenschaftlichen Instituten, Stiftungen und Medien. Es entsteht ein grenzüberschreitendes Geflecht aus politischen, wirtschaftlichen, wissenschaftlichen, zivilgesellschaftlichen, medialen, künstlerischen Beziehungen auf allen möglichen Ebenen, bei denen »Nationalstaatlichkeit« funktional – nicht emotional – zunehmend an Bedeutung verliert. Als »postmodern« beschreibt Cooper zahlreiche Mitgliedstaaten der Europäischen Union, aber auch moderne, offene Nationen wie Neuseeland, Japan oder Kanada.

Coopers Analyse ist deswegen so wichtig für unsere »Weltpolitikfähigkeit«, weil sie uns in Theorie und Praxis herausfordert. In der Theorie klassischer Außenpolitik sind Coopers Kategorien wertneutral. Ein prämodernes Land kann sich genau auf dem Entwicklungsstand finden, der von seiner Bevölkerung für richtig gehalten wird. Die wichtigsten Repräsentanten afghanischer Stämme finden ihre Art zu leben völlig in Ordnung. Auch das ausgeprägte Souveränitätsdenken einer modernen Nation muss nicht im Widerspruch zu dem stehen, was sich die Menschen dort wünschen. Türken und Chinesen sind genau wie Russen oder Amerikaner stolz auf die Größe ihrer Nation und würden eine Einschränkung ihrer Handlungsfähigkeit nach außen durch ihre jeweilige Regierung mit Unverständnis quittieren. Gleiches gilt für postmoderne Länder: Mehrheiten mögen weite Vernetzung und auf Dauer angelegte Zusammenarbeit mit anderen Nationen schätzen, aber auch in diesen Ländern kann es Gruppen geben, denen die Offenheit zu weit geht. In vielen westlichen Demokratien gibt es Kräfte, die den Staat eher an Coopers »moderner« Ordnung orientieren wollen, und das sind nicht alles Rechtspopulisten. In Westeuropa fällt es uns schwer, diese theoretische Wertneutralität nachzuvollziehen, da wir nach Jahrzehnten der Vernetzung und Zusammenarbeit zu postmodernen, offenen Nationen geworden sind.

Aber auch in der politischen Praxis ist Coopers Analyse eine Herausforderung. Jedes Land, sofern es dazu willens und in der Lage ist, definiert seine Werte und Interessen, die es in seiner Außenpolitik vertreten und zur Geltung bringen will. Um dabei erfolgreich zu sein, müssen wir aber nicht nur verstehen, welches Geschichtsbild, welche Triebfedern unser Gegenüber ausmachen, ob wir praktisch erfolgreich sein können, hängt auch ganz stark davon ab, in welcher inneren Verfasstheit sich unser Gegenüber befindet und ob wir in der Lage sind, darauf einzugehen.

An der Wende zum 20. Jahrhundert, in der Hochphase des Imperialismus, dominierte eine Handvoll europäischer Staaten fast die ganze Welt. Die Briten herrschten buchstäblich über mehr als die halbe Welt, Frankreich besaß Kolonien in Afrika und Indochina, Russland in Zentralasien, und alle drei machten sich über das zerfallende Osmanische Reich her. Selbst kleinere europäische Länder wie Belgien, Holland oder Portugal gehörten zu den Kolonialmächten. Eine Ausnahme waren die beiden »verspäteten Nationen« Deutschland und Italien, die bis weit ins 19. Jahrhundert hinein keinen Nationalstaat hatten. So hatten sie beinahe die gesamte kolonialzeitliche Ära verpasst und versuchten mit großer Verspätung, wenigstens in Afrika noch einen »Platz an der Sonne« zu ergattern; ebenfalls verspätet und als einzige Nichteuropäer bemächtigten die USA sich 1906 der Philippinen, die Japaner kolonisierten in den 1930er-Jahren Korea und die Mandschurei.

Doch Macht und ihre immer weitere Ausweitung sind in der Politik nicht alles. Schon als die Spanier und Portugiesen Mittel- und Südamerika mit dem Segen der katholischen Kirche unter sich aufteilten, wiesen Kritiker darauf hin, dass die gegen die Menschen in der neuen Welt verübten Grausamkeiten mit christlichen Werten kaum vereinbar waren. Aktivisten wie der Mönch Bartolomé de Las Casas reisten zwischen den Kontinenten hin und her und bedrängten ihre Regierungen, das Unrecht zu beenden. Las Casas gelang es schließlich, Karl V. zum Erlass der »Neuen Gesetze über die Indianer« zu bewegen. Der spanische König erklärte alle Ureinwohner zu freien Menschen und verbot deren Versklavung für die Zukunft. Für den König erwies sich das als ungünstig, im wahrsten Sinne des Wortes, denn mit dem Verbot der Ausbeutung versiegten plötzlich die Einnahmen aus Übersee, die auch die Kassen der Krone gefüllt hatten. Es fiel den Konquistadoren daher nicht schwer, ihn nur drei Jahre später dazu zu zwingen, das Gesetz vollständig zu widerrufen. Eines aber deutete sich schon in dieser frühen Phase an: dass auch auf dem Feld, das wir heute Außenpolitik nennen, neben egoistischen Interessen so etwas wie »Werte« wirksam werden würden.

Die Ideen der Aufklärung, die ab dem 17. Jahrhundert die politischen Verfassungen in Europa veränderten, kamen erst deutlich später in der Außenpolitik an. Kriege in Europa waren als Mittel der Politik so häufig, dass die Vorstellung, sie seien grundsätzlich unzulässig, gewöhnungsbedürftig erschien. Auf den außereuropäischen Kriegsschauplätzen waren die Kolonialmächte militärisch haushoch überlegen, Eroberung und Kolonisierung erschienen wie Gelegenheiten, die man schon deshalb nicht verpassen durfte, weil man befürchten musste, dass sich sonst konkurrierende europäische Großmächte für dieselben Landstriche interessieren würden. Auch auf der Grundlage von einer später mithilfe der Rassenideologie gerechtfertigten, jahrhundertealten Gewohnheit erklärten die Kolonialmächte, dass die Bewohner ihrer Kolonien keine Träger von Bürgerrechten seien. Doch zwei Entwicklungen brachen dieses Denken auf. Der Krieg forderte in seiner industrialisierten Form von allen Kriegsparteien immer größere Opfer, und in den Kolonien erwachten nach und nach das kulturelle und politische Selbstbewusstsein und der starke Wunsch nach Freiheit von Fremdherrschaft.

An der Wende zum 20. Jahrhundert gewann Kants Vorschlag, die internationalen Beziehungen durch die Einrichtung eines für alle geltenden Völkerrechts zu regeln, zunehmend an Attraktivität. Allmählich bildete sich der Kern dessen heraus, was zur Grundlage des Völkerrechts werden sollte: der Gedanke, dass die Souveränität jedes Staates rechtlich unverletzlich ist, dass also jeder Angriff eines Landes auf ein anderes ein Unrecht darstellt. Dieser Gedanke, der Ausgangspunkt des modernen Völkerrechts, wurde erstmals im Westfälischen Frieden festgehalten, mit dem in Europa 1648 eine große Friedensordnung am

Verhandlungstisch geschaffen wurde. Als ich nach Amerika ging, um dort internationale Politik zu studieren, war der Hinweis auf die sogenannte Westfälische Ordnung – »the Westphalian Order« – ein völlig selbstverständliches Element aller Grundlagenvorlesungen. Schaut man in die UNO-Charta, so findet man in ihrem Artikel 2 die Feststellung, dass die Weltorganisation auf der »souveränen Gleichheit« aller Mitglieder der Vereinten Nationen beruht. Dieser zentrale Grundsatz des internationalen Systems, der bis heute Gültigkeit hat, lässt sich direkt nach Münster und Osnabrück zurückverfolgen. Aus ihr ist der moderne Staat mit seinem Anspruch auf Respekt und Sicherheit entstanden.

Aber erst nach den Verheerungen der beiden Weltkriege zeigten sich viele Staaten bereit, eine internationale Rechtsordnung zu unterstützen. Dazu trug auch die Tatsache bei, dass die völkerrechtliche Souveränität mit einer harten Schale ausgestattet war. Es galt eine strikte Trennung von inneren und äußeren Belangen, die es fremden Staaten wie auch der internationalen Gemeinschaft als solcher verbot, sich in die inneren Angelegenheiten eines Landes einzumischen. Bis heute ist dieser Grundsatz für autoritär regierte, im Sinne Coopers moderne Staaten von allerhöchster Bedeutung. So stellt sich Russland schützend vor Bashar al-Assad, weil dieser nach russischer Auffassung im Inneren seines Landes volle, uneingeschränkte Souveränität genießt, die sich auch darin ausdrücken kann, die Opposition einzukerkern, sie zu foltern und seine eigene Zivilbevölkerung mit Fassbomben und Chemiewaffen umzubringen. Vor ein- oder zweihundert Jahren hätten wenige andere Staaten widersprochen. Doch im 20. Jahrhundert trat neben die Entwicklung des Völkerrechts als Recht der Staaten eine andere Entwicklung, nämlich die des Völkerrechts als Recht kolonisierter Völker, später sogar als Recht von Individuen, von einzelnen Menschen.

Im Lauf der Jahrzehnte nach dem Zweiten Weltkrieg wurde so die harte Schale der staatlichen Souveränität aufgeweicht.

Dieser Prozess war ein Segen für Unterdrückte auf der ganzen Welt – Völker und Menschen. Schon in der Charta der Vereinten Nationen findet sich das Prinzip, dass Kolonien und sogenannte Treuhandgebiete auf ihre spätere Souveränität vorbereitet werden müssten. Den Autoren dieses wichtigsten Rechtstextes der Welt war also offenbar bewusst, dass Kolonialherrschaft kein Dauerzustand sein konnte. Damit hatte der Freiheitskampf vieler Völker, von Mishra »subalterne Nationen« genannt, eine Grundlage im Recht.[52] Fünfzehn Jahre später, am 14. Dezember 1960 wurde sie mit der einstimmigen Verabschiedung der Resolution 1514 in der UNO-Generalversammlung ein für alle Mal befestigt.[53]

Diese Entschließung über die »Gewährung der Unabhängigkeit an koloniale Länder und Völker« ist ein für diplomatische Verhältnisse mehr als ungewöhnliches Dokument. In ihrer Präambel erkennt sie in geradezu poetischer Sprache die »leidenschaftliche Sehnsucht aller abhängigen Völker nach Freiheit« an, im Text selber heißt es völlig unzweideutig: »Alle Völker haben das Recht auf Selbstbestimmung; kraft dieses Rechts bestimmen sie frei ihren politischen Status und verfolgen frei ihre wirtschaftliche, soziale und kulturelle Entwicklung.«

Uns erscheint das heute einleuchtend, im Rückblick vielleicht sogar zwangsläufig. Doch das war es nicht. Ähnlich wie die amerikanische Unabhängigkeitserklärung bauten auch die UNO-Charta und die Resolutionen der Weltorganisation der Freiheit zwar ein Haus, aber wie konnten die kolonisierten Völker hoffen, dort jemals einzuziehen? Schließlich gab es 1945 in Afrika nur vier unabhängige Nationen: Ägypten, Äthiopien, Liberia und Südafrika. Der gesamte Rest des Kontinents war unter Fremdherrschaft. Der Konflikt zwischen NS-Deutschland und dem faschistischen Italien einerseits und den Westmächten andererseits hatte bei vielen kolonisierten Völkern nur ein begrenztes politisches Interesse hervorgerufen, weil schon der Erste Weltkrieg ja nur verändert hatte, *wer* die Kolonialherrschaft ausübt, nicht aber, *dass* es sie gab. Die deutschen Kolonien waren 1919 unter den Siegern aufgeteilt worden. Kamerun und Togo gingen jeweils geteilt an Frankreich und Großbritannien, Deutsch-Ostafrika an Großbritannien, Belgien und Portugal, Deutsch-Südwestafrika fiel an die Südafrikanische Union. Für die Menschen, die dort lebten, war das eine Veränderung, aber keine grundlegende Wandlung ihres unfreien Zustandes. Warum sollte das Ende des Zweiten Weltkrieges daher anders sein?

Aus politischer Sicht hatte das Jahr 1945, der Dreh- und Angelpunkt unserer Betrachtung des 20. Jahrhunderts, für die Bewohner des afrikanischen Kontinents also keine besondere Bedeutung bei der Herausbildung von Identität und Staatlichkeit. Diese sollte erst später erfolgen, und es war ähnlich wie die Sklavenbefreiung in den USA ein blutiger Prozess mit einer Vielzahl von Morden, Kämpfen und Kriegen. Aber gerade weil solche Ereignisse sich tiefer ins Gedächtnis graben als Rechtstexte, sind heute für Kenianer der Mau-Mau-Aufstand, für Kongolesen die Ermordung ihres charismatischen Anführers Patrice Lumumba oder für Algerier ihr Unabhängigkeitskrieg viel wichtiger als das Ende des Zweiten Weltkriegs. Hätten die führenden Mächte, die den Text der UNO-Charta verfassten, eine andere Rechtsauffassung vertreten, der Widerstand der Kolonialmächte hätte von festem rechtlichem Grund aus viel härter ausfallen können. So aber waren sie in den Augen der Welt im Unrecht. 1977, nur siebzehn Jahre nach der Resolution 1514, war die Kolonialherrschaft der Europäer in Afrika mit der Unabhängigkeit Djiboutis vollständig beendet.

Das Völkerrecht aber wandte sich nicht nur den kolonisierten Völkern zu, sondern nahm Schritt für Schritt, Jahrzehnt für Jahrzehnt immer mehr den einzelnen Menschen in den Blick, und zwar sowohl als Staatsbürger als auch als menschliches Lebewesen. Mit der Allgemeinen Erklärung der Menschenrechte von 1948 ging es los, aber dort endete es nicht. Auch Russland hat beispielsweise 1966 den Internationalen Pakt über Bürgerliche und Politische Rechte unterschrieben, der regelmäßige, gleiche, allgemeine und freie Wahlen vorschreibt. Was haben regelmäßige Wahlen mit dem Umgang von Staaten untereinander zu tun? Eigentlich nichts, dennoch wurden sie in einem internationalen Vertrag festgehalten. 1984 verabschiedeten die Vereinten Nationen die Anti-Folterkonvention, um eine der allerschlimmsten Grausamkeiten zu unterbinden. Gegenstand dieser Konvention waren nicht etwa Staaten, sondern Menschen – nur die können Opfer von Folterung werden. Menschenrechtsverletzungen wurden zunehmend nicht mehr nur als innere Angelegenheit betrachtet, die Hülle der staatlichen Souveränität wurde durchlässiger. Auch regional gab es Fortschritte. So verpflichteten sich in Europa die Staaten auf beiden Seiten der Blockkonfrontation in Helsinki auf eine Schlussakte, die einen ganzen Korb enthielt mit individuellen Rechten. Die Führung der Sowjetunion war so begeistert von ihrem Verhandlungserfolg in den beiden anderen Körben zu Sicherheit und Wirtschaft, dass der gesamte Text der Schlussakte in der *Prawda*, dem Zentralorgan der KPdSU, der wichtigsten Zeitung der Sowjetunion, abgedruckt wurde. Plötzlich ergaben sich aus einem internationalen Vertrag individuelle Freiheitsrechte der Bürgerinnen und Bürger, die in den Ostblockstaaten systematisch vorenthalten wurden. Mit der Schlussakte von Helsinki verband sich ein neues Rechtsempfinden, das in der Tschechoslowakei die Gründung der Charta 77 unter Václav Havel und die Gründung der Solidarność in Polen 1981 nach sich zog – beide Gruppierungen sollten wenige Jahre später maßgeblich zum Sturz des Kommunismus beitragen.

Die letzte große Innovation, mit der die harte Schale der Souveränität durchbrochen werden sollte, war die Einrichtung des Internationalen Strafgerichtshofs in Den Haag. Der ehemalige Justiz- und spätere Außenminister Klaus Kinkel, dem der Schutz Wehrloser vor schweren Verbrechen ein Herzensanliegen war, betrieb die Verhandlungen mit Nachdruck, auch gegen amerikanischen Widerstand. Er hatte Erfolg: Im Juli 1998 wurde der Strafgerichtshof durch das Römische Statut ins Leben gerufen. Damit versucht die Völkergemeinschaft, Personen rechtlich zur Verantwortung zu ziehen, die schwerste Verbrechen begangen haben. Das ist auch gelungen. Mehrere Rebellenführer, die Kindersoldaten rekrutierten, Massaker an Zivilisten verübten oder an Massenvergewaltigungen beteiligt waren, verbüßen lange Haftstrafen. Vor der Einrichtung des Gerichtshofs wären sie straflos ausgegangen, da ihre Herkunftsstaaten sie nicht strafrechtlich verfolgen wollten oder konnten. Man kann diese Neuerung gar nicht hoch genug einschätzen: Anders als in vergangenen Jahrhunderten ist die Gerechtigkeit für die Opfer nicht durch nationales Strafrecht, sondern durch Völkerrecht erreicht worden. Die früher so undurchlässige Schutzhülle staatlicher Souveränität konnte die Täter nicht länger schützen. An die Stelle von rechtlichen Mauern zwischen Staaten ist ein Netzwerk von Werten und Rechtsprinzipien getreten, die den Menschen in den Mittelpunkt stellen. Auch aus diesem Grund wird der internationale Strafgerichtshof von Staaten abgelehnt, die im Sinne Coopers als »modern« bezeichnet werden können, besonders Russland, China und die USA.

Als die Mitgliedstaaten der UNO im Jahre 2005 zusammenkamen, um ihren sechzigsten Geburtstag zu feiern, wollte man diese Prinzipien zu einem neuen Konzept zusammenfassen: der Schutzverantwortung. Der Gedanke war, dass Regierungen die Verantwortung für den Schutz ihrer Bevölkerung haben, schwere Menschenrechtsverletzungen aber eine Schutzverantwortung der internationalen Gemeinschaft auslösen. Damit wurde eine ganz neue Grundlage geschaffen, um in anderen Ländern zu intervenieren. Die Idee erscheint mutig, stellt sie doch einen glatten Bruch mit moderner Staatlichkeit im Cooper'schen Sinne dar. Doch die Erinnerung an die von den Vereinten Nationen nicht verhinderten Massaker von Ruanda und Srebrenica wies den Weg, zumal 2005 auch aus Darfur immer wieder schreckliche Nachrichten kamen. Es ging den Urhebern des Konzepts keineswegs nur um militärische Intervention, sondern um Vorbeugung mit den Mitteln von Politik und Entwicklungszusammenarbeit, durch Dialog und Diplomatie. Breiter bekannt wurde das Prinzip erstmals 2011, als die Schutzverantwortung zur Grundlage eines Militäreinsatzes wurde. Libyens Diktator Gaddafi stand vor Bengasi, und seine Ankündigung eines Massenmordes an den Bewohnern der Stadt ließ keine Zweifel an seinen Absichten. Die Militärkampagne, die das angedrohte Massaker abwendete, stützte sich auf R2P, wie die »responsibility to protect« in der UNO abgekürzt wird, und er war erfolgreich, denn die Truppen des Diktators wurden zurückgeschlagen. Politisch allerdings geriet R2P anschließend in schweres Fahrwasser, denn Russland warf dem Westen vor, das Mandat weit überzogen zu haben, und will R2P am liebsten vergessen machen.

Doch das Rechtsprinzip in R2P verstärkt den Netzwerkgedanken in der internationalen Politik, wie er in der Wirtschaft mit der Schaffung des internationalen Handelssystems aus Bretton-Woods-System und GATT schon 1947 angelegt worden war. Schranken, die den Fluss von Waren, Dienstleistungen, Kapital, Wissen und Menschen über Grenzen hinweg behindern, wurden abgebaut. Der globalisierte Handel entwickelte eine von Land zu Land unterschiedliche, aber über die Jahrzehnte immer weiter wachsende Dynamik und veränderte damit seinerseits das Kräfteverhältnis zwischen Staaten. Die WTO ist seit ihrer Gründung 1994, dem Beitritt Chinas 2001 und Russlands 2012 zumindest auf dem Papier zu einer der wichtigsten Institutionen einer postmodernen Welt geworden.

Als Kernelement einer postmodernen Ordnung sieht Cooper einen Vertrag, mit dem militärische Rüstung kontrolliert wird, den Vertrag über Konventionelle Streitkräfte in Europa. Dieser und andere Verträge über Rüstungskontrolle hebeln das Grundprinzip jeder militärischen Strategie aus, das lautet: Je weniger ein möglicher Kriegsgegner über die Stärke der Streitkräfte und die Orte ihrer Stationierung weiß, desto besser. Um Rüstungswettläufen entgegenzuwirken, verlangen Rüstungskontrollverträge das genaue Gegenteil, nämlich die gegenseitige Offenlegung und Lokalisierung des Arsenals. Das wiederum fordert von den Unterzeichnern ein hohes Maß an gegenseitigem Vertrauen, ein Netzwerk von Diplomaten und Offizieren, die sich besuchen, in persönlichen Gesprächen verhandeln bis hin zu plötzlichen, unangekündigten Inspektionen in den Ländern der Vertragsparteien. Das ist neu. Während »moderne« Staaten andere Länder im besten Falle als Verbündete, im schlechteren aber als mögliche Feinde betrachten, läuft die postmoderne Ordnung auf eine Politik hinaus, in der die Staaten auf der Basis von internationalen Regeln miteinander kooperieren. So hat sich in den letzten Jahren ein fundamentaler Wandel ergeben, von Macht, Souveränität und Imperialismus hin zu Prinzipien, Recht und Netzwerken. Allerdings gibt es viele, denen dieser Wandel zu weit geht.

Die EU als postmoderne Ordnung

Eine postmoderne Ordnung par excellence sieht Cooper in der Europäischen Union. Beginnend mit ihren Vorläufergemeinschaften und dann mit Gründung der Europäischen Gemeinschaft durch die Römischen Verträge von 1957, hat sich der innerstaatliche Pluralismus ihrer demokratisch vielfältigen Mitgliedstaaten nach außen zu einem supranationalen Pluralismus hin entwickelt. Europa ist heute ein dichtes Netz aus Beziehungen über Grenzen hinweg in nahezu allen Lebensbereichen. Im postmodernen System der EU teilen die Mitglieder ihre nationale Souveränität in bestimmten Bereichen freiwillig und übertragen sie auf EU-Institutionen, die umgekehrt in innerstaatliche Belange eingreifen können – »*right down to sausages and* beer«. Macht und Entscheidungen sind dezentral verteilt. Es gibt die europäischen Organe Parlament und Kommission einerseits und die Regierungen der Nationalstaaten im Rat andererseits. Die Regeln sind selbst auferlegt, und sie werden rechtsstaatlich kontrolliert. Urteile des Europäischen Gerichtshofs (EuGH) etwa werden von den Mitgliedern der EU freiwillig befolgt. Würden sie sich nicht danach richten, geriete die Rechtsgemeinschaft der Europäischen Union auch in schweres Fahrwasser: Eine EU-Polizei, die Urteile durchsetzen könnte, gibt es nicht. Das erklärt auch den Schock, den das Bundesverfassungsgericht im Mai 2020 ausgelöst hat, als es zum ersten Mal angekündigt hat, ein Urteil des Europäischen Gerichtshofs nicht respektieren zu wollen. Es ging um eine Klage von AfD-Gründer Bernd Lucke und Euro-Gegner Peter Gauweiler. Deren Erfolg in Karlsruhe wird jetzt in Ländern wie Polen oder Ungarn herangezogen, wenn diese zur Einhaltung von Urteilen aus Luxemburg angehalten werden.

Über viele Jahre verloren Grenzen innerhalb der EU zunehmend an Bedeutung, vor allem, seit die Arbeitnehmerfreizügigkeit gilt und die Schlagbäume im Schengenraum abgebaut wurden. Die Unterschiede zwischen dem Innen und dem Außen der nationalstaatlichen Hülle lösen sich in vielerlei Hinsicht auf. Das ist möglich, weil die demokratischen Verfassungen der einzelnen Nationalstaaten genauso wie die EU auf dasselbe Ziel ausgerichtet sind: auf die Freiheit des Individuums, sich nach seinen Wünschen und Möglichkeiten zu entfalten.

In Europa überlagerten sich also zwei Tendenzen. Erstens entstanden auf dem Kontinent selber nicht nur postmoderne Staaten, es gedieh sogar eine postmoderne überstaatliche Ordnung. Und zweitens entwickelte sich mit dem Völkerrecht das Konzept einer internationalen Politik, in der das Mittel des Krieges durch rechtsförmige Verfahren ersetzt werden sollte. Auch wenn das beim ersten Lesen sehr theoretisch klingt, hatte es gerade für uns hier in Deutschland ganz praktische Auswirkungen. In einem historisch nahezu einmaligen Vorgang haben wir nach dem Fall der Mauer erlebt, dass Staatsgrenzen nicht in militärischen Auseinandersetzungen neu gezogen wurden, sondern auf der Grundlage von Verträgen. Helmut Kohl und Hans-Dietrich Genscher holten sich die Zustimmung zur deutschen Einigung bei den Regierungen in Moskau, Washington, Paris und London, wobei die beiden Letztgenannten zunächst gegen die Wiedervereinigung waren. Im abschließenden Zwei-plus-Vier-Vertrag, der am 15. März 1991 in Kraft trat, bestätigte Deutschland die bis dahin völkerrechtlich nicht anerkannte Oder-Neiße-Linie als Grenze zu Polen, verzichtete auf den Besitz von atomaren, biologischen und chemischen Waffen und stimmte einer Obergrenze für die Stärke der Bundeswehr zu. Moskau erklärte sich damit einverstanden, dass das vereinte Deutschland Mitglied der NATO bleiben durfte. Im Gegenzug sicherte Bonn zu, dass in den neuen Bundesländern keine NATO-Einheiten stationiert würden. Das Beispiel zeigt, dass postmoderne internationale Politik, die auf Diplomatie und Verträge setzt, grundsätzlich geeignet ist, auch große Konflikte über Grenzverläufe und Militärbündnisse zu kanalisieren, sie zu entschärfen und einer Lösung zuzuführen.

Die von Cooper als postmoderne Ordnung beschriebene EU ist nicht das Paradies. Während Coopers Theorie für die europäische Weltpolitikfähigkeit enorm hilfreich ist, gibt es ihre Umsetzung in Europa selber nicht in Reinform. Die Unterschiede zwischen den verschiedenen Ordnungen verschwimmen in der politischen Wirklichkeit, weil die Nationalstaaten in der EU ihre Interessen zunehmend egoistisch verfolgen. Und auch wenn die Zustimmung zur Mitgliedschaft in der Europäischen Union bei allen Völkern auf dem Kontinent hoch ist, gibt es auch Kräfte, die Offenheit und Vernetzung ablehnen. Sie tarnen sich pro-europäisch als Befürworter eines »Europa der Vaterländer«. Das aber ist das Europa, das wir über Jahrhunderte hatten. Nationalismus und Kriege, auch Hunger waren der

Normalzustand unseres Kontinents, als es noch das Europa der Vaterländer war. Hingegen erweist sich die postmoderne Ordnung überall dort, wo nicht mehr um Grenzen und nicht mehr mit militärischen Mitteln gestritten wird, als Garant für Frieden.

Aus dem Raumschiff

Den meisten Lesern dürfte an dieser Stelle längst klar geworden sein, dass die schon in sich nicht homogene, schwierige, überwiegend postmoderne EU von Staaten umgeben ist, deren politische Ordnung einen anderen Charakter aufweist. China, Russland und die Türkei betreiben eine Außenpolitik, die dazu dient, Macht und Einflusssphären zu vergrößern, wenn nötig auch mit Panzern und Kriegsschiffen. Dasselbe gilt für den Iran und viele arabische Länder. Das Regierungshandeln ist in diesen Staaten wesentlich auf den Erhalt ihrer Grenzen ausgerichtet, und zwar nicht nur nach außen, sondern auch nach innen. Entsprechend werden Minderheiten gewaltsam bekämpft, weil sie die staatliche Einheit gefährden. Seien es die Uiguren oder Tibeter in China (die Zugehörigkeit Letzterer zur Volksrepublik ist völkerrechtlich umstritten), die Tschetschenen, die als autonome Republik zum russischen Staatsverband gehören, oder die Kurden in der Türkei. Auch in Europa gibt es Konflikte um Grenzen und nationalstaatliche Zugehörigkeiten; den Streit zwischen Wallonen und Flamen in Belgien, separatistische Bestrebungen von Basken und Katalanen in Spanien und einen nur mühsam befriedeten Konflikt in Nordirland, um nur einige Fälle zu nennen. Aber die Wahrscheinlichkeit ist gering, dass die spanische Regierung mit Panzern in Barcelona einrückt oder die deutschsprachige Minderheit in Südtirol von den Italienern interniert wird. Auch darin unterscheiden sich moderne politische Ordnungen von postmodernen politischen Ordnungen.

In meinen Vorträgen schlage ich manchmal vor, sich vorzu-
stellen, aus der Perspektive eines Raumschiffs auf Europa zu
schauen. Dann sieht man unseren vergleichsweise ruhigen und
wohlhabenden Kontinent umgeben von Konflikten und Brand-
herden. Im Osten werden die EU-Außengrenzen durch die Ereignisse in Belarus und den Krieg in der Ukraine bedroht, mit
einem russischen Herrscher im Hintergrund, der nicht zulassen
will, dass sich Teile der »russischen Welt« unabhängig machen.
Im Südosten hat die Türkei einen Konfrontationskurs eingeschlagen, trotz des Flüchtlingsdeals und enger Wirtschaftsbe-
ziehungen zu Europa. Geht man von hier aus weiter nach Süden,
stößt man auf Länder wie Ägypten, Algerien und Marokko, die
im Sinne von Coopers Analyse als stabile, »moderne« Staaten
gelten können, wobei sie ihre Stabilität mit zum Teil schweren
Menschenrechtseinschränkungen und -verletzungen aufrecht-
erhalten. Im Arabischen Frühling hat sich gezeigt, wie fragil die
Verhältnisse in dieser Region sind. In vielen Ländern Nordaf-
rikas und des Nahen Ostens haben die Revolutionen nicht die
erhofften besseren Lebensverhältnisse gebracht. Stattdessen
bewegen sich die politischen Verhältnisse zwischen der Wiederherstellung autoritärer Regime wie in Ägypten und Bürgerkrieg
wie in Syrien, dem Irak oder Libyen.

Die Prämoderne vor unserer Haustür

Robert Coopers Analyse ist deswegen so hilfreich, weil sie verständlich macht, dass scheinbar Ungleichzeitiges doch gleichzeitig existieren kann. Während wir in Europa nach Coopers
Definition zumindest theoretisch schon in einer besseren Zukunft leben, spielt sich vor unserer Haustür immer noch ein
geradezu archaischer Konflikt zwischen rivalisierenden Stäm-
men und Städten ab. Diese weit entfernte und doch so nahe

Prämoderne habe ich vor einem Jahrzehnt hautnah mitbekommen.

Nach dem Sturz von Diktator Gaddafi und seiner Tötung durch Aufständische im Oktober 2011 war das Interesse weltweit groß, die politischen Prozesse in Libyen schnell in geregelte Bahnen zu lenken. Die Vereinten Nationen hatten dazu eine Unterstützungsmission entsandt, und auch die EU sollte dabei helfen, demokratische Strukturen aufzubauen. In ihrem Auftrag reiste ich 2012 als Wahlbeobachter nach Tripolis.

Libyen wirkt auf den ersten Blick wie ein riesiges Land. Mit seinen 1,8 Millionen Quadratkilometern Fläche ist es auch fast sechsmal so groß wie Deutschland. Bewohnbar ist jedoch nur ein Küstenstreifen, auf dem gerade einmal sechs Millionen Menschen leben, die sich auf verschiedene, miteinander verfeindete Städte verteilen. Hinter dem Küstenstreifen erstreckt sich eine gigantische Wüste bis mitten in die Sahara hinein, in der es reichlich Öl- und Gasvorkommen gibt. Der Flughafen von Tripolis stammt noch aus der britischen Kolonialzeit und liegt circa 30 km südlich der Hauptstadt.

Nach meiner Landung und der Begrüßung durch den Botschafter stieg ich in meinen Dienstwagen, einen gepanzerten Toyota Landcruiser. Auf dem Beifahrersitz erwartete mich ein großer, freundlicher Brite, der mir sogleich erklärte, wie ich mich zu verhalten hätte, wenn wir beschossen würden. Da war ich noch nicht mal eine Stunde im Land. Der nette Engländer entpuppte sich als mein Bodyguard und gehörte zu einer der Sicherheitsfirmen, die von der UNO zu unserem Schutz angeheuert worden waren.

Bei unseren libyschen Gesprächspartnern hatte Gaddafi den Ruf eines Wahnsinnigen. Er sei ständig auf Drogen gewesen, dennoch konnte er sich mehr als vierzig Jahre an der Macht halten. In jener Zeit ließ er nahezu alle öffentlichen Institutionen austrocknen. In den Ministerien traf man niemanden an, eine öffentliche Verwaltung gab es so gut wie nicht. Gaddafi hatte die Einkünfte aus den Ölquellen in die verschiedenen Regionen des Landes an einflussreiche Günstlinge verteilt, zu denen er direkte Beziehungen unterhielt. Über ein informelles Netzwerk mit den richtigen Leuten in Bengasi und anderen Städten gelang es ihm, alles nach seinen Vorstellungen zu regeln. Die untereinander verfeindeten Clans und Stämme hielt er durch Geldzuweisungen bei Laune. Wer das System störte, starb. Der Staat und seine Gesetze, das war Gaddafi. Eine Verfassung hatte Libyen nicht.

Nun sollte eine neue Ära beginnen. Im Vorfeld der Wahlen waren ein Nationaler Übergangsrat als provisorisches Parlament gebildet worden und ein Ausschuss, um die Erarbeitung einer Verfassung zu organisieren. Zusammen mit meiner Stellvertreterin Maria Espinosa traf ich den Vorsitzenden dieses Ausschusses. Er sah aus wie ein amerikanischer College-Professor, graue Löckchen, Tweedjacke, zerknautschte Ledertasche, bequeme Lederschuhe. Wir redeten zunächst über das Wahlverfahren zur verfassunggebenden Versammlung, den Zuschnitt der Wahlkreise, das anwendbare Wahlrecht, die Berechnungsmethoden für die Sitzverteilung und weitere technische Dinge. Er kannte sich gut aus.

Irgendwann fragte ihn Maria: »Welche Rechtsquellen wird es denn für die neue Verfassung geben?«

»Die Scharia.«

»Ja«, sagten wir, »das ist ja schon mal gut. Aber wie sieht es denn mit internationalen Konventionen aus?«

»Was meinen Sie damit?«

»Die UNO-Konventionen, die Libyen unterschrieben hat.«

»Von der UNO?«, fragte er erstaunt. »Nein, das geht nicht. Das kommt ja aus New York.«

Wir waren etwas überrascht, aber nun gut: »Ja, in New York haben die Vereinten Nationen ihren Sitz«, erklärten wir.

»Nein, da sitzen die Juden«, antwortete unser Gesprächspartner. »Von denen nehmen wir nichts an.«

Wir hatten Mühe, die Fassung zu bewahren, versuchten es auf einem anderen Weg: »Was ist denn mit der Frauenrechtekonvention?«

»Nein, das ist wieder so eine jüdische Sache, die wollen unsere Frauen in Prostituierte verwandeln.«

»Inwiefern?«

»Die Frauen sollen Jeans tragen dürfen und Empfängnis verhüten.«

Wir waren schockiert. Nicht darüber, in Libyen auf solche Ansichten zu stoßen, denn kruden Antisemitismus gibt es in der ganzen arabischen Welt. Sondern darüber, sie aus dem Mund eines hohen Repräsentanten des neuen Libyen zu hören, schließlich würde dieser Mann eine zentrale Rolle im libyschen Verfassungsprozess spielen. Wir beendeten das Gespräch höflich.

Es gab noch weitere Ereignisse, die unseren Optimismus nachhaltig dämpfen sollten. In unserem EU-Team arbeiteten wir auch mit jüngeren Leuten aus Libyen zusammen. Zu ihnen zählte Sarah, deren Vater Vorsitzender des Stadtrats von Tripolis war. Sie sprach hervorragend Englisch und war bekannt dafür, arabische Texte so wunderbar vortragen zu können, dass allen Zuhörern das Herz aufging. Wegen dieser außergewöhnlichen Begabung sollte sie bei der Eröffnung des libyschen Parlaments einen Text vorlesen. Das war eine große Ehre. In den Vorbesprechungen sagte Sarah dem Parlamentspräsidenten, dass sie nicht vorhabe, dabei ein Kopftuch zu tragen. Er akzeptierte das. Immer wieder thematisierte sie ihm gegenüber im Vorfeld ihre Entscheidung, und immer wieder warnte sie ihn auch davor, dass ein solch prominenter öffentlicher Auftritt ohne Kopftuch Schwierigkeiten mit sich bringen könne.

Die Eröffnung wurde live im Fernsehen übertragen. Hundertfünfzig Abgeordnete waren in der Nationalversammlung zusammengekommen, auf der Bühne saß der Präsident, vor ihm das Rednerpodest. Als Sarah ans Pult trat, wurde sie von islamistischen Abgeordneten wüst beschimpft: »Nutte! Verpiss dich! Du verdirbst die Jugend!!« Sie drehte sich daraufhin zum Parlamentspräsidenten um, um sich von ihm Unterstützung zu holen. Doch der machte nur eine abschätzige Bewegung mit der Hand, schnalzte kurz und warf sie vor laufender Kamera aus dem Parlament. Es war eine schlimme Demütigung für diese gebildete junge Frau. Sie hat das Land wenig später verlassen.

Ständig stießen wir bei unserer Arbeit auf ein Problem, das wir so nicht vorhergesehen hatten. Zwar redeten unsere Gesprächspartner von »Demokratie« und »Parlament«, von »politischer Beteiligung« und »Wahlen«, dafür hatten sie gegen das Gaddafi-Regime gekämpft, und dafür hatten sie die EU um Unterstützung gebeten. Doch hatten sie nicht die geringste Vorstellung davon, was diese Begriffe eigentlich bedeuten. Das lag auch daran, dass in Libyen über Jahrzehnte alleine der Gedanke an politische Betätigung gleichbedeutend war mit Lebensgefahr. Es hatte vierzig Jahre lang keine Parteien, keine freie Meinungsäußerung, keine freie Presse, keine Gewerkschaften, keine Zivilgesellschaft und keine Schulen gegeben, in denen man offen diskutieren konnte. Vierzig Jahre lang konnten die Menschen nicht lernen, was Politik ist, geschweige denn demokratische Politik.

Die Wahl wurde schließlich technisch korrekt durchgeführt, das neue Parlament aber schaffte es nicht mehr, eine Verfassung zu verabschieden. 2014 begann der Bürgerkrieg, der bis heute andauert. Unsere Mission ist gescheitert, den Versuch war es trotzdem wert. Das Land ist keine zwei Flugstunden von Rom entfernt, und spätestens seit dem Beginn der Flüchtlingskrise wissen wir, dass Stabilität in Libyen auch im deutschen und europäischen Interesse liegt.

Eine Lektion der Beobachtertätigkeit in Libyen war: Unsere Werkzeuge passen manchmal nicht zu unseren Aufgaben. Es ist, als versuchten wir, mit einem postmodernen Akkuschrauber prämoderne Nägel einzuschlagen – das kann nicht funktionieren. Wir studieren Wahlprogramme und stellen vor Ort fest, dass sich niemand für sie interessiert. So habe ich das auch in Kenia und Guinea erlebt, wo ich 2007 und 2010 als Wahlbeobachter im Einsatz war. Die Parteien waren Vehikel für ethnische Interessen, sie hatten keine philosophische Grundierung, waren also nicht sozialistisch, liberal oder konservativ.

In Kenia vertrat Raila Odinga 2007 die Interessen der Luo. Wie die Partei hieß, unter deren Banner er das tat, war unerheblich. Auf der anderen Seite stand die Partei von Präsident Kibaki, die für die Kikuyu da war. Bei den Wahlen ging es nicht um politische Ideen, nicht um die Frage, wie das Land seine Zukunft inhaltlich gestalten will, sondern ausschließlich um Macht, um den Zugang zu den Ressourcen des Staates im Interesse der eigenen Ethnie. Es gab massive Fälschungen und fünfzehnhundert Tote, weil die Wahl vom unterlegenen Kandidaten nicht anerkannt wurde. Ich werde nie vergessen, wie ich mit dem amerikanischen und dem britischen Botschafter zusammen beim Leiter der Wahlkommission saß, einem integren älteren Mann, der uns die gefälschten Tabellen zeigte. Da entdeckten wir in der Nähe des Mount Kenya einen Wahlkreis, der auch schon unserem Team vor Ort aufgefallen war: Die Wahlbeteiligung dort lag bei 104 Prozent.

In Westafrika liegen die Dinge nicht viel anders. Guinea ist eines der ärmsten Länder der Welt. Nach einer politisch vollkommen chaotischen Phase hatten sich die politischen Kräfte darauf geeinigt, eine Präsidentschaftswahl durchzuführen. Die beiden wichtigsten Kandidaten hießen Alpha Condé und Cellou Diallo. Letzterer gewann den ersten Wahlgang deutlich, viele Beobachter gingen davon aus, dass er der nächste Präsident des Landes werden würde. Doch am Rande eines Termins in der amerikanischen Botschaft sagte eine junge amerikanische Diplomatin zu mir: »*He's not going to win. They won't let him*«, – sie werden ihn nicht gewinnen lassen. Auf meine Frage, wie sie sich da so sicher sein könne, antwortete sie: Hier gewinnt jeder, aber niemals ein Pullo, »*Tous sauf un Peul*«, das sei ein eisernes Gesetz. Die Ethnie der Fulbe (auch Pullo, franz. *Peul*), ursprünglich Nomaden, die als Händler sesshaft geworden sind, hat sich in der gesamten Sahelzone angesiedelt, in Mauretanien, dem Senegal, Mali, Nigeria, Kamerun bis zum Tschad und dem Sudan. Die Konflikte zwischen diesen Händlern und den immer schon ansässigen Bauern reichen weit zurück. Und so ist die politische Dynamik eine völlig andere, sie ist nicht durch politische Programme geprägt, sondern vor allem durch ethnische Trennlinien. Und so gewann Condé den zweiten Wahlgang sicher.

Die politische Ordnung, die uns der Atlas mit seinen Staatsgrenzen vorgaukelt, entspricht auf unserem Nachbarkontinent Afrika noch weniger der Wirklichkeit als in den meisten anderen Regionen der Welt. Alle Prognosen gehen davon aus, dass die Bevölkerung dort in den nächsten Jahrzehnten dramatisch zunehmen wird. Konflikte sind vorprogrammiert. Wenn wir – Deutschland und Europa – den Menschen auf unserem Nachbarkontinent helfen wollen, tun wir gut daran, sie und ihre Präferenzen zu verstehen und ernst zu nehmen. Das ist kein Plädoyer fürs Wegschauen bei Menschenrechtsverletzungen oder Korruption. Dass in manchen Entwicklungsländern die Eliten mehr daran interessiert sind, sich selbst zu bereichern, als sich um die ihnen anvertrauten Menschen zu kümmern, ist kein Geheimnis.

Mit dem Smartphone in der Höhle

Nach Coopers Beschreibung ist die Welt ein Flickenteppich aus Staaten, die sich in unterschiedlichen Entwicklungsstadien befinden. Versuche, die geopolitischen Machtverhältnisse mit militärischen Mitteln zu verschieben, gehören in das politische Denken einer Zeit, die die Weltgemeinschaft mit der Schaffung des Völkerrechts zu überwinden versuchte; vollendet ist das nicht, militärische Logik ist heute genauso Teil der internationalen Ordnung wie postmoderne Kooperation. Die Entwicklung des internationalen Systems der völkerrechtlichen, ökonomischen, sozialen und ökologischen Zusammenarbeit auf globaler Ebene wird durch viele Akteure gebremst oder sogar zurückgeworfen: durch China, Russland, die Türkei, aber auch den Iran, die arabischen Staaten und zuletzt die USA. Und wenn man weiter schaut, stößt man auf noch rückschrittlichere Verhältnisse. In Libyen, nur fünfundvierzig Flugminuten von Malta und damit der EU entfernt, in Afghanistan, Somalia und vielen anderen sogenannten *failed states* stoßen wir auf prämoderne Verhältnisse. Auf Länder, in denen der »Staat« keine ordnungs- und wirtschaftspolitischen Institutionen, keine sozialen Dienste und keine Bildung bereithält, sondern nur eine Hülle ist, eine Grenze um ein geografisches Gebiet.

Und doch wird auch aus den Höhlen in den abgelegensten Gebirgsregionen Afghanistans »internationale Politik« betrieben. Schon in den 1990er-Jahren planten Mitglieder der Terrororganisation al-Qaida um Osama bin Laden Angriffe auf verschiedene Ziele in den USA, 2001 zerstörten sie das World Trade Center in New York. Es gibt in Afghanistan vielerorts kein Wasser, die medizinische Versorgung ist schlecht oder nicht vorhanden, nur etwa ein Drittel der weiblichen Jugendlichen erhält eine Schulausbildung, bei den Jungen sind es knapp 70 Prozent.[54] Aber die Terroristen sind hervorragend organisiert. Sie sind das Negativbild des Netzwerkgedankens, denn ihre Ideen und Methoden haben mit Staatlichkeit nichts zu tun und ihre Ziele sind nicht Frieden und Menschenwürde, sondern eine gewalttätige religiöse Diktatur, die sie »Kalifat« nennen. Es hat wenig mit dem historischen Kalifat zu tun, sie missbrauchen vielmehr den Begriff, um eine brutale Diktatur zu begründen, wie der IS im Irak und in Syrien. Von ihren Verstecken in Höhlen aus schicken sie mit dem Smartphone gefilmtes Propagandamaterial ihrer Gräueltaten in die Welt, um überall Schrecken zu verbreiten und Mitglieder zu rekrutieren. Der Prophet des Steinzeit-Islam Osama bin Laden am Rechner beim Upload seiner Terrorbotschaften ins Internet. Ein besseres Bild für die Gleichzeitigkeit des Ungleichzeitigen, die Cooper in seiner Analyse beschreibt, ist kaum vorstellbar.

6

Macht und Missbrauch der Narrative

Die Zerstörung der Politik

Gut zehn Jahre bevor russische Strategen ihren Informationskrieg gegen den Westen eröffneten, begann der republikanische Abgeordnete Newt Gingrich das Haus der Demokratie gewissermaßen aus dem Wohnzimmer heraus anzuzünden. Das beschreibt der Princeton-Professor Julian Zelizer in seinem Buch *Burning Down the House*.[55] Er sieht in Gingrich einen frühen und vielleicht den einflussreichsten Initiator des Feldzugs gegen den westlichen Liberalismus. Gingrich, so eine Rezension des Buches in der *New York Times*, stehe am »Beginn des vergifteten politischen Zeitalters«,[56] das wir heute erleben. Der britische *Guardian* nennt ihn »Vater der Polarisierung« und »Zerstörer der Politik«.[57] Das ist viel Ehre für einen einzigen Mann, noch dazu für einen, der hierzulande fast unbekannt ist.

Der Sündenfall ereignete sich, so Zelizer, als Gingrich die lange politische Karriere von Jim Wright zerstörte, Mitglied der Demokraten und von 1987 bis 1989 Sprecher des Repräsentantenhauses. Mit einer bis dahin in der Politik nicht gekannten Rohheit und Brutalität habe Gingrich Wrights Rücktritt erzwungen und damit das politische Klima nachhaltig beschädigt. Gingrich hatte gezielt nach Möglichkeiten gesucht,

Wright Korruption vorzuwerfen, und die wenigen Brosamen, die er fand, medial so massiv aufgebauscht, dass der Speaker sich von seinem Amt zurückzog. Nicht, weil er sich politisch Unverzeihliches geleistet hatte, sondern um den zahl- und hemmungslosen Angriffen ein Ende zu setzen, die ihm und seiner Partei schadeten.

Berechtigte Kritik an Fehltritten und Missständen ist ein wesentlicher Bestandteil der demokratischen politischen Kultur. Sie dient der Kontrolle des Systems und der Korrektur von Fehlern. Doch Gingrich missbrauchte das Prinzip der Kritik für Attacken gegen den Gegner, die auf seine Vernichtung zielten. Jede Schwäche, jedes harmlose, wenn nicht gar frei erfundene Vergehen wurden Anlass zu gnadenloser Verfolgung. Als er und seine Mitstreiter merkten, wie gut das funktionierte, erweiterten sie diese Strategie. Obwohl Leute wie Gingrich und die ihm folgenden Republikaner ihr selbst angehören, riefen sie die gesamte »korrupte politische Elite« zum Feind aus.

Gingrich schmiedete eine Stärke der offenen Gesellschaft, ihre Fähigkeit zu Kritik und Selbstkorrektur, zu einer Waffe um, die er gegen die offene Gesellschaft selbst richtete. Die pauschale Verurteilung aller Politiker ist eine Gefahr für die Demokratie. Denn sie treibt Politiker in eine Falle, aus der sie nicht mehr herauskommen. Die Logik dahinter ist perfide: Je mehr politische Erfahrung jemand hat, desto mehr Verbindungen hat er auch zu mächtigen Personen. Damit steigt die Chance, dass Kontakte anrüchig sind oder so dargestellt werden können. So wird jeder, indem er Politiker wird, automatisch korrupt. Erfahrung, eigentlich eine wichtige Voraussetzung für kompetentes Handeln, wird zu einem Makel. Als Teil eines verdorbenen Systems, dem sie angehören, können Politiker nichts mehr richtig machen. Wer anständig bleiben will, darf deshalb nie Teil des Systems werden. Wer ein guter Politiker sein will, darf kein Politiker sein.

Den Gegner mit aggressiver Rhetorik, unverhohlener Rohheit, Verleumdungs- und Schmutzkampagnen vor sich hertreiben: Gingrich spürte, dass er mit dieser Strategie den Anfang der 1990er-Jahre schwächelnden Republikanern zu neuem Aufwind verhelfen konnte. 1994 gewannen die Republikaner zum ersten Mal seit vierzig Jahren die Mehrheit in Senat und Abgeordnetenhaus. Bei der Party zur Feier dieses Erfolges trat ein Mann als Moderator auf, der kurz darauf bei einer hochtoxischen Neugründung ganz vorne dabei sein würde: Sean Hannity, bis heute einer der Stars auf Fox News. Dieser sogenannte Nachrichtenkanal ging 1996 als Alternative zu CNN auf Sendung, doch Nachrichten waren nur vordergründig sein Geschäft. Wie einseitig Fox berichten würde, war damals kaum vorherzusehen, denn Nachrichtenprogramme und ihre Sprecher galten als glaubwürdige Pfeiler der Demokratie. In den USA waren das Peter Jennings, Tom Brokaw und Dan Rather, in Deutschland ragte Hanns Joachim Friedrichs heraus, aber auch Wolf von Lojewski, Ulrich Wickert oder Sabine Christiansen waren Koryphäen, denen man Glauben schenkte. Hannity und Fox dagegen scherten sich nicht um die Wahrheit, es zählt nur das politisch erwünschte erzkonservative Ergebnis. Als Donald Trump 2015 seinen Hut als Präsidentschaftskandidat in den Ring warf, hatte er die beiden sofort auf seiner Seite. Niemand hat mehr zur Zerstörung des Gespürs dafür beigetragen, was wahr ist und was nicht, niemand hat publizistisch mehr für Donald Trumps Wahlerfolg 2016 getan als Sean Hannity und Fox News. Als der Nachrichtenkanal 1996 auf Sendung ging, veränderte er die US-amerikanische Medienlandschaft. Der Sender positionierte sich unverhohlen als Sprachrohr der rechtskonservativen Republikaner, spielte eine große Rolle bei der Organisation der populistischen Tea Party und hielt sich auch während Trumps Amtszeit weitgehend auf seiner Linie.

Mit dem Erfolg von Fox News und der Tea Party begann die von Gingrich gesäte Saat aufzugehen. Liberale Politiker gerieten unter Dauerbeschuss. Und so scheint es gut fünfundzwanzig

Jahre nach dem von Gingrich erzwungenen Rücktritt von Speaker Jim Wright beinahe folgerichtig, dass mit Donald Trump 2016 ein politisch völlig unerfahrener Außenseiter ins Amt gewählt wurde.

Dass Trump die Logik der Zerstörung des Systems von außen verstanden hatte, bewies er, indem er sich nach seinem Amtsantritt, entgegen mancher Erwartungen, nicht im Geringsten staatsmännischer verhielt als vor seiner Wahl. Er wusste, dass er sich keinen Zentimeter in Richtung des Systems bewegen darf, wenn er seine Anhänger nicht verlieren will. Die Art und Weise, wie er seinen Wahlkampf 2020 führte, unterstrich das noch einmal. Er erklärte seinen Gegner zum Volksfeind und Betrüger, verlangte den Stopp der Auszählung gültiger Stimmen und behauptete, seine Niederlage könne nur die Folge von Wahlbetrug durch die Demokraten sein. Es gibt nicht wenige Menschen in Amerika, die ihm das glauben, und so tritt Joe Biden sein Amt mit der Hypothek an, dass die nach wie vor zahlreichen Anhänger Trumps ihn für einen illegitimen Präsidenten halten. Wenn die Menschen aber das Vertrauen in die Verfahren verlieren, wenn also die Wahl selbst und die daraus resultierenden Machtverhältnisse nicht akzeptiert werden – dann kann ein Präsident nur noch unrechtmäßig ins Amt kommen. So zerstört man eine Demokratie. Und trotz seiner Niederlage im November 2020 ist der Trumpismus nicht verschwunden. Manche Beobachter vermuten, entweder er selber oder eines seiner Familienmitglieder werde sich 2024 erneut um die Präsidentschaft der USA bewerben.

Die Methode Gingrich findet aber auch in Deutschland Nachahmer. Bemerkenswert an diesem erfolgreichen Politiker ist ja, dass er nicht einer extremistischen Bewegung entsprang, sondern seine Wurzeln bürgerlich sind. Akademische Bildung traf auf konservatives Denken. Und doch wurde Gingrich zu einem populistischen Zerstörer der demokratischen Kultur. Dabei benutzte er in seiner aktiven Zeit seine Verankerung in einer traditionellen Partei als Schutzschild gegen solche Vorwürfe. Als ich als junger Student an der Bonner Universität war, trat bei den Wahlen zum Studentenparlament regelmäßig eine kleine Gruppe Rechtsextremer an, die sich selbst »Kolibri« nannte, Konservativ-liberale Richtung. Es wäre ja auch einfach zu peinlich gewesen, offen rechtsextrem oder populistisch aufzutreten. Diese Mimikry sehen wir in bürgerlichen Kreisen immer wieder. Als die AfD noch eine Anti-Euro-Partei war, durften ihre Protagonisten regelmäßig in der *Frankfurter Allgemeinen Zeitung* publizieren. Auch das deutsche Sturmgeschütz des Bürgertums, um das Bonmot über den *Spiegel* als Sturmgeschütz der Demokratie einmal abzuwandeln, erkannte zu Anfang nicht, mit was für einer Gruppierung Deutschland es da zu tun hatte. Das hat sich glücklicherweise geändert. Heute liegt auf den Tischen der AfD im Bundestag dafür ein Magazin, das sich auch als »liberal-konservativ« bezeichnet: *Tichys Einblick*. Herausgeber Roland Tichy genoss in der Bonner Republik großen Respekt. Er arbeitete unter Helmut Kohl im Bundeskanzleramt, war Chefredakteur von *Handelsblatt* und *Wirtschaftswoche* und ist Mitglied in liberalen Denkfabriken. Wie bei Gingrich eine bürgerliche, nicht aber revolutionäre Vita. Und doch bedient er heute das gleiche Narrativ, das Gingrich vor dreißig Jahren in den USA erfolgreich machte: selbst ernannte, globalistische, korrupte Einheitsbrei-Elite hier, übervorteilte Nationalstaaten und ein unschuldiges Volk dort. Hier der kriminelle Sumpf, dort die Unschuldigen, die in ihm untergehen, wenn sie nicht gerettet werden. »Rechtsbrecher« ist noch die harmloseste Beschimpfung, aber persönliche Diffamierung ist bei *Tichys Einblick* so oft anzutreffen, dass sie nicht Ausrutscher, sondern Methode ist. Tichy und seine Autoren reden nicht von »Lügenpresse«. »Mainstream-Medien« klingt nicht so hart und sagt dasselbe. Die Medien sind in seiner Erzählung Teil der korrupten Einheitsbrei-Elite und enthalten dem Volk die Wahrheit vor, die sie dann bei Tichy finden. Natürlich schreiben die Autoren bei Tichy gegen die Europäische Union an, wo sie nur können, ist ihnen eine gleichzeitig so offene und vernetzte Gemeinschaft doch zutiefst suspekt. Die Mitglieder der Bundesregierung, auch das ist immer wieder zu lesen, nutzten die EU, um Rechtsbruch zulasten des Deutschen Volkes zu begehen. Gleichzeitig wird suggeriert, *Tichys Einblick* sei die letzte Bastion des Rechts in dieser Welt von korrupten, elitären Rechtsbrechern. So werden Lauterkeit und Rechtstreue vereinnahmt und der demokratischen Politik abgesprochen, besonders aber der EU, gegen die es folgerichtig ein Recht zum »Widerstand« gibt. So wird Wut angestachelt, nicht Meinung entwickelt. So wird nicht liberal-konservativer Journalismus betrieben, sondern neurechte Agitation. Zur Tarnung gehört natürlich, nicht nur Autoren schreiben zu lassen, deren Ruf ohnehin ruiniert ist, sondern auch solche einzuladen, die tatsächlich liberal oder konservativ sind, aber nicht merken, auf was für einen Handel sie sich eingelassen haben. Sie sind das Feigenblatt, mit dem Tichy seine Blöße notdürftig bedeckt. Beunruhigend ist weniger, dass es ein Organ wie *Tichys Einblick* gibt, beunruhigend ist, dass Teile des deutschen Bürgertums anfällig für dieses gefährliche Narrativ sind; und dass eine Partei im Deutschen Bundestag die destruktive Politik praktiziert, die Gingrich erdacht hat.

Beunruhigend ist weniger, dass Russland einen Informationskrieg gegen den Westen mit dem Ziel führt, die Gesellschaft zu spalten und politisch zu destabilisieren. Das ist das uralte »Teile und herrsche« im neuen Gewand des digitalisierten Informationskriegs. Beunruhigender ist, dass der Westen diesen Krieg gegen sich selbst führt. Westliche Politiker und Propagandisten wie Gingrich und Gauland, Hannity und Tichy sind Agenten der Unfreiheit, und sie haben genauso ihre Anänger wie Donald Trump, Viktor Orbán oder Jarosław Kaczyński. 1990 waren wir noch so hoffnungsvoll, zu glauben, wir lebten in der besten aller Welten. Wir dachten, alle müssten so werden wie wir. Heute sind wir nicht mehr sicher, ob wir selbst noch so sein wollen wie wir – Teile unserer Gesellschaft wollen es definitiv nicht.

Die Zerstörung der Geschichte

Die offene Gesellschaft, in der alles möglich ist und die alles zulässt, ist eine fragile Gesellschaft. Innerhalb vieler Demokratien in den USA und Europa gewinnen Kräfte an Boden, die die postmoderne Ordnung ablehnen. Sie wollen vorwärts in die Vergangenheit, träumen von der Gemeinschaft der Nation, dem »Wir«, das sich beim Fahnenappell gegen das »die« versammelt. In ihrem Kampf gegen die freiheitliche Ordnung setzen sie das bereits beschriebene Mittel ein: die Zerstörung des Wissens um das, was richtig ist, was Fakten sind, um die Voraussetzung für die Errichtung autoritärer Regime zu schaffen. Je mehr die Menschen die Orientierung verlieren, desto leichter lassen sie sich über ihre Ängste manipulieren.

Zu den Errungenschaften der Postmoderne gehört die Erkenntnis, dass Wissen nicht objektiv und zuverlässig, sondern unsicher und unstet ist, abhängig von Vorannahmen und Werten, die wir ihm zugrunde legen. Dieser Wandel hat auch das erfasst, was wir als »die Geschichte« betrachtet haben. Sie ist immer nur »eine« Geschichte, die man auch ganz anders erzählen könnte. Egal, wie viele Dokumente wir in Archiven untersuchen, wie viele Zeugnisse wir anführen, es handelt sich bei jeder Erzählung um ein Konstrukt, um eines von mehreren möglichen Narrativen. Dabei geht es uns mit der großen Geschichte wie mit unseren Biografien: Wir wählen Ereignisse aus, können uns an vieles nicht erinnern, lassen Unangenehmes bewusst weg. Wir beschönigen Dinge und rechtfertigen Momente des Scheiterns. Auf diese Weise verleihen wir dem, was wir getan und erlebt haben, nachträglich einen Sinn. Deshalb wirkt es geradezu naiv, wenn Wladimir Putin in seinem Artikel über die Lektionen aus dem Zweiten Weltkrieg gebetsmühlenartig beteuert, man müsse nur in die Archive gehen, um zu sehen, dass seine Schilderung der Ereignisse »wahr« und »objektiv« sei. Sie ist es nicht, genauso wenig, wie die Geschichte der Aufklärung »wahr« und »objektiv« ist. Sie ist zunächst einmal eine mögliche Sicht auf die Dinge. Und so, wie Putins Geschichtsauslegung der Rechtfertigung seiner Politik dient, hat auch unser westliches Narrativ, wie alle Geschichten, eine Funktion, nämlich: die Verhältnisse zu rechtfertigen, die die Aufklärung hervorgebracht hat.

Wir verstehen die Geschichte des Westens als eine Geschichte des Fortschritts. Renaissance und Humanismus, Wissenschaft, Philosophie und Aufklärung haben dazu geführt, dass das Individuum frei wurde und die Menschheit zur Vernunft kommen konnte. Auch Coopers Analyse als Puzzle aus prä-, modernen und postmodernen Staaten ist eng mit diesem Verständnis unserer Geschichte verknüpft. Seine Unterteilung lädt dazu ein, in den prämodernen und modernen Staaten nicht »andere« politische Ordnungen zu sehen, die kulturell verschieden von der europäischen, postmodernen Lebensweise sind, sondern solche, die »noch nicht« so weit fortgeschritten sind wie wir. Dieser Fortschrittsgedanke im westlichen Geschichtsverständnis ist allerdings in den vergangenen Jahrzehnten angegriffen und kritisiert worden. Mishra ist nicht der Erste, der das »westliche Modell« kritisiert und uns vorwirft, wir würden den »Rest der Welt« zu wenig wahrnehmen.

Die Kritik an unserem Geschichtsbild hat wiederum andere, kritische Sichtweisen erzeugt. So sehen manche in der westlichen Erzählung von Fortschritt und Moderne vor allem eine Verteidigung des amerikanischen und europäischen Besitzstands. Sie diene, so der Vorwurf, der Rechtfertigung ihrer weltweiten Vormachtstellung. Europäer und Amerikaner stünden

aber nicht deshalb so gut da, weil sie auf die Werte der Aufklärung gesetzt haben, sondern weil sie in der Zeit des Imperialismus als Kolonialmächte alle anderen Länder hemmungslos
ausgebeutet hätten. Was ihnen die Werte der Aufklärung wert
seien, wenn es um ihre eigenen materiellen Interessen ging, hätten sie der Welt immer wieder bewiesen.

Solche Gegenerzählungen haben in den Augen großer Teile
der Welt ihre Berechtigung. Die Rede von Patrice Lumumba
aus Anlass der Unabhängigkeit des Kongo im Dezember 1960
erinnerte nicht nur den gequält zuhörenden belgischen König,
sondern den ganzen Westen daran, dass unser Fortschritt auch
zulasten seines kolonisierten Volkes erreicht worden war.
Allerdings werden solche Gegenerzählungen auch häufig in-
strumentalisiert, um zu erklären, warum viele Staaten nicht Teil
der internationalen liberalen Gemeinschaft werden können
oder wollen. Zu den häufig vorgebrachten Gegenargumenten
gehört die Behauptung, die »subalternen« Völker *wollten* nicht
Teil der liberalen, postmodernen Ordnung werden, weil ihnen
die christlich-abendländischen Werte, aus denen diese Ordnung
hervorgegangen ist, kulturfremd seien. Eine Variante dieser Begründung ist uns im Gespräch mit dem Vorsitzenden des libyschen Verfassungsausschusses begegnet, der die UN als »jüdi-
sches« Gremium ablehnte, ebenso wie den Gedanken an die
Gleichberechtigung der Frauen. Dieses Argument, dass unsere
Lebensweise als eine exklusiv westliche zu verstehen ist, findet
jedoch nicht nur in der muslimischen Welt Anklang, sondern
wird auch gerne ins Feld geführt, um zu begründen, warum man
entgegen den eigenen Ansprüchen mit China Handel treibt und
dabei die Verletzung der Menschenrechte billigend in Kauf
nimmt. Die Menschenrechte, heißt es dann, seien mit der chinesischen Kultur und Geschichte nicht vereinbar.

Doch so einfach ist es nicht. Die Welt teilte sich in der zweiten Hälfte des 20. Jahrhunderts nicht in ehemalige Imperialisten
und ehemals Kolonisierte auf. Die entstehenden Bruchlinien,

die uns heute als Teilung in eine westliche und eine übrige Welt so geläufig sind, verliefen nicht ausschließlich entlang der aus dem Imperialismus hervorgegangenen militärischen, politischen und ökonomischen Machtverhältnisse. Westliche Ökonomien und Lebensstandards findet man in Südkorea, Japan, Taiwan, Australien, Neuseeland, auch in einigen Ländern Afrikas und Südamerikas wie Botswana, dem Senegal, Chile oder Uruguay. Wenn wir vom »Westen« reden und damit freiheitlich-demokratisch verfasste Staaten meinen, dann müssten wir eigentlich vom »globalen Westen« sprechen.

Auch die Behauptung, es sei vermessen, anderen die europäischen Werte der Aufklärung aufzwingen zu wollen, hält bei genauerer Betrachtung nicht stand. China entwickelte sich zu einem kommunistischen Staat, dessen Grundlagen Karl Marx formuliert hatte – ein Philosoph aus Trier. Das kommunistische Gesellschaftsmodell ist, in Weiterentwicklung der Ideen Rousseaus und Hegels, genauso aus der Aufklärung hervorgegangen wie der Liberalismus. Es prägt die chinesische Staatsphilosophie bis heute. Tatsächlich hatten die Moderne und mit ihr die Ideen der Aufklärung schon damals, zu Beginn des 20. Jahrhunderts, in allen Ecken der Welt Anhänger gefunden; nicht, weil sie den Kolonisierten aufgezwungen wurden, sondern weil sich auch in Asien, Indien, der muslimischen Welt und Afrika Menschen dafür begeisterten. Was unter anderem daran sichtbar wird, dass der Kommunist Mao Zedong sich gegen die Kuomintang durchsetzen musste, die China 1912 zu einer Republik nach US-amerikanischem Vorbild machen wollten. Oder daran, dass Woodrow Wilson in China und anderen Teilen Asiens damals geradezu Kultstatus genoss, weil er mit dem Vierzehn-Punkte-Plan nach dem Ersten Weltkrieg zum ersten Mal einen Vorschlag für eine internationale Ordnung des Friedens vorlegte.

So richtig die Erkenntnis ist, dass unsere Geschichtsschreibung keine Dokumentation der Vergangenheit darstellt, die »wahr«, »objektiv« oder auch nur annähernd vollständig ist, so falsch und gefährlich ist es, wenn diese Erkenntnis dazu genutzt wird, um jede Erkenntnis als gezielte Lüge oder Fake News zu diskreditieren. Wenn Kritik und Reflexion zum Vorwand werden, um jede Erzählung als bloß interessengeleitetes Narrativ zu zertrümmern, sind sie nicht Kritik und Reflexion, sondern Zerstörung. Es gibt dokumentierte und beweisbare Tatsachen und darauf aufbauend Erzählungen, die durch ihre Methode plausibel werden: echte Reflexion, wissenschaftlicher Streit, ein ordentlich geführter Beweis. Wissen ist nicht »wahr«, aber es ist ein gutes Fundament für eine Gesellschaft, wenn es seine Unzulänglichkeit reflektiert und sich dieser bewusst ist. Es ist ein Unterschied, ob das Bild, das wir uns von der Geschichte machen, aus vielfältigen, komplexen wissenschaftlichen Diskursen entsteht, die jedem Mitglied der Gesellschaft offenstehen, oder ob dieses Bild von Putin, Kaczyński, Orbán oder Trump angeordnet wird. Dass die Kritik eines indisch-britischen Politologen in die Diskurse westlicher Demokratien von den USA, Großbritannien und ganz Europa einfließen kann, ist ein Beweis für die Qualität dieser Diskurse.

Doch die beste aller Welten

Gegen den westlichen Liberalismus behaupten Kritiker unterschiedlicher Herkunft gerne, was auch der chinesische Philosoph Zhao Tingyang in seinem bereits erwähnten Buch *Alles unter dem Himmel* formuliert: Die aus der Aufklärung hervorgegangenen politischen Ordnungen, die freiheitliche Demokratie und das System der multilateralen Organisationen, seien gescheitert. Sie hätten der Welt nicht Wohlstand und Frieden gebracht, sondern die Menschen im Westen in einen materialistischen, auf Konsumgüter fixierten Egoismus getrieben, der zu neuen Kriegen führt.

Man muss solchen Kritikern des westlichen Liberalismus nicht nur den Unterschied zwischen Anspruch und Wirklichkeit entgegenhalten, sondern vor allem Zahlen. Der Anspruch ist das Ziel, das wir erreichen wollen. Aber wir im Westen wissen selber, dass es ein utopisches Ziel bleibt, die Wirklichkeit wird gegenüber dem Idealzustand zu allen Zeiten abfallen. Als die Atlantik-Charta unterzeichnet und die UNO gegründet wurde, war das Recht der Völker auf Souveränität und Unabhängigkeit ein Anspruch, dem die politische Wirklichkeit auch damals nicht entsprach. Die meisten Kolonien befreiten sich erst in den folgenden Jahrzehnten von ihren imperialistischen Herrschern.

Man muss der Kritik am Westen aber auch Zahlen entgegenhalten. Zum Beispiel den von der UN seit 1990 jährlich veröffentlichten Index der menschlichen Entwicklung (*Human Development Index*, HDI) in den verschiedenen Ländern der Welt. Aus dem Index geht hervor, dass das Niveau der menschlichen Entwicklung in nahezu *allen* Staaten in den letzten fünfzig Jahren kontinuierlich gestiegen ist – nicht nur in den westlichen Ländern.[58] Gleichzeitig ist aber eindeutig, dass die freiheitlich-demokratisch verfassten Staaten nicht nur den höchsten Wohlstand haben, sondern auch den höchsten Entwicklungsstand, dass es also einen Zusammenhang gibt zwischen freiheitlicher Demokratie und den zahlreichen Lebensbereichen, die im HDI untersucht werden: Lebenserwartung, Gesundheitsversorgung, Ernährung, Bildung und Einkommen.[59] Auch was die Friedfertigkeit innerhalb der Gesellschaft angeht, liegen westliche Demokratien vorne. Nirgendwo ist die Gefahr, Opfer innerer Unruhen oder gewalttätiger Ausschreitungen zu werden, so gering wie bei uns. Nach dem Weltfriedensindex liegen dreizehn der zwanzig friedlichsten Länder in Europa. Und auch wenn die Zahl an gewalttätigen Demonstrationen, Generalstreiks und anderen inneren Unruhen zunimmt, bleibt es dabei, dass Länder wie Japan, Kanada, Deutschland, Neuseeland oder Schweden kontinuierlich zu den friedlichsten Orten der Welt gehören.

Der Schwede Dag Hammarskjöld, zweiter Generalsekretär der UN, erklärte 1954, »die UN sind nicht gegründet worden, um die Menschen in den Himmel zu bringen, sondern um die Menschen vor der Hölle zu retten«.[60] Eine Welt, in der es keine Diskriminierung, keine Gewalt, keine Korruption, kein politisches Versagen gibt – das wäre das Paradies. Aber wo stünden wir heute, gäbe es die freiheitlichen Demokratien nicht, hätten wir die UN nicht, das Völkerrecht, die internationalen Gerichtshöfe, den globalen Handel? Das Völkerrecht wird auf paradoxe Weise auch da geehrt, wo es gebrochen wird. Indem wir seinen Bruch feststellen, merken wir: Es gibt ein Völkerrecht, und der Bruch ist ein Skandalon. Im schlechteren Fall wird der Bruch nur verurteilt, im besseren hat er materielle Konsequenzen wie Wirtschaftssanktionen oder sogar eine militärische Antwort. Zu behaupten, das Völkerrecht sei wirkungslos, entspricht in etwa

Freiheit begünstigt Entwicklung

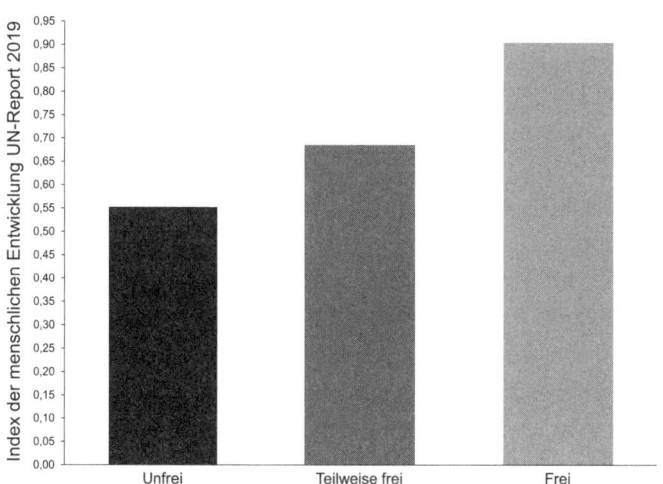

Grad der Freiheit in repräsentativ ausgewählten Ländern nach Freedom House Report 2019

der Argumentation, das Strafrecht sei sinnlos, weil manche Menschen trotzdem einbrechen, rauben und vergewaltigen. Und wenn das System »gescheitert« ist – wie sähe eine bessere Grundlage aus, die es der Weltgemeinschaft ermöglichen würde, Kriege und schwere Menschenrechtsverletzungen zu verhindern?

Die Zerstörung der besten aller Welten

Die internationale Gemeinschaft ist ein Ideal. Zwar wurden in den 1960er-Jahren Teile des Völkerrechts zum »ius cogens«, also »zwingenden Recht« erklärt, unter anderem das Gewaltverbot, das Verbot von Völkermord, Folter, Sklavenhandel und Rassendiskriminierung. Doch auch diese Elemente des Völkerrechts sind in der Praxis keineswegs zwingend, solange es keine regelmäßigen Sanktionsmöglichkeiten gibt. Die Beispiele sind bekannt. Der Giftgasangriff des syrischen Präsidenten Assad auf sein Volk blieb ungestraft. Und als 2014 Putin die Krim annektierte, schaute die Weltgemeinschaft hilflos zu, genauso wie 2020, als China die Verträge über den Status von Hongkong verletzte. Die Institutionen und Regeln der Weltgemeinschaft funktionieren nur, wenn sie auch von den mächtigsten Mitgliedstaaten anerkannt und angewandt werden. Das tun schon die USA nicht in allen Fällen, wie der Einmarsch im Irak 2003 deutlich machte.

Die internationale Ordnung, die ich als »äußere Hülle« unserer Freiheit beschrieben habe, war von Beginn an als Weltordnung gedacht. Insofern war die Hoffnung der 1990er-Jahre, sie könnte endlich zu einer Freiheits- und Friedensordnung vollendet werden, gar nicht so naiv. Aber sie ist eine Ordnung, die nur im gegenseitigen Vertrauen auf die Einhaltung der Regeln funktioniert. Der politische Wille dazu war nach 1945 besonders groß, weil die Erschütterung über die Katastrophe von Weltkrieg und Holocaust, aber auch der Schreck über den Abwurf der beiden Atombomben über Hiroshima und Nagasaki den Menschen auf der ganzen Welt noch in den Knochen saßen. Dann kam der Kalte Krieg, und als der überwunden war, erlebten die Bemühungen um friedliche, globale Beziehungen noch einmal einen Schub. Die 1990er wurden zum goldenen Zeitalter internationaler Zusammenarbeit.

Doch es hat kaum mehr als ein Jahrzehnt gehalten. Heute ist das Vertrauen in die Politik tief erschüttert. In den USA scheute sich die Regierung nicht, die Presse mit offensichtlichen Lügen abzuspeisen, von Anfang bis Ende von Trumps Amtszeit. Obwohl Hunderte von Fotos und Videos das Gegenteil bewiesen, behauptete Pressesprecher Sean Spicer im Januar 2017, bei der Amtseinführung Donald Trumps seien mehr Menschen anwesend gewesen als vier und acht Jahre zuvor bei der Amtseinführung Obamas. Wenig später erklärte Trumps Beraterin Kellyanne Conway der Presse, man habe lediglich »alternative Fakten« präsentiert. Und noch Ende Oktober 2020 behauptete Donald Trump im Wahlkampf, Amerikas Ärzte hätten die Zahl der COVID-Opfer künstlich in die Höhe getrieben, weil ihnen das angeblich finanzielle Vorteile bringe.[61]

Wer lügt, zerstört Vertrauen. Lügen können die Demokratie aushöhlen, und sie können die internationale Gemeinschaft bedrohen. Die globale Zusammenarbeit nimmt Schaden, weil sich die USA unter Präsident Trump aus mehreren internationalen Verträgen und Organisationen zurückgezogen haben. Aus dem Pariser Klimaabkommen und dem Atomabkommen mit dem Iran genauso wie aus der UNESCO oder dem UNO-Hilfswerk für die Palästinenser. Der Gipfel der Verblendung war erreicht, als die USA mitten in der globalen Pandemie auch noch die Weltgesundheitsorganisation WHO verließen.

Trump ist nicht der einzige westliche Politiker, der ein erschreckendes Verständnis seines Amts an den Tag legt. Der britische Premier Boris Johnson ist im Verlauf seiner Karriere auf einer ganzen Leiter von Unwahrheiten nach oben geklettert. Während der Brexit-Kampagne ließ er eine dreiste Lüge auf Busse drucken, mit denen er durch das Land reiste: Großbritannien »schicke« Woche für Woche 350 Millionen £ nach Brüssel, die, so das Transparent auf dem Bus, im Falle des Brexit in das marode staatliche Gesundheitssystem des Vereinigten Königreichs investiert würden. Alles an dieser Werbung hat sich als Lüge erwiesen. Es folgte ein Manöver, mit dem er das britische Parlament aus dem Brexit-Verfahren hinausdrängen wollte, was der oberste britische Gerichtshof als »illegal« einstufte. Und im September 2020 verabschiedete das Unterhaus auf Johnsons Veranlassung ein sogenanntes UK-Binnenmarktgesetz, das die Vereinbarungen bricht, die Johnson selbst nur wenige Monate zuvor im Austrittsvertrag mit der EU unterschrieben hat. Als Vertreter der britischen Regierung erklärte Staatssekretär Brandon Lewis im Unterhaus öffentlich, dass der Regierung der rechtsbrecherische Charakter ihres Vorgehens bewusst sei. Wie aber soll eine regelbasierte Gemeinschaft funktionieren, wenn selbst Vertreter des Westens sie so offen missachten?

Historiker wissen, dass Politik auch auf dem Feld der Geschichtsschreibung und der daraus hervorgehenden Narrative stattfindet. Wenn Putin, Trump und Erdoğan die UN und das Völkerrecht als »Herrschaftsinstrumente globaler Eliten« geißeln, die dazu dienen, den Großteil der Menschheit auszubeuten, dann greifen sie den Westen auf ebendieser Ebene politisch wirksamer Narrative an. Sie versprechen sich Zustimmung bei ihren eigenen Bevölkerungen und in Ländern, die Europa und den globalen Westen insgesamt kritisch sehen. Natürlich kann man die internationale Ordnung als westliche Dominanzordnung sehen, die wir dem Rest der Welt aufgezwungen haben und von der ausschließlich wir profitieren. Auch kann man, um eine andere Version ins Spiel zu bringen, in der Politik, nichts als hohles Theater sehen, potemkinsche Fassaden, hinter denen

wild gewordene Kapitalisten die wehrlose Mehrheit der Weltbevölkerung ausbeuten. Solche unter Kapitalismuskritikern
verbreitete Lesarten sind von der Sicht mancher Autokraten
gar nicht so weit entfernt. Wenn sich aggressive Kritik jedoch
nicht auf die Korrektur von Schwächen und Missständen, sondern gegen unsere freiheitliche Ordnung als solche richtet, die
derartige Kritik überhaupt erst möglich macht, dann ist sie gefährlich.

7

Die Grenzen nationaler Souveränität

Was heißt souverän?

Seit einigen Jahren taucht ein Begriff in der deutschen politischen Debatte auf, der in den Jahrzehnten zuvor kaum eine Rolle spielte: die nationale Souveränität. In den Jahren der Teilung war Deutschland nur eingeschränkt souverän, da die vier Siegermächte des Zweiten Weltkriegs sich zu allen Fragen, die Deutschland als Ganzes betrafen, die Entscheidungshoheit vorbehalten hatten. Diese mangelnde Souveränität hat die Bundesrepublik in ihrer sehr erfolgreichen wirtschaftlichen und demokratischen Entwicklung nicht behindert. Im Gegenteil, die Jahre der Bonner Republik waren im Rückblick die erfolgreichste Phase der deutschen Geschichte. Im Inneren wirkten die Scham über den Zivilisationsbruch des Holocaust und den deutschen Angriffskrieg, aber auch ein nach vorne schauender Wiederaufbauwillen; man wollte sich nicht ohne Unterlass mit den Gräueln der NS-Zeit beschäftigen. Politik, Wirtschaft und Justiz wurden im demokratischen, marktwirtschaftlichen und rechtsstaatlichen Geist entwickelt, mit all dem produktiven Streit, der dazugehört. Nach außen gelangen die Aufnahme in die Europäische Union durch die noch wenige Jahre zuvor überfallenen und besetzten Nachbarn und die Verankerung in der NATO zur eigenen militärischen Absicherung sowie der Verteidigung der Verbündeten. Die DDR dagegen musste ihre Politik im Inneren am Marxismus-Leninismus ausrichten, ohne freie Wahlen, mit verstaatlichten Betrieben und einer politisierten Justiz. Nach außen wurde sie in den Warschauer Pakt und die sozialistische Handelsorganisation Comecon aufgenommen. Weder nach innen noch nach außen besaß die DDR auch nur die geringste Souveränität, was Generalsekretär Leonid Breschnew 1968 in der nach ihm benannten Doktrin auch ganz offiziell verkündete: Wer sich von den Grundsätzen des Sozialismus abwendet, muss mit dem Einmarsch sowjetischer Truppen rechnen. Souveränität war also weder im Osten noch im Westen Deutschlands in Gänze vorhanden.

Auch die Rechtsprechung des Bundesverfassungsgerichts war lange Jahre zurückhaltend mit dem Begriff der Souveränität. In den zwei wichtigsten Urteilen, die das Gericht vor der Wiedervereinigung mit Bezug auf die Europäische Union fällte, werden »souverän« und »Souveränität« nicht einmal erwähnt.[62] Kurz nach der Wiedervereinigung taucht der Begriff im Maastricht-Urteil von 1993 achtmal auf. Als aber das Lissabon-Urteil zur Europäischen Union des Bundesverfassungsgerichts im Jahr 2009 erging, hatten sich die Zeiten ganz offensichtlich gewandelt. Sage und schreibe sechsundvierzigmal erwähnen die Karlsruher Richter die Begriffe »souverän« und »Souveränität« in ihrem Urteil. Nun werden Juristen einwenden, dass die bloße Anzahl der Erwähnungen eines Begriffes wenig aussagt über die mit ihm zusammenhängenden rechtlichen Fragen. Der Einwand ist sicher berechtigt. Doch schon 2009 meinten zahlreiche deutsche Rechtsgelehrte, dass es so viel Rauch nicht ohne Feuer geben kann, und sie sollten recht behalten:[63] Im Mai 2020 erklärte das Bundesverfassungsgericht zum ersten Mal, ein Urteil des Europäischen Gerichtshofs nicht zu respektieren. Damit zweifelte zum ersten Mal ein mitgliedstaatliches Gericht die Letztentscheidungsbefugnis des Luxemburger Gerichts über

Unionsrecht an und stellte so das Funktionieren der Rechtsgemeinschaft in der EU infrage.

Die Beschreibung der Entwicklung seiner Rechtsprechung zur Europäischen Union soll nicht als Kritik missverstanden werden, denn das oberste deutsche Gericht genießt zu Recht enormen Respekt. Entscheidungen des Bundesverfassungsgerichts werden dementsprechend genau studiert und analysiert. Bevor das aber passiert, werden sie kommuniziert. Journalisten schreiben und senden aus Karlsruhe direkt in die Wohnzimmer der Republik und vermitteln der Öffentlichkeit seit einigen Jahren das rechtliche Programm »Weniger Europa, mehr nationale Souveränität«. Das geht nicht spurlos an der deutschen Politik vorbei. Ob es um den Wunsch nach der Wiedereinführung der Deutschen Mark, die Schließung unserer Landesgrenzen oder ein Ausfuhrverbot für medizinische Produkte mitten in einer Pandemie geht, stets wird das Argument der nationalen Souveränität bemüht.

Wovon aber reden diejenigen, die sich mehr »nationale Souveränität« wünschen? Dafür muss man sich den schillernden Begriff erst einmal genauer anschauen, denn es gibt einen Unterschied zwischen staatsrechtlicher und politischer Souveränität. Staatsrechtliche Souveränität bedeutet, dass staatliche Organe letztgültige Entscheidungen treffen. Die auf Regierung, Parlament und Gerichte verteilte Macht ist in Demokratien klar definiert. Verschiedene Verfahren der Gesetzgebung und Rechtsprechung regeln, was am Ende Gesetz und somit politische und gesellschaftliche Wirklichkeit wird, sofern die Gesetze eingehalten und umgesetzt werden. Wer sich nicht an sie hält, wird dafür bestraft, denn der nach innen souveräne Staat entscheidet, was rechtens ist und wie Unrecht geahndet wird. Diese staatsrechtliche Souveränität hat von China und Frankreich bis zu Mali und Malta jedes Land der Welt.

Anders als die staatsrechtliche Souveränität beschreibt politische Souveränität die Fähigkeit, ganz praktisch die Heraus forderungen der Wirklichkeit bewältigen zu können. Staatsrechtliche Souveränität und politische Souveränität fallen oft auseinander. Weder seine staatsrechtliche Souveränität noch seine Neutralität nutzten Belgien, als das militärisch weit überlegene Deutschland 1914 einmarschierte. Die Zentralregierung in Somalia ist zwar theoretisch souverän, aber weder ihre Gesetze noch die Urteile ihrer Gerichte werden in der abtrünnigen Region Somaliland befolgt. Staatsrechtliche Souveränität wird erst relevant, wenn sie mit Machtmitteln kombiniert wird. Im Inneren wird das mit dem Begriff der »Staatsgewalt« beschrieben, doch bei zahlreichen politischen Problemstellungen verschwimmen heute die Grenzen zwischen innen und außen in einem Maße, dass sie allein nicht mehr ausreicht. Deutschlands staatsrechtliche Souveränität stößt immer mehr an die Grenzen dessen, was wir praktisch erreichen können. Bei vielen der neuen Herausforderungen wächst uns erst als Mitglied der EU die notwendige politische Souveränität zu, die unser staatliches Handeln erfolgversprechend werden lässt. Doch das Auseinanderfallen der beiden Arten von Souveränität ist nicht nur eine Frage der Vergangenheit, ferner Länder oder staatsrechtlicher Debatten. Wer in Deutschland der Rückbesinnung auf die Stärke unserer nationalen Souveränität das Wort redet, tut gut daran, sich mit den praktischen Herausforderungen unserer Zeit zu beschäftigen. Im Ergebnis stellt man sehr schnell fest, dass Deutschlands nationale Souveränität deutlich weniger weit reicht, als das ihre selbsternannten Verteidiger meinen. Um sich das klarzumachen, reicht ein Waldspaziergang.

Klimawandel

Wir Deutschen lieben unseren Wald. Es gibt vermutlich wenig, worauf wir uns bei aller Verschiedenheit besser verständigen könnten als darauf, wie wichtig der Waldspaziergang oder *Grimms Märchen* für unsere nationale Identität sind. Für uns waren Buchen-, Eichen- und Mischwälder immer schon mehr als nur Rohstofflieferanten. Heute ist immer noch knapp ein Drittel unserer Landesfläche bewaldet; seit Juni 2011 gelten die »alten Buchenwälder Deutschlands« sogar als UNESCO-Weltkulturerbe.

Der Wald ist jedoch in den letzten Jahren durch den Klimawandel stark bedroht. So hat die Trockenheit der letzten Jahre, wie das ZDF unlängst berichtete, »zu einem extremen Borkenkäferbefall geführt. Experten schätzen, dass bis zum Ende des Jahres 2020 in Deutschland eine Waldfläche von 400 000 Hektar unwiederbringlich verloren sein« wird, eine Fläche, die fast zweimal so groß wie das Saarland ist.[64] Wir könnten also auf der Ebene der nationalen Politik beschließen, ein Gesetz zu machen, mit dem wir erklären: Wir wollen den Wald schützen und erhalten, der Wald soll leben! Staatsrechtlich können wir ein solches Gesetz jederzeit verabschieden, und in gewisser Weise haben wir das auch getan: Deutschland soll bis 2038 aus der Kohle aussteigen. Wenn das gelingt, nehmen wir damit eine Leistung von 44 Gigawatt aus der Energieerzeugung und sparen den dazugehörigen Ausstoß an klimaschädlichen Gasen ein.

Was aber heißt das in der Praxis? Wenn der Klimawandel das Problem ist, müssten wir mit dem Gesetz dafür sorgen, dass der Klimawandel zumindest gebremst wird. Das müssen wir in der Tat: Die drastisch zunehmende Erderwärmung ist längst Wirklichkeit. Die Gründe für abschmelzende Pole und Gletscher, steigende Meeresspiegel und höhere Temperaturen, die bei uns zu trockenen Hitzesommern führen und neben dem Wald auch die Landwirtschaft gefährden, liegen allerdings nicht in Deutschland. Wir müssen also fragen, ob es noch andere Voraussetzungen dafür gibt, dass unsere nationale Politik für den deutschen Wald erfolgreich sein kann. Ein Blick über unsere Grenzen hinaus zeigt da ein beunruhigendes Bild. China plant, aus seinen aktuell installierten 1100 Gigawatt Kohlestrom bis 2035 sage und schreibe 1400 Gigawatt zu machen, mit dem dazugehörigen Ausstoß an klimaschädlichen Gasen. Im selben Zeitraum, in dem wir unter größten Anstrengungen 44 Gigawatt vom Netz nehmen, werden in China 300 Gigawatt zusätzlich ans Netz gehen. So weit reicht also unsere nationale Souveränität. Der deutsche Wald kann von Deutschland allein nicht gerettet werden.[65]

Wir muten unserer Industrie und unserer Wirtschaft einiges zu, um mit großer Anstrengung in relativ kurzer Zeit ein ehrgeiziges Ziel zu erreichen, dessen Wirkung durch China und andere Länder, die sich ähnlich verhalten, zunichtegemacht werden kann. Natürlich ist nicht grundsätzlich etwas gegen nationale Anstrengungen zur Reduktion des CO_2-Ausstoßes einzuwenden. Aber es ist auch klar, dass wir damit nur dann etwas erreichen, wenn sich auch andere Länder auf Ziele einigen und diese auch umsetzen. Das ist keineswegs trivial, und es läuft auch nicht auf die zynische Haltung hinaus, jede Anstrengung zum Klimaschutz sei sinnlos, weil man ja leider keine Möglichkeiten habe, auf das Verhalten von größeren Ländern wie China, die USA oder Russland Einfluss zu nehmen. Vielmehr stellt sich die grundsätzliche Frage, in welche Richtung wir unsere politischen Energien lenken. Dem Kompromiss zum Kohleausstieg gingen zähe Verhandlungen zwischen unzähligen Beteiligten voran, von den Bundesländern über die Kraftwerksbetreiber bis hin zu Umweltorganisationen. Gleichzeitig vernachlässigen wir den diplomatischen Einsatz dafür, dass das Pariser Klimaabkommen nicht nur umgesetzt wird, sondern auch die Lasten sinnvoller und gerechter verteilt werden. Das Abkommen sieht in seinem Artikel 6 vor, dass Länder anderen dabei helfen können, den Ausstoß von CO_2 zu beschränken. Die dort erzielten Einsparungen werden dann dem helfenden Land angerechnet. Bis heute funktioniert dieser globale Ausgleichsmechanismus nicht, doch in der Bundesregierung beschäftigen sich nur wenige Fachbeamte mit diesem Thema. Beim nationalen Kohle-Ausstieg und seinen 44 Gigawatt verhandelt dagegen sogar die Bundeskanzlerin mit. Wie bei so vielen anderen Themen würden wir mehr erreichen, wenn wir sie auf der Ebene der internationalen Beziehungen gezielter und energischer angehen würden – als außenpolitische Aufgaben oder, um es umzukehren, als Teil einer Weltinnenpolitik.

Dass die Weltgemeinschaft angesichts der durch die Erderwärmung steigenden Meeresspiegel geradezu wortwörtlich in einem Boot sitzt, ist eine Binsenweisheit. Das Thema schreit förmlich nach internationaler Zusammenarbeit. Es hängt darüber hinaus mit anderen Themen zusammen. Zum einen zeichnet sich ab, dass ein ungebremster Klimawandel den für die Zukunft zu erwartenden Migrationsdruck stark vergrößern wird. Die Prognosen der Internationalen Organisation für Migration (IOM) über die Migration der kommenden Jahr-

Erfolgreicher Klimaschutz verringert den Migrationsdruck

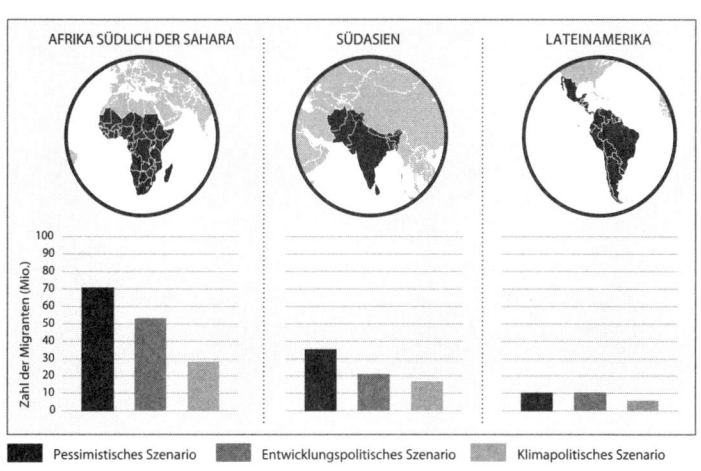

zehnte schwanken im Hinblick auf den Faktor Klimawandel besonders stark. Je nachdem, ob es der Weltgemeinschaft gelingt, die Erderwärmung zu bremsen, wird auch die Zahl der Menschen, die wegen Überschwemmungen und anderer Klimakatastrophen fliehen, höher oder niedriger ausfallen.

Der Klimawandel führt zudem zu einer allmählichen Verschiebung der geopolitischen Machtverhältnisse, und zwar in beiden Fällen, also dann, wenn es nicht gelingt, der Erderwärmung einigermaßen entgegenzuwirken, und auch dann, wenn das gelingt. In diesem Fall würden klassische Ressourcen wie Öl in bestimmten Ländern nicht mehr gebraucht. Für Länder, die vom Ölexport abhängig sind, wird das wirtschaftliche und geostrategische Konsequenzen haben, zum Beispiel für Russland, Saudi-Arabien, Iran, Venezuela oder Angola. Eine Studie der Internationalen Organisation für erneuerbare Energien IRENA weist nach, dass die Öl und Gas exportierenden Länder

Die Energiewende ändert die Machtverhältnisse

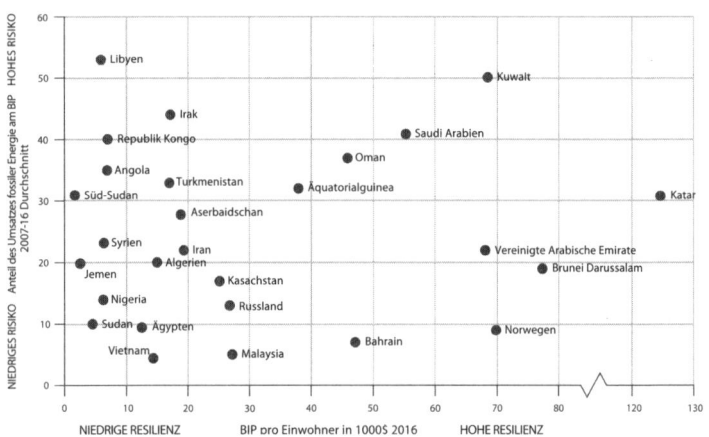

unterschiedlich gut auf diesen Strukturwandel vorbereitet sind. Während Norwegen, Kuwait und Katar offenbar rechtzeitig Vorbereitungen getroffen haben, um ihre Widerstandsfähigkeit gegen eine solche fundamentale Verschiebung zu erhöhen, wähnt man sich beispielsweise in Bagdad und Moskau scheinbar noch in falscher Sicherheit.

Nicht nur der Klimawandel wird geostrategische Folgen haben, sondern auch unsere Reaktion darauf. Staaten, die eine Umstellung auf erneuerbare Energien in großem Maßstab vornehmen können, werden unabhängiger, umgekehrt müssen diejenigen Länder, deren Wirtschaft auf den Rohstoffvorkommen Öl und Gas basiert, ein neues Geschäftsmodell entwickeln, wenn sie nicht verarmen wollen.

Zudem zeichnet sich schon ab, dass der Landverlust durch die Ausbreitung von Wüsten zu neuen Konflikten um fruchtbares Land führen wird. Es gibt also mehr als nur einen Grund, in Bezug auf den Klimawandel außenpolitisch zu denken. Die geopolitischen Verschiebungen müssen wir in unserer Sicherheitspolitik berücksichtigen. Zudem steht nach allen Studien der internationalen Organisationen fest: Erfolgreiche globale Klimaschutzpolitik ist die beste Fluchtursachenbekämpfung.

Migration

Zuwanderung beschäftigt jede Gesellschaft, auch uns in Deutschland. Unsere Wirtschaftsverbände weisen darauf hin, dass wir unsere Sozialsysteme ohne Zuwanderung nicht erhalten können, in der gesellschaftlichen Debatte stehen Anhänger von Multikulti auf der einen, Vertreter von »Das Boot ist voll« auf der anderen Seite, und alle Bundesinnenminister legen größten Wert darauf, die mit Zuwanderung und Aufenthalt zusammenhängenden Fragen streng national zu regeln. Wir führen seit vielen Jahren eine sehr deutsche Debatte über die Zuwanderung. Belgien hatte auch eine Debatte, eine belgische, Frankreich eine französische, Schweden eine schwedische, Amerika eine amerikanische und so weiter. Zufrieden mit der Situation ist man in keinem einzigen Land, denn auch die mit Migration zusammenhängenden Herausforderungen lassen sich im nationalen Alleingang nicht erfolgreich bewältigen. Das liegt in der Natur der Sache. Die Zahlen der Internationalen Organisation für Migration (IOM) zeigen, dass Migration auf unterschiedliche Art und Weise die ganze Welt betrifft. Noch 2003 erwartete die IOM für das Jahr 2050 ungefähr 230 Millionen Migranten. In ihrem Bericht von 2019 stellt die Organisation dann allerdings fest, dass diese Schätzung schon heute übertroffen wird. Derzeit gibt es weltweit fast 272 Millionen Migranten, von denen knapp zwei Drittel Arbeitsmigranten sind.

Bei Flucht, Asyl und Migration muss unterschieden werden zwischen politisch Verfolgten, die nach dem Grundgesetz bei uns Asylrecht haben, Kriegsflüchtlingen, die nach der Genfer Konvention zu schützen sind, Wirtschaftsmigranten und EU-Bürgern, die sich im Rahmen der Arbeitnehmerfreizügigkeit jederzeit bei uns niederlassen dürfen. Ein Großteil der Fluchtbewegungen, insbesondere, wenn sie durch militärische Konflikte ausgelöst werden, findet innerhalb von Staaten und deren Nachbarstaaten statt. Diesen Menschen steht nach der Genfer Konvention Schutz zu, den der Hochkommissar für Flüchtlinge der Vereinten Nationen organisiert, abgekürzt UNHCR. Es sind Menschen, die fliehen, um Leib und Leben zu retten, nicht, weil sie sich von ihrer Flucht wirtschaftliche Vorteile versprechen.

Unabhängig davon haben sich bestimmte Migrationskorridore herausgebildet. Die größten verlaufen in der Regel von Entwicklungsländern zu größeren Volkswirtschaften wie den Vereinigten Staaten, den Ländern der EU, der Russischen

Föderation, den Vereinigten Arabischen Emiraten und Saudi-Arabien. Dieses Muster wird wahrscheinlich noch über Jahre ähnlich bleiben, und da die Bevölkerung in einigen Regionen des Südens in den kommenden Jahrzehnten voraussichtlich zunehmen wird, wird sich der Migrationsdruck eher noch erhöhen.

Migration wird zu einem ganz realen Problem, wenn sie wie im Sommer 2015 außer Kontrolle gerät. Das ist zum einen kritisch, weil die plötzliche Aufnahme einer großen Zahl von Menschen enorme finanzielle, logistische, personelle und mentale Anstrengungen in den aufnehmenden Ländern verlangt. Das betraf 2015 nicht nur Deutschland, sondern besonders die Türkei und den Libanon.

Zum anderen verschaffen solche Krisen Rechtspopulisten regelmäßig Aufwind. Für sie ist das Thema Migration so wichtig, weil ihre Politik darin besteht, Menschen über Ängste zu manipulieren. Migration rührt an eine archaische, tief sitzende Angst vor Fremden. Wie sehr dieses Spiel mit der Angst vor allem dem Machtgewinn dient, zeigen die vielen Wahlen, die mit dem Thema gewonnen wurden. Trumps Versprechen, eine Mauer an der Grenze zu Mexiko zu bauen, hat nachweislich zu seinem Wahlsieg 2016 beigetragen, und auch beim Brexit hatten gezielte Kampagnen gegen Zuwanderer entscheidenden Einfluss auf das Ergebnis.

Ein häufiger Reflex im Angesicht von Migration besteht in der Forderung, als souveräne nationale Maßnahme die Grenzen dichtzumachen. Deutschland hat neun Nachbarländer und ungefähr 3000 Kilometer Grenze; es liegt in einem riesigen europäischen Binnenmarkt, und zwar geografisch ziemlich genau in der Mitte der EU zwischen Lappland und Sizilien, der Normandie und Kurland. Theoretisch, das hat die AfD im Bundestag konkret durchrechnen lassen, wäre es möglich, diese lange Grenze zu schließen. Wir könnten einen Zaun um Deutschland bauen, ihn mit Stacheldraht bewehren und von der Bundespolizei bewachen lassen. An den Grenzübergangspunkten würden wieder Kontrollen eingeführt, kleinere Grenzübergänge würden angesichts von Personalmangel wahrscheinlich geschlossen werden, an den größeren würde die Kontrolle aller Ein- und Ausreisenden erfolgen. So war es früher, auch ich erinnere mich noch gut daran, wie meine Eltern regelmäßig den Pass am Grenzübergang Lichtenbusch vorzeigen mussten, wenn wir von Brüssel nach Aachen fuhren. Das aber war eine Zeit, in der unsere Wirtschaftsleistung ungefähr ein Fünftel von heute betrug,[66] der Binnenmarkt noch nicht existierte und das ungehinderte Reisen in Europa Zukunftsmusik war.

Würden wir in dieser Art auf nationale Abschottung setzen, könnten wir damit vermutlich viele Kriegs- und Wirtschaftsflüchtlinge aus dem Nahen Osten und Afrika an der Einreise hindern. Das könnte im Kampf gegen illegale Zuwanderung helfen. Wir würden aber auch den Güterverkehr durch Europa lahmlegen, die Reisefreiheit faktisch abschaffen und an unseren Grenzen Bilder haben wie in Ceuta und Melilla. Diese beiden spanischen Exklaven in Marokko gehören staatsrechtlich zu Spanien und damit zur EU. Immer wieder kommt es zu schrecklichen Szenen, wenn Migranten die enorm hohen Zäune und Sperranlagen überwinden wollen. Wie viel Leid würde unsere Gesellschaft aushalten, gerade wenn es sich unmittelbar vor unserer Haustür abspielt? Es gibt ja in Deutschland nicht nur die AfD, sondern zum Glück eine große Mehrheit von Menschen, die einerseits Wert auf die Einhaltung rechtsstaatlicher Verfahren legen, andererseits aber nicht so kalt und mitleidlos auf Migranten schauen wie alte und neue Rechte. Würde die Entscheidung zur Abschottung, die wir als staatsrechtlich souveränes Land treffen dürften, unserem Anspruch an uns als humanes und weltoffenes Land genügen? Ich glaube nicht. Und genau aus diesem Grunde reicht es eben nicht, sich bei Fragen zu Flucht und Migration auf den nationalen Rahmen zu beschränken.

Was passiert, wenn Migranten wegbleiben, haben wir während der Corona-Pandemie 2020 erfahren. Es war für viele Betriebe extrem schwierig, im Frühling den Spargel zu ernten und im Herbst den Wein zu lesen. Und das war nur der kurzfristige Effekt einer temporären Grenzschließung. Längerfristige Schließungen wären noch erheblich schlimmer, denn nicht nur unsere Medikamente, auch viele Ärzte und Pflegekräfte in unseren Krankenhäusern kommen aus dem Ausland. Wer mit offenen Augen durch unser Land geht, stellt ganz schnell fest, dass unsere Wirtschaft ohne Migranten zusammenbrechen würde. Von der Sicherheitsbranche über Gastronomie, Pflege, Reisewirtschaft bis hin zu Industriearbeitern und Unternehmern in Handwerk, Handel und freien Berufen arbeiten in Deutschland Millionen von Menschen mit Migrationshintergrund, zahlen Steuern und Sozialbeiträge. Müssen wir in Deutschland also Angst vor Migration haben? Oder sollten wir nicht etwas genauer hinschauen, wenn es um das kriminelle Verhalten nordafrikanischer Zuwanderer in Köln, der sogenannten Partyszene in Frankfurt und libanesischer Clans in Berlin geht? Das Verhalten der Beteiligten in jedem einzelnen dieser Skandale verstößt gegen unsere Gesetze, macht Menschen Angst und muss mit aller Konsequenz bekämpft werden. Grundfalsch wäre es aber, aus diesem Verhalten relativ klar überschaubarer Gruppen einen allgemeinen Rückschluss auf alle Menschen mit Migrationshintergrund zu ziehen, die bei uns leben und arbeiten. Der Beitrag dieser Menschen zum Wohlergehen unserer Gesellschaft ist um ein Vielfaches höher als die Schwierigkeiten, die kriminelle Ausländer bei uns verursachen. Natürlich dürfen diese nicht geleugnet oder verschwiegen werden. Aber die legitime Angst vor Kriminalität darf nicht zu einer Angst vor Migration werden.

Wie unsinnig dieses Spiel mit der Angst ist, kann man gut in osteuropäischen Staaten beobachten, die besonders deutlich auf ihre nationale Souveränität pochen. Der ungarische Präsident Viktor Orbán macht mit Fremdenfeindlichkeit und dem Schutz der ungarischen Grenze sehr erfolgreich Politik. Seine Regierung hat sich geweigert, den UN-Migrationspakt zu unterschreiben, der die Einhaltung der Menschenrechte auch für Migranten anmahnt. Das Abkommen wurde von Orbán und dann von seinen Nachahmern von der AfD als »Pakt *für* Migration« diffamiert, auf dessen Grundlage unkontrollierte Wanderungsbewegungen angeblich plötzlich zulässig sein sollten. Das waren nicht nur Fake News, auch ihr Urheber in Budapest wäre wahrscheinlich besser beraten, sich um die Situation in seinem Land zu kümmern. Ungarn hatte früher einmal zehn Millionen Einwohner. Das Land hat nicht nur kaum Zuwanderung, in den letzten zwanzig Jahren hat es über eine Million Menschen verloren – das ist so, als wenn in Deutschland über acht Millionen Menschen, die gesamte Bevölkerung von Berlin, Hamburg, München und Köln einfach fehlen würden. Ungarn hat kein Problem mit Einwanderung, sondern mit Auswanderung.[67] Auch Bulgarien hatte über acht Millionen Einwohner, jetzt sind es weniger als sieben. Ähnlich sähe es in Polen aus, wären in den letzten Jahren nicht zwei Millionen Ukrainer ins Land geströmt.

Anstatt also auf Angstkampagnen zu setzen und so zu tun, als ob Maßnahmen im Rahmen der staatsrechtlichen Souveränität das Ziel kontrollierter Migration erreichen könnten, wäre es sinnvoller, die Realität fortgesetzter Migrationsbewegungen mit kluger internationaler Politik zu verbinden. Problematisch daran ist, dass für diese Fragen in allen Mitgliedstaaten der Europäischen Union die Innenministerien zuständig sind. Dort arbeiten überwiegend Menschen, die mit ihrer jeweils nationalen juristischen Ausbildung wenig Erfahrung mit internationalen Problemstellungen haben. Das liegt in der Natur der Sache. Wie der Name des Ministeriums schon sagt, ist seine Aufgabenstellung auf das Innere des Landes ausgerichtet. Wenn man also von einem Innenminister verlangt, Verhandlungen mit anderen Ländern zum Beispiel über Rückübernahmeabkommen zu führen, stoßen seine Beamten schnell an Grenzen. Auch aus diesem

Grund hat man die Verhandlungen darüber zunehmend auf die europäische Ebene verlagert. Das ist richtig und zeigt, dass man sich in Richtung einer politischen, europäischen Souveränität begeben hat.

All diese Erkenntnisse erscheinen uns nach den Ereignissen des Jahres 2015 wie neu. Das ist aber nicht so: Sowohl die Bestandsaufnahme als auch den Entwurf einer gemeinsamen Politik gibt es seit über zwanzig Jahren. Als im Oktober 1999 die Staats- und Regierungschefs der Europäischen Union im finnischen Tampere zu ihrem Gipfel zusammenkamen, schrieben sie alles auf, womit wir uns heute noch beschäftigen. Auch Deutschland hat unterschrieben, dass man Herkunftsländern gemeinsam helfen müsse, Schlepperbanden zu bekämpfen seien, ein gemeinsames europäisches Asylsystem entwickelt und besonders betroffenen Mitgliedstaaten finanziell geholfen werden müsste. Das Problem: Nachdem die Staats- und Regierungschefs diese Richtlinien einstimmig verabschiedet hatten, wurden sie zur Umsetzung in die nationalen Innenministerien zurückgeschickt. Dort versandeten alle guten Ideen in den Bedenken derer, die nicht die politische, sondern die staatsrechtliche Souveränität als Leitschnur ihres Handelns sehen. Die Debatte erscheint uns nur deswegen neu, weil das Bundesinnenministerium 2015 jäh aus seinem Tiefschlaf geweckt wurde. Dann ging es plötzlich ganz schnell. War das traditionell CDU/CSU-geführte Haus noch bis ins Frühjahr 2015 strikt gegen einen Verteilungsschlüssel für Asylbewerber in der Europäischen Union, trat es im Herbst, nachdem fast eine Million Migranten in Deutschland angekommen waren, vehement für einen solchen Schlüssel ein. Mehr noch, in einer Nachtsitzung in Luxemburg nutzte Bundesinnenminister de Maizière die Möglichkeit einer Mehrheitsabstimmung im Rat, um schon einmal die Verteilung von hundertsechzigtausend Migranten rechtsverbindlich beschließen zu lassen. Ganz plötzlich war die enge nationale Souveränität nicht mehr gefragt, es ging um die politische, europäische Fähigkeit, ein Problem auch wirklich zu bewältigen. Deutschland hat sich durch sein grobes und undiplomatisches Vorgehen dabei in den Augen vieler europäischer Partner unmöglich gemacht. Dass uns das bis heute nachhängt, merkt man in Gesprächen mit Abgeordneten und Diplomaten aus anderen Ländern der EU, die in der Migrationsfrage seit 2015 tiefer gespalten ist als je zuvor. Trotzdem glauben viele Bewohner der Berliner Regierungsblase noch immer, bei Deutschland handele es sich um das Land der Muster-Europäer. Dass das nicht so ist, hat die Bundesregierung auch im Frühjahr 2020 wieder unter Beweis gestellt.

Handel

Als das Corona-Virus Deutschland erreichte, richteten Gesundheitsminister Spahn und Innenminister Seehofer Ende Februar 2020 einen gemeinsamen Krisenstab ein. Wenige Tage später, am 4. März, erließ dieser eine Ausfuhrsperre für medizinische Produkte, der dann vom Wirtschaftsministerium umgesetzt wurde: Medikamente, Schutzausrüstung – nichts, was angesichts der Pandemie möglicherweise knapp werden könnte, durfte mehr aus Deutschland ausgeführt werden. Wie in einer Kettenreaktion erließen andere EU-Staaten ähnliche nationale Regelungen, nach dem Motto: Wenn die Deutschen das machen, dann schotten wir uns auch ab, wer weiß, ob wir genug Material haben. Länder wie Italien, in denen dramatische Zustände herrschten, Patienten nicht mehr versorgt werden konnten und es viele Tote gab, empörten sich angesichts des deutschen Egoismus. Ihnen antwortete Außenminister Heiko Maas – und verteidigte die Maßnahme. Erst auf Druck von EU-Kommissionspräsidentin von der Leyen wurde der Exportstopp zwei Wochen später wieder aufgehoben. Die Kanzlerin erklärte daraufhin im Bundestag: Das Ausfuhrverbot war ein

Fehler. Und zwar nicht wegen des Mangels an europäischer Solidarität. Die Bundeskanzlerin erklärte, das Verbot sei gar nicht in unserem eigenen nationalen Interesse gewesen. Im Gegensatz zu ihren Ministern hatte sie verstanden, dass wir von den anderen Ländern genauso abhängig sind wie diese von uns. Wir können unsere medizinischen Produkte gar nicht herstellen, wenn wir die Grenzen schließen, weil wir die dazu notwendigen Vorprodukte aus anderen Ländern importieren. Der ziemlich kopflose Reflex, angesichts einer Notlage müsse Deutschland erst einmal seine Grenzen dichtmachen, entpuppte sich als Schildbürgerstreich.

Einer der wichtigsten Slogans der Brexit-Kampagne lautete »*Take back control*« – zurück zu mehr nationaler Souveränität. Die Briten sollten sich für den Brexit entscheiden, um die lästigen Vorgaben aus Brüssel loszuwerden und die eigenen Belange wieder selbst in die Hand zu nehmen. Nun haben die Pandemie und das Beispiel des Ausfuhrverbots nicht nur in Deutschland sichtbar gemacht, was das konkret bedeuten kann, zuallererst im Bereich der Medizin. Eine beträchtliche Zahl lebenswichtiger Medikamente oder deren Wirkstoffe – das Blutgerinnungsmittel Heparin, Antibiotika, viele Krebsmedikamente – werden mit wenigen Ausnahmen in keinem europäischen Land mehr hergestellt, auch in England nicht (und, nebenbei, auch nicht in den USA), sondern aus China und Indien importiert. Als Indien wegen des Corona-Virus Anfang März 2020 den Export von sechsundzwanzig Wirkstoffen und Arzneimitteln unterbrach, fürchteten unsere Apotheken und Krankenhäuser Engpässe bei einer Reihe von Medikamenten, die alle als versorgungsrelevant gelten, unter anderem Antibiotika, Medikamente gegen Viren (Virostatika) und Paracetamol. Auf einmal merkten wir: Unsere medizinische Versorgung hängt in einem Maß von China und Indien ab, das bei allen Vorteilen des globalisierten Handels nicht zu verantworten ist. Das haben wir seit Corona verstanden, inzwischen gibt es Bemühungen, gegenzusteuern. Allerdings wird es aufwendig und kostspielig, in Deutschland und anderen europäischen Ländern die Produktion zahlreicher Medikamente (wieder) aufzubauen; am Ende werden Arzneimittel dadurch deutlich teurer werden.

Würden wir uns hinter unsere nationalen Grenzen zurückziehen, brächen aber nicht nur große Teile unserer medizinischen Versorgung zusammen. Auch unsere Wirtschaft würde buchstäblich in sich zusammenfallen, weil ganze Industriezweige von Vorprodukten abhängig sind. Dabei sieht die Situation in den meisten Ländern der EU ähnlich aus. Vorprodukte für die heimische Industrie werden häufig aus Asien importiert, weil diese ähnlich wie die Wirkstoffe für viele Medikamente in Niedriglohnländern um ein Vielfaches billiger hergestellt werden können als bei uns. Viele Waren werden sogar vollständig dort produziert, wie die Kleidung von Primark, H&M und vielen anderen Unternehmen, die Textilien in Bangladesch oder Kambodscha nähen lassen.

Fast alles, was wir tun, hat globale Dimensionen. Wir können kaum etwas in die Hand nehmen, das nicht durch halb Europa oder gar die Welt gereist ist. In jedem Computer, Radio oder Fernseher stecken Rohstoffe und Technik aus Asien, Afrika und den USA. Aber auch Kaffee, Tee, Gewürze, Kleidung, Medikamente, selbst Agrarprodukte haben weite Wege hinter sich, ehe sie in unseren Schränken und Schubladen landen. Die Briten werden, wenn sie die ersehnte Kontrolle über ihre eigenen Belange zurückerhalten, eine nationale Smartphone-Produktion nicht aufbauen können (eine Frage wäre dann zum Beispiel, wo sie die dafür notwendigen seltenen Erden herbekämen). Dieses Problem hatten sie früher natürlich nicht. Als es das Empire noch gab, hatten sie eine »nationale« Teeproduktion, obwohl Tee in Europa nicht angebaut wird. Aber dass sich Indien, Kenia und Australien wieder in ein Empire eingliedern lassen, werden auch die überzeugtesten Brexiteers nicht glauben.

Die Globalisierung des Handels erhält von denselben Journalisten eine fast ausschließlich negative Presse, die sich nichts dabei denken, dass der erschwingliche Computer aus Taiwan, auf dem sie ihre Artikel schreiben, und die nagelneue Software, die sie dafür benutzen (das letzte Update ist gestern direkt aus Kalifornien aufgespielt worden), genauso Produkte der Globalisierung sind wie der äthiopische Kaffee, den sie beim Schreiben trinken, und die hippen Sneaker aus Vietnam, die sie tragen. Handel wird wie die EU nicht nur in Großbritannien für jeden Unsinn und, schlimmer noch, alle möglichen Missstände verantwortlich gemacht.

Das Problem daran ist, dass das Kind mit dem Bade ausgeschüttet wird. Handel hat immer Gewinner und Verlierer produziert. In Deutschland gab es traditionell eine starke optische Industrie, am Niederrhein war der Schwerpunkt der deutschen Textilproduktion, und früher galt Deutschland wegen seiner zahlreichen erfolgreichen Pharmafirmen als die »Apotheke der Welt«. Irgendwann aber waren die japanischen Kameras in Qualität und Preis nicht mehr zu schlagen, die Textilfirmen in Algerien oder Costa Rica lieferten ordentliche Bekleidung zu einem Bruchteil der deutschen Kosten und die Herstellung von medizinischen Wirkstoffen in Asien folgte derselben Logik. Das hat die heimische Wirtschaft verändert. Dabei sind zwar manche Unternehmen auf der Strecke geblieben, doch als Verbraucher haben wir eine sagenhafte Anzahl von Produkten zur Auswahl, und zwar zu erschwinglichen Preisen. Das ist Handel, der heute eng verbunden ist mit Investitionen und Produktion. In den vergangenen Jahrzehnten hat sich der Wandel der Produktions- und Handelsbeziehungen allerdings beschleunigt, der Veränderungsdruck hat zugenommen, globale Verflechtungen sind komplexer und undurchsichtiger geworden. Diese Effekte sind jedoch nicht vom Handel hervorgebracht worden, sondern durch Digitalisierung und Automatisierung. Da beide Prozesse noch in vollem Gang sind, wird das Tempo der Veränderung in Zukunft eher weiter zunehmen, als dass eine Verlangsamung zu erwarten wäre. Gleichzeitig gibt es auch im Handel unlauteres Verhalten: staatliche Beihilfen, die nationalen Unternehmen einen Wettbewerbsvorteil gegenüber anderen sichern sollen; Dumping, also der Verkauf von Produkten, die unter ihren Herstellungskosten angeboten werden, um so die Konkurrenz zur Preissenkung zu zwingen, die sie sich eigentlich nicht leisten kann; Diebstahl geistigen Eigentums durch Plagiate und vieles andere mehr. In der öffentlichen Debatte werden aber die regulären wohlfahrtsteigernden Aspekte des Welthandels regelmäßig mit diesen unlauteren Praktiken vermischt. Zugegeben, es ist schwer, da den Überblick zu bewahren.

Viele, die von Internationalität, Komplexität und Beschleunigung überfordert sind, rufen nach mehr nationaler Souveränität auch in Handelsfragen. Unter Politikern, die es besser wissen müssten, grenzt das an Heuchelei. Denn anders als die Mitgliedstaaten der EU haben Kommission und Parlament in Brüssel schon vor mehreren Jahren begonnen, einige tatsächlich negative Folgen und Missstände der globalisierten Handelspolitik zu korrigieren. So hat die Kommission versucht, gegen Regelverstöße und unfaire Praktiken vor allem vonseiten Chinas vorzugehen und sich für den Schutz geistigen Eigentums, Anti-Dumping-Maßnahmen, Investitionsschutz und die Gewährleistung eines *»level playing fields«* einzusetzen, das nicht durch unrechtmäßige staatliche Subventionen unterlaufen wird. Im Handelsausschuss des Europäischen Parlaments war ich der zuständige Berichterstatter meiner Fraktion und konnte mitansehen, wie die EU dabei von den Mitgliedstaaten alleingelassen wurde. Das ging so bis 2018, als es endlich gelang, die neuen Abwehrinstrumente in Kraft zu setzen. Bis dahin hatten fast alle nationalen Regierungen sich einer härteren, geschlossenen Haltung gegenüber China vonseiten der EU widersetzt. Stattdessen haben sie sich in Alleingängen zugunsten ihrer Unternehmen auf Kooperationen mit China eingelassen, ohne sich um die Risiken zu scheren, die sie dabei eingingen. Das konnten sie, staatsrechtlich steht dem nichts im Wege. Ob es allerdings im Sinne der Mitgliedstaaten der Europäischen Union ist, wenn China sie nach dem Prinzip »Teile und herrsche« auseinanderdividiert, anstatt mit der EU zu verhandeln, die 450 Millionen Menschen repräsentiert, steht auf einem anderen Blatt.

Um sich einen Eindruck von den Größenverhältnissen im chinesisch-europäischen Wettbewerb zu verschaffen, lohnt es sich, einmal am Sitz der Deutschen Telekom in Bonn vorbeizuschauen. Dort haben Huawei aus China und Ericsson aus Schweden jeweils Büros, von denen aus sie Geschäfte mit der Telekom anbahnen. Die Büros von Ericsson befinden sich in einem Gebäude an der B9, klein und bescheiden über Da Gino, einem italienischen Restaurant, in dem ich früher oft zu Gast war. Huawei aber hat ein ganzes Bürogebäude bezogen, mit eigener Küche und Kantine. Und da das offenbar noch nicht reicht, gibt es auf der anderen Rheinseite, am Sitz von T-Mobile, gleich noch eine Niederlassung. Die Machtverhältnisse könnten sich gar nicht deutlicher abbilden. Wenn wir uns in Europa der Weltmacht China entgegenstellen wollen, wird uns das in nationalen Alleingängen kaum gelingen.

Seit vielen Jahren beschäftige ich mich mit Handelspolitik und durfte im Handelsausschuss des Europäischen Parlaments auch eine Zeit lang an ihr mitwirken. Der Welthandel wird gerade von der politischen Linken heftig kritisiert, es hat in der gesamten Zeit meiner Mitgliedschaft im Ausschuss – und seither – nicht ein einziges Abkommen gegeben, dem die Grünen zugestimmt haben. In der öffentlichen Debatte hat das zu einer extrem einseitigen Bewertung von Handelspolitik geführt, da viele Journalisten mit dieser Haltung sympathisieren. Das steht in diametralem Widerspruch zu der Tatsache, dass es vermutlich nie in der Geschichte größere Bemühungen um Fairness und gleiche Chancen für alle Beteiligten durch ein internationales Regelsystem gab. In den Verhandlungen über internationale Abkommen der vergangenen Jahrzehnte waren immer verschiedene Kräfte wirksam. Neben den Eigeninteressen, die jeder Handelspartner selbstverständlich verfolgt, haben auch andere Motive eine Rolle gespielt. Schon in den 1970er-Jahren hat Europa den Staaten der AKP-Gruppe (Afrika, Karibik, Pazifik, im Wesentlichen die ehemaligen Kolonien) in »bevorzugten« unilateralen Handelsabkommen Vorteile eingeräumt, besonders einen vereinfachten Zugang zu den europäischen Märkten. Die WTO hat 2002 die seit den 1960er-Jahren entstandenen Verträge zwischen europäischen Ländern und ehemaligen Kolonien als nicht mehr regelkonform verworfen und die EU aufgefordert, neue Abkommen zu schließen. Der Grund dafür war, dass die alten Verträge gegenüber ärmeren Ländern wie Bangladesch ungerecht waren, denn ihnen waren diese Vorteile nicht eingeräumt worden.

So begann die Europäische Kommission mit den Verhandlungen. Gleichzeitig zirkulierten in linken Kreisen Gerüchte, die EU wolle die afrikanischen Länder übervorteilen. Dass sie von der WTO zu den Verhandlungen aufgefordert worden war, um mehr Gerechtigkeit auch für Nicht-Ex-Kolonien herzustellen, wurde dabei übersehen. Umweltgruppen, Kirchen, Gewerkschaften, Entwicklungshilfeorganisationen meldeten sich zu Wort und erklärten die Wirtschaftspartnerschaftsabkommen, nach ihrer englischen Abkürzung EPAs genannt, zum neuesten Schrecken der Globalisierung. Dennoch unterschrieben die Länder des südlichen Afrika, allerdings nicht alle, was das Argument, Europa zwinge die afrikanischen Partnerländer in die Abkommen, rundheraus widerlegte. Doch die Kampagne der NGOs zeigte Wirkung. Bisher ist nur ein einziges EPA in Kraft getreten, nachdem das Europäische Parlament es ratifiziert hat, nämlich das zwischen der EU und der Südafrikanischen Entwicklungsgemeinschaft. Ich war im Handelsausschuss der für die Ratifizierung zuständige Berichterstatter. Der Prozess war sehr kompliziert, denn der sozialdemokratische Schattenberichterstatter Joachim Schuster bekam Druck von Linken, Grünen und nicht zuletzt aus der eigenen Fraktion. Ohne die Sozialdemokraten gab es aber keine Mehrheit im Parlament. Nur der Tatsache, dass Schuster die Bemühungen um ein faires Abkommen genau untersucht, sie anerkannt und sogar noch weiter verbessert hat, ist es zu verdanken, dass es im September 2016 endlich gelungen ist, den Auftrag der WTO von 2002 umzusetzen und wenigstens für den Handel mit einer wichtigen afrikanischen Region eine neue Vertragsgrundlage zu schaffen.

Auch heute werden in Handelsabkommen die Schieflagen berücksichtigt, die sich aus der unterschiedlichen wirtschaftlichen Stärke von Ländern in Europa, Asien und Afrika ergeben. In den EPAs erfolgt die allmähliche Marktöffnung vollkommen asymmetrisch zugunsten der afrikanischen Partner, je nach Branche unterschiedlich schnell, mit unterschiedlichen, Jahr für Jahr niedrigeren Zollsätzen und langen Übergangsfristen. Gleichzeitig erhalten sie für ihre Produkte Zugang zum europäischen Markt. Natürlich ging es bei den Verhandlungen auch um Eigeninteressen. So explodierte, als das Abkommen mit dem südlichen Afrika so gut wie unter Dach und Fach war, noch eine wirtschaftspolitische Bombe. Die spanischen Orangenbauern waren sehr spät aufgewacht und der Meinung, Konkurrenz aus Afrika könnte ihnen zu stark zusetzen. Ihr Verband hatte daraufhin allen spanischen Abgeordneten im Europäischen Parlament Horrorstorys über angeblich kranke afrikanische Orangen erzählt, die unseren Markt überschwemmen würden, wenn wir den Import zuließen. Mein Telefon stand nicht mehr still, meine E-Mail-Inbox lief über. Glücklicherweise kam der spanische Last-Minute-Protektionismus zu spät, und das Parlament ratifizierte das Abkommen.

Freier Handel nutzt, das kann man über nahezu die gesamte Geschichte der Menschheit beobachten, meistens allen Beteiligten. Auch, das mag widersprüchlich klingen, denjenigen, die im Norden als Verlierer des Systems vermutet werden. Die Demonstranten, die vor dem Primark erst gegen die Ausbeutung der Näherinnen in Bangladesch protestierten, um dann während Corona gegen deren Entlassung erneut auf die Straße zu gehen, sind genau diesem Widerspruch aufgesessen. Die Jobs im Garment District, dem Bekleidungsviertel von Dhaka, haben das Leben vieler Familien in Bangladesch nachweisbar verbessert. Dass die Arbeitsbedingungen teilweise extrem mangelhaft sind, wird zu Recht kritisiert. Die Katastrophe von 2013, als die Fabrik Rana Plaza einstürzte und es über tausend Tote gab, war ein schrecklicher Weckruf für viele Beteiligte, endlich etwas zu verbessern. Es gehört jedoch zu den Stärken unseres politischen Systems, dass Kritik artikuliert wird und sie zu Korrekturen führt. Im Fall der Textilindustrie geschieht das gerade mit dem Bemühen, die Lieferketten strenger zu kontrollieren. Nicht die Kritik ist das Problem, sondern die Frage, in welche Richtung man es lösen will. Durch die Abschaffung der Auslandsinvestitionen, internationalen Lieferketten und des regelbasierten Welthandels, also durch De-Globalisierung? Das wäre sicher der falsche Weg.

Die Rückkehr zu nationalem Protektionismus hat in der Geschichte nie zu verbesserten Lebensstandards geführt. Im Gegenteil, oft waren Handelskriege die Vorboten für militärische Konflikte. Nationalismus und Protektionismus sind die hässlichen Schwestern der Politik, die niemand besser beschrieb als Kurt Tucholsky in seinem berühmten Gedicht »Europa«, das er unter Pseudonym in der *Weltbühne* veröffentlichte. Tucholsky sah den Gegensatz zwischen dem, was ein Staat selber entscheiden und tun kann, aber er beschrieb eben auch das Ergebnis: »Wir hungern, aber streng national!« Staatsrechtlich ist hungern ausgesprochen souverän, menschlich ist es schrecklich, und politisch gefährlich. Das Gedicht erschien 1932.

Handelsabkommen sollen immer allen Beteiligten nutzen. In welchem Maß sie das tun, hängt davon ab, wie das Kräftemessen zwischen den Handelspartnern ausgeht, bei dem die konkreten Handelsbedingungen festgelegt werden. In China erinnert man sich noch heute daran, wie die Briten sich im 19.Jahrhundert den Zugang zum chinesischen Absatzmarkt mit Gewalt erzwangen. Damals gab es das System der internationalen Organisationen noch nicht, das Völkerrecht, die Welthandelsorganisation, die vor allem kleinere, schwächere Handelspartner vor solchen unfairen Praktiken schützen sollen. Wie wahrscheinlich aber ist es, dass heute gerade schwächere Länder davon profitieren würden, wenn es die Regeln des Welthandels und die WTO nicht gäbe? Und wie wahrscheinlich ist es, dass ausgerechnet Großbritannien, jenes Land, das China einst die schlimmste Niederlage zugefügt hat, allein, ohne das Gewicht der EU, bessere Handelskonditionen mit China aushandelt? Im Moment verschieben sich die Kräfteverhältnisse gerade zugunsten von China, das ganz offen nicht die Absicht hat, sich an faire Regeln zu halten, sondern seit Jahren einen beharrlichen Kurs der Machterweiterung verfolgt. Im Hinblick auf diese Gefahr liegt unsere beste und einzige Chance in einer möglichst starken EU. Nur sie kann das politische und wirtschaftliche Gewicht aufbringen, der aufsteigenden asiatischen Supermacht etwas entgegenzusetzen.

Digitalisierung

Als Anfang der 1990er-Jahre das World Wide Web entstand, war die Euphorie groß. Viele glaubten, das Netz werde sich als Instrument der weltweiten Demokratisierung erweisen, die nach dem Ende des Kalten Krieges ohnehin gerade anzustehen schien. In Teilen hat sich diese Hoffnung durchaus erfüllt. So kann eine Schülerin aus Schweden durch die Verbreitungswirkung der sozialen Netzwerke mit einem politischen Anliegen bis zur UNO-Vollversammlung durchdringen. Und diese Wirkung zeigt das Netz immer wieder auch in unfreien Staaten.

Die sozialen Netzwerke trugen wesentlich dazu bei, dass die Revolution des Arabischen Frühlings 2011 sich in kurzer Zeit in der gesamten arabischen Welt ausbreitete. Die Kraft der digitalen Medien beweist sich aber auch in Fällen wie dem von Rahaf Mohammed al-Kunun, einem Mädchen aus Saudi-Arabien. Aus Angst vor ihrer Familie floh die damals Achtzehnjährige um Weihnachten 2018 nach Thailand. Als sie dort von den Behörden festgehalten und nach Saudi-Arabien ausgeliefert werden sollte, startete sie von ihrer Zelle am Flughafen aus eine Twitterkampagne, mit der sie weltweite Aufmerksamkeit erregte. Daraufhin erlaubten die Behörden in Thailand, dass das UN-Flüchtlingswerk den Fall untersuchte. Es gewährte al-Kunun Flüchtlingsstatus und sorgte damit dafür, dass mehrere Länder ihr Asyl anboten. Sie entschied sich für Kanada als neue Heimat.

Wie wir inzwischen wissen, hat die Digitalisierung jedoch nicht nur die demokratische Mehrheit von Menschen überall auf der Welt gestärkt, sondern auch zu einer Machtkonzentration von nie da gewesenem Ausmaß geführt. Sieben Konzerne – Google, Facebook, Apple, Amazon, Alibaba, Tencent und Baidu – verfügen über Daten von Milliarden von Nutzern auf der ganzen Welt. Das verleiht ihnen eine Macht, die durch keinerlei demokratisches Verfahren legitimiert ist. Wenn Facebook, wie im Fall der Firma Cambridge Analytica geschehen, seine Daten an Leute verkauft, die eher das Geschäft des Kreml betreiben, fällt es unseren öffentlichen Organen schwer, dagegen vorzugehen.

Als Gesellschaft, als Staat und als EU waren wir auf die disruptiven Veränderungen der Digitalisierung kaum vorbereitet. Keine noch so hellsichtige Zukunftsprognose konnte vorhersagen, dass aus einer wenig geschmackvollen Idee des jungen College-Studenten Mark Zuckerberg innerhalb weniger Jahre eines der mächtigsten Unternehmen der Welt werden würde. Zuckerbergs erste Webseite hieß »Facemash«, sie lud Kommilitonen dazu ein, die Mädchen auf dem Campus ihrer Universität nach ihrem Äußeren zu bewerten. Die Seite musste aufgrund von Protesten nach wenigen Tagen gesperrt werden. Doch aus der ursprünglichen Idee entstand Facebook, eines der ersten sozialen Netzwerke. Twitter, Snapchat, Instagram und TikTok folgten und veränderten die Welt.

Die sozialen Netzwerke haben ganze neue Arbeits- und Berufsfelder hervorgebracht. Jeder Politiker, jede Verwaltung, aber auch Kulturinstitutionen, Bildungseinrichtungen und natürlich Unternehmen stellen heute Mitarbeiter ein, deren Aufgabe es ist, die Kanäle von Twitter und Instagram zu füttern. Aber auch politisch zeigen sich Folgen. Die Justizministerien vieler Länder beschäftigen sich mit Gesetzen zu Hate-Speech und müssen dabei mit Phänomenen umgehen, die sich dem Bereich ihrer Jurisdiktion zumindest in Teilen entziehen. Mark Zuckerberg wird wegen des Skandals um den Missbrauch von Daten vom amerikanischen Kongress befragt. Klassische Medienanstalten geraten in Schwierigkeiten, weil immer mehr Menschen Nachrichten auf Facebook konsumieren. Politische Parteien und Systeme erodieren. Und zwar, auch das sah keiner voraus, nicht etwa nur in Diktaturen, denen es durch das globalisierte Netz schwerer fällt, ihr Volk mit Zensur und Propaganda in Schach zu halten, sondern auch in Demokratien. Daten sind zur Waffe, die sozialen Netzwerke zu Schauplätzen kalter Cyberkriege geworden. In manchen Ländern schlägt der Cyberwar um in gewalttätige Konflikte. In Myanmar ist Mark Zuckerbergs Netzwerk Internet und *Tagesschau* zugleich. Dort beziehen 40 Prozent der Menschen ihre Nachrichten über Facebook. Das Problem dabei ist, dass Hassbotschaften jahrelang nicht kontrolliert, geschweige denn gelöscht wurden. Radikalnationalistische buddhistische Mönche verbreiteten gemeinsam mit Angehörigen der Armee auf Facebook so viel Hass gegen die islamische Minderheit der Rohingya, dass der Massenmord an dieser Minderheit im Jahr 2017 und die nachfolgende Vertreibung in Myanmar selber keine weitverbreitete Empörung hervorriefen.

Die chinesische Regierung hat das subversive Potenzial der Digitalisierung früh erkannt und sehr viel investiert, um es weitgehend zu ersticken. Schon im Jahr 1998 hat das chinesische Ministerium für Staatssicherheit zur Überwachung und Zensur des Internetverkehrs in China ein groß angelegtes Projekt gestartet, um die digitale Kommunikation im Land unter seine Kontrolle zu bringen. Im Rahmen des »Projekts Goldener Schild«, nach der chinesischen Mauer auch »*Great Firewall of China*« genannt, investierte die kommunistische Führung riesige Summen, um – zunächst im westlichen Ausland – Hightech-Produkte für Internet-Sicherheit und digitale Überwachung einzukaufen. Seit der Machtübernahme Xi Jinpings im Jahr 2013 ist die Zensur des chinesischen Internets beständig verstärkt worden. Inzwischen nutzt die Regierung nicht nur ihre technischen Fähigkeiten, um das Internet zu zensieren und politische Widersacher auszuschalten. Darüber hinaus baut China die Möglichkeiten der Digitalisierung zu einer bisher nie da gewesenen Überwachung ihrer Bürger aus. Die Einführung eines Social-Credit-Systems, das Menschen zum Beispiel einen Reisepass verweigert, wenn sie sich »soziales Fehlverhalten« zuschulden kommen lassen, übertrifft in mancher Hinsicht, was George Orwell einst in *1984* als Schreckensszenario entwarf. Der Zensur der chinesischen Führung unterwerfen sich auch Unternehmen aus dem Westen. Die während der Corona-Pandemie weltweit für Online-Meetings genutzte Plattform Zoom sperrte auf Anweisung der chinesischen Regierung die Konten von Aktivisten, die zum Gedenken des Tian'anmen-Massakers und zu Protesten in Hongkong eingeladen hatten.[68] Apple beugt sich den staatlichen Zensoren in China und geht dabei noch über das Notwendige hinaus. In einem Bericht des *Guardian* heißt es dazu: »Im Oktober [2019], zum Beispiel, entfernte das Unternehmen eine App [aus dem chinesischen Appstore], die Demonstranten in Hongkong verwendeten, um ihre Aktionen zu koordinieren, und begründete das damit, die App breche chinesische Gesetze. Doch weder Apple noch die Polizei in Hongkong konnten erklären, welches Gesetz mit der App gebrochen wurde, und Parlamentarier, die auf der Seite der Demonstranten stehen, kritisierten die Entfernung der App als eine ›politische Entscheidung zur Unterdrückung von Freiheit und Menschenrechten.‹«[69] Und nicht nur in China beugen sich westliche Unternehmen der chinesischen Zensur, wie die schon im ersten Kapitel erwähnten Fälle zeigen.

Dass das auch uns betrifft, wurde spätestens auf der ersten Welt-Internetkonferenz klar, die 2014 in China stattfand. Peking plädierte dort für eine weltweite Internetaufsicht nach eigenem Vorbild. Das wäre ein weiterer Baustein, mit dem China seinen Weltmachtanspruch ausbauen würde. Das Projekt »Goldener Schild« macht deutlich, wie gefährlich es für uns werden kann, wenn China im Bereich technologischer Innovationen den USA und Europa in Zukunft den Rang abläuft. Dabei haben wir in Europa vielleicht noch gar nicht ausreichend zur Kenntnis genommen, dass sich die Zeit des Internets, wie wir es kennen, dem Ende zuneigen könnte. China ist bisher mit seinen Versuchen gescheitert, den USA die Infrastruktur des Netzes zu entwinden, doch aufgegeben hat Peking nicht. Gemeinsam mit Verbündeten wie Saudi-Arabien und Russland versucht China, die Verwaltung des Internets von der *Internet Corporation for Assigned Names and Numbers* (ICANN) mit Sitz in Los Angeles an die Internationale Telekommunikationsunion ITU, eine Unterorganisation der Vereinten Nationen, zu übertragen. Dann wäre die Freiheit im Netz am Ende, denn in der ITU werden Entscheidungen von einer Mehrheit von Staaten getroffen, die nicht demokratisch sind. Deswegen wehren sich besonders Großbritannien und die USA gegen einen solchen Schritt.

Daniel Voelsen von der Berliner Stiftung Wissenschaft und

Politik hat es 2019 auf den Punkt gebracht: »Die Konflikte um die Infrastruktur des Internets sind zutiefst politisch, berühren sie doch zentrale Interessen moderner Gesellschaften. Staaten wie die USA, China oder Russland haben dies erkannt und verfolgen sehr strategisch ihre jeweils eigenen Interessen. In Deutschland hingegen steht eine vertiefte Diskussion zu diesem Thema noch aus.«[70] Mit anderen Worten: Wenn Deutschland die Zukunft des Internets beeinflussen will, müssen wir erst einmal realisieren, dass diese überhaupt zur Diskussion steht. Rein technisch gesehen könnte ICANN, eine privatrechtliche, gemeinnützige Organisation, morgen alle deutschen Internet-Adressen mit der Endung .de abschalten. Die wenigen Regierungsbeamten, die darüber im Bilde sind, treffen sich, wenn es um die Zukunft des Internets geht, im *Government Advisory Council*, GAC. Dieses Gremium muss der schlimmste Albtraum jedes deutschen Staatsrechtlers sein. Eine private Organisation, die von der Regierung der USA die Aufgabe übernommen hat, die Infrastruktur des Internets zu verwalten, wird von Regierungen, die mit staatsrechtlicher Souveränität ausgestattet sind, »beraten«, zu entscheiden haben die Staaten aber gar nichts.

Diese Diskrepanz zwischen Anspruch und Wirklichkeit überkommenen Souveränitätsdenkens wird auch beim Datenschutz deutlich: Juristisch haben wir die Hoheit über unsere Daten und die Entscheidung über ihren Schutz. In Deutschland und Europa zeigt man sich stolz über die seit Mai 2018 gültige Datenschutz-Grundverordnung der Europäischen Union, in der die höchsten datenschutzrechtlichen Standards der Welt festgeschrieben wurden. Und tatsächlich ist ein gemeinsames europäisches Vorgehen der richtige Weg, um dem Thema Datenschutz weltweit zu mehr Aufmerksamkeit zu verhelfen und europäische Standards zu schaffen, die über Europa hinausreichen. Doch in der Realität sind wir noch lange nicht da, wo wir laut Datenschutzgrundverordnung sein sollten.

Da wir in großen Bereichen der Informationstechnologie

Dienste von Unternehmen in Anspruch nehmen, die in den USA und China ihren Sitz haben, haben wir faktisch kaum Kontrolle über unsere Daten. »Deutschland gibt seine Souveränität am Router ab«, so Christoph Meinel, Professor für Internettechnologie an der Universität Potsdam und Leiter des HPI Instituts für Digital Engineering.[71] Jeder von uns sendet mit jedem Klick Informationen an Google, Facebook, Microsoft, Apple oder Amazon. Dieses Problem hat sich mit der Umstellung auf Clouds zur Speicherung von Daten gravierend verschärft. Clouds klingen flauschig, sind aber nichts anderes als riesige Serverparks, auf denen Privatnutzer, aber auch Verwaltungen, Krankenhäuser und Unternehmen aus nahezu allen Bereichen der Gesellschaft ihre Daten lagern. Diese Server stehen je nach Anbieter meistens in den USA, manche, wie die von Huawei, in China. »Niemand, der amerikanische und chinesische Dienste nutzt, kann sicher sein, dass die dort abgelegten Daten im Sinne der eigenen Gesetze und Interessen verwaltet werden«, schreibt Meinel. Unsere rechtliche nationale Souveränität ist also in der täglichen Praxis ziemlich wirkungslos, und erst eine eigene europäische Cloud könnte daran wirklich etwas ändern.

Staatsrechtliche Souveränität ist in der Praxis eine abgeleitete Funktion der politischen Souveränität. In der Theorie verhält es sich umgekehrt. Da Politik aber praktisch ist, passiert es leicht, dass enorme politische, personelle und finanzielle Ressourcen investiert werden, die am Ende das Problem nicht lösen, das adressiert werden soll. Ich erlebe im Gespräch mit Kollegen in Berlin oft, dass sie die realen Grenzen unserer nationalen Souveränität und unserer realen Gestaltungsmacht nicht sehen. Viele wollen nicht wahrhaben, dass unsere deutsche Souveränität in vielen Fällen schlicht von der Lebenswirklichkeit ausgehebelt wird. Nicht etwa, weil bestimmte politische Kräfte sich das so wünschen, sondern weil die Welt sich in einem ständigen, unaufhaltsamen Wandel befindet, angetrieben von rasanter technologischer Innovation, wirtschaftlicher Globalisierung und dramatischem Klimawandel. Keiner dieser Megatrends unserer Zeit schert sich um staatliche Grenzen.

Provinz?

Roger Cohen, einer der erfahrensten Journalisten der *New York Times*, veröffentlichte im Oktober 2020 nach den beiden Fernsehdebatten der amerikanischen Präsidentschaftskandidaten einen Kommentar mit dem Titel »*The Shrinking of the American Mind*«.[72] Er beginnt mit einer Aufzählung der Themen und Schlagwörter, die in den beiden Redeschlachten zwischen Donald Trump und Joe Biden vor der Wahl am 3. November *nicht* vorkamen: »Syrien, Menschenrechte, Drohnen, Demokratie, soziale Ungleichheit, Diktaturen, Israel, Palästina, der Nahe Osten, die Vereinten Nationen, die Weltgesundheitsorganisation, Guantánamo, die Europäische Union, Großbritannien, der Brexit, Frankreich, Italien, Hongkong, Afrika (oder irgendein einzelner afrikanischer Staat), Südamerika, Terrorismus, multilateral, Autoritarismus, Bündnis.«

Cohen fährt fort: »Lassen Sie uns für einen Moment annehmen, der Aufstieg Chinas, das Auftreten Putins, die Rückkehr der Diktaturen, die Zerbrechlichkeit der Demokratien, die Herausforderungen des Bevölkerungswachstums in Afrika, das durch die Pandemie sichtbar gewordene Fehlen einer globalen Führung, die wachsende soziale Ungleichheit in westlichen Gesellschaften, soziale Brüche, die Ausbreitung des Überwachungsstaats und die Hass verbreitende Wirkung von sozialen Netzwerken könnten Themen sein, die in den kommenden zehn Jahren wichtig werden. Was haben wir über diese Themen gehört? Nichts.«

Cohen bescheinigt seinen Landsleuten in den Vereinigten

Staaten ein mangelndes Bewusstsein für die eigentlich drängenden Themen ihrer Zeit und erklärt dies mit der Regierung Trumps. Es sei bezeichnend für Albträume, dass sie alle anderen Themen in den Hintergrund drängen. Aber wie sieht es mit unserer Wahrnehmung in Deutschland, in Europa aus? Wir neigen ja dazu, den Amerikanern einen gewissen Provinzialismus verbunden mit der Selbstbezogenheit einer Supermacht zu unterstellen. Da ich mir Sorgen mache, dass die deutsche Politik genauso provinziell werden könnte wie die amerikanische, allerdings ohne den Bonus der Supermacht, habe ich die ARD-Sommerinterviews mit den Spitzen der im Bundestag vertretenen Parteien vom Juli und August 2020 ausgewertet. Von insgesamt hundertachtundfünfzig Fragen der Journalisten bezogen sich ganze acht auf außenpolitische Themen, sechs davon gingen an Verteidigungsministerin Annegret Kramp-Karrenbauer, zwei an den Parteivorsitzenden der Grünen. Alle anderen Gesprächsteilnehmer wurden ausschließlich zu innenpolitischen Themen befragt.

Viele Menschen in den Mitgliedstaaten der Europäischen Union, auch bei uns in Deutschland, sehen heute in der Vertiefung der EU, dem Ausbau der internationalen Beziehungen und dem Welthandel die Ursachen für alles, womit sie unzufrieden sind. Dabei ist es genau umgekehrt. Wenn wir uns als Nationalstaaten von Brüssel und der EU trennen, wird keines der globalen Probleme weniger global. Klimawandel, Migration und Digitalisierung betreffen uns direkt, und sie alle können nur international erfolgreich gestaltet werden. Der vielleicht größte Erfolg der Nationalisten und Populisten ist, dass sie die Menschen dazu verführen, die Lösung für viele Probleme als das Problem selbst misszuverstehen.

Hinzu kommt, dass durch den Aufstieg Chinas, die nukleare Aufrüstung Russlands und den aufziehenden Konflikt zwischen den USA, China und Russland zum ersten Mal seit Ende des Kalten Krieges auch unsere militärische Sicherheit in Europa wieder gefährdet ist. Wenn es im Zuge der geopolitischen Machtverschiebung militärisch hart auf hart kommen sollte, haben wir als Europäer kaum Gewicht, als Deutsche schon gar nicht, ohne Atomwaffen, mit der vertraglich begrenzten Größe der Bundeswehr und lächerlich geringen Militärausgaben. Das hat schon in der Vergangenheit nur deshalb gereicht, weil wir im Bündnis der NATO abgesichert waren.

Es ist ein bisschen wie mit den eingangs zitierten Fischen von David Foster Wallace, die nicht wissen, was Wasser ist. Wir nehmen naturgemäß vor allem das wahr, was vor unserer Haustür passiert. Politisch haben wir gelernt, uns allenfalls noch für die Bundespolitik und unsere nationalen Debatten zu interessieren. Schon die nächsthöhere Ebene, die EU, scheint uns zu überfordern. Daraus ergibt sich ein Wahrnehmungsdefizit, das wir uns eigentlich nicht leisten können. Das Wasser, in dem wir schwimmen, ist unsere Welt der Freiheit; wenn es giftig wird, wenn die internationalen Beziehungen schlechter werden und es wieder zu vormilitärischen, kalten oder gar heißen Kriegen kommen sollte, ist das für uns lebensbedrohlich. Vor diesem Hintergrund erscheint es geradezu selbstzerstörerisch, dass wir die EU zunehmend weniger schätzen, uns nicht bemühen, sie zu reformieren und zu vertiefen. Sie ist der Schlüssel für eine erfolgreiche Außenpolitik. Nur als EU haben wir die Chance, nicht zum Gras zu werden, über das die kämpfenden Elefanten hinwegtrampeln.

Teil 3

8

Der kalte Krieg im Inneren

Zweifel

Populisten auf der ganzen Welt führen einen kalten Krieg gegen unsere Werteordnung, gegen Demokratie und Menschenrechte. Dazu gehören Politiker, die regieren oder regiert haben wie Maduro und Morales, Trump und Duterte, Kaczyński und Orbán, aber auch solche wie Le Pen, Gauland und Höcke, die das erst anstreben: Sie alle spielen auf einer Klaviatur, die erschreckend viele Schnittmengen hat mit der Strategie der präemptiven Destabilisierung, die der russische General Waleri Gerassimow beschrieben hat. Der Unterschied aber ist: Sie betreiben die Zerstörung der freiheitlichen Gesellschaft von innen.

Jan-Werner Müller hat in seinem Buch *Was ist Populismus?* die verharmlosende These widerlegt, Populisten seien Politiker, die nur in einfacher Sprache zum Volk redeten, aber entweder nicht regieren wollten oder es nicht könnten.[73] Populistische Regierungen in Lateinamerika über die Philippinen und die USA bis nach Afrika und Europa beweisen das Gegenteil. Müller hat nachgewiesen, dass Populisten durchaus regieren können, ihre Politik aber regelmäßig dazu führt, Demokratien in autoritäre Staaten zu verwandeln, in denen politische Freiheit, rechtsstaatliche Garantien und demokratischer Wettbewerb abgeschafft werden.

Ursache und Wirkung von Populismus sind vielfältig, auch gibt es verschiedene Definitionen, was mit dem Begriff eigentlich gemeint ist. Was Rechtspopulismus betrifft, ist diejenige am überzeugendsten, die eng am Begriff selber bleibt: »*Populus*« heißt Volk. Wenn eine politische Kraft von sich selbst behauptet, sie sei die einzige, die für das Volk spreche, während alle anderen seine Interessen verrieten, dann spricht vieles dafür, dass es sich um eine rechte und eine populistische Bewegung handelt. Offenkundig ist es, wenn Teile einer solche Bewegung auch noch den Begriff »völkisch« verwenden. Daran ist besonders eines gefährlich: Rechtspopulisten billigen sich selbst das Recht zu zu entscheiden, wer zum »Volk« gehört und wer nicht. Minderheiten werden ausgegrenzt oder sogar bekämpft: Ob Migrant, Homosexueller oder Jude, jede populistische Kraft sucht sich im Inneren Feinde, die angeblich eine Bedrohung für die Mehrheit und die ihr zugeschriebenen Werte darstellen.

Hinzu kommt Nationalismus, der dadurch gekennzeichnet ist, dass er nicht allein die Liebe zum eigenen Land betont (das tun demokratische Patrioten auch), sondern andere Nationen als minderwertig oder feindlich darstellt. Wenn Marine Le Pen »*La France au Français*« proklamiert, Viktor Orbán antisemitische Plakate aufhängen lässt, bei Pegida »Wir sind das Volk« gegrölt wird und Donald Trump den »Sumpf« in Washington trockenlegen will, dann ist das alles Populismus. Die Auswirkungen sind vielfältig, sie können bis zu Gewaltbereitschaft oder sogar echter Gewaltanwendung gehen. Es ist kein Zufall, dass die liberale internationale Ordnung gerade in einer Zeit zu zerbrechen droht, in der sich viele der sie tragenden Demokratien im Inneren in einem Abwehrkampf gegen Populisten befinden. Nicht nur Werte wie Demokratie, Rechtsstaatlichkeit und Menschenrechte sind unter Druck geraten, sondern auch die grenzüberschreitende Zusammenarbeit.

Diese Werte werden aber auch von Linken oft angezweifelt; je weiter links sie stehen, desto größer die Zweifel. Linkspopulisten denken nicht völkisch wie die Rechten, sondern fragen in der Tradition der revolutionären Parteien des 20. Jahrhunderts danach, ob jemand der richtigen Klasse angehört und das entsprechende Bewusstsein hat. Nur jemand, bei dem das der Fall ist, kann vollwertiges Mitglied der Gesellschaft sein. Alle anderen sind »bürgerlich«, »dekadent« oder gar »konterrevolutionär«, werden verfolgt, ausgegrenzt, inhaftiert, gefoltert und ermordet. Die Bilanz linker Populisten ist genauso schlecht wie die ihrer rechten Spiegelbilder. Aus der Revolutionsromantik sozialistischer Helden wie Daniel Ortega in Nicaragua und Hugo Chávez in Venezuela, die auch in Europa manche Herzen höherschlagen ließen, sind Angst und Armut in korrupten Polizeistaaten geworden.

Heute vergiftet vor allem der Rechtspopulismus auch die öffentlichen Debatten, weil gerade bürgerliche Politiker, Intellektuelle und Journalisten ihn oft zu spät als solchen erkennen. So sickert sein Gift in breitere Schichten der Bevölkerung durch. Dann wachsen auch unter denen, die nicht den Populisten zuzurechnen sind, Zweifel an allem, was Demokraten in Deutschland einst lieb und teuer war: an der Demokratie in unserem Inneren, an der EU, an der Offenheit unserer Gesellschaft. Wenn wir es aber besser machen wollen, stellt sich die Frage nach den geeigneten Mitteln. Wie soll den manchmal berechtigten, manchmal übertriebenen Zweifeln begegnet werden? Mit Nationalismus und Protektionismus? Zurück zur D-Mark, raus aus NATO und EU? »*Every Nation for Itself*«, wie der US-amerikanische Politologe Ian Bremmer schreibt?

Dagegen spricht, dass jeder Staat der Welt in seiner nationalen Souveränität heute an seine Grenzen stößt. Unsere Demokratie im Inneren und vernetztes Handeln nach außen sind unentbehrlich, damit wir auf die Herausforderungen unserer Zeit richtig reagieren können. Deswegen muss aber auch die Demokratie reformiert werden, denn wenn sie nicht in der Lage ist, sich zu erneuern und funktionsfähig zu bleiben, wird sie von Populisten angegriffen und eines Tages abgeschafft.

Make democracy work again

Jedes System, auch das beste, verkrustet irgendwann, wenn es nicht hin und wieder reformiert und angepasst wird. Unsere Verfassung entstand in der Zeit nach dem Zweiten Weltkrieg. Mit gutem Grund drängten uns die Alliierten zum Föderalismus mit seinen mehrfach gebrochenen Macht- und Entscheidungsstrukturen, an Digitalisierung oder Klimawandel dachte noch kein Mensch, und der Streit über Migranten betraf vor allem vertriebene Deutsche aus den ehemaligen Ostprovinzen (die im Rheinland, in Schwaben oder wo immer sie im Westen ankamen, oft schlecht behandelt wurden, weil Migranten selten wirklich willkommen sind). Alles in allem hat uns unsere Verfassung gute Dienste geleistet. Und doch erleben viele unsere parlamentarische Demokratie nach mehr als siebzig Jahren heute als starr und dysfunktional. Die Gründe dafür sind vielfältig, und sie liegen nicht nur in der sich rasant verändernden Welt.

Demokratische Herrschaft muss als legitim angesehen werden. Wie stark die Legitimität ist, hängt davon ab, wie breit die Herrschaft in der Bevölkerung akzeptiert ist. In der Demokratie schauen die einen auf die Frage, inwieweit die Herrschaft »durch das Volk« gewährleistet ist; anderen ist wichtiger, dass politische Entscheidungen »für das Volk« fallen, sie also dem Wohlergehen der Bürger dienen und ihnen nützlich sind. Bei der ersten Frage geht es also um den Input, bei der zweiten um den Output der Demokratie. Input steht für Teilhabe an Politik, Output für Ergebnisse von Politik. Die Frage nach der Input-

Legitimation schien mit unserer parlamentarischen Demokratie auf allen Ebenen lange Zeit gut gelöst. Das Grundgesetz stellte klar: Alle Staatsgewalt geht vom Volke aus, es wählt die Parlamente, diese wiederum die Regierungen. Gesetze kommen durch Regierung und Parlament zustande, der Input des Volks ist durch die Wahlen gegeben und vor allem durch die Möglichkeit, die handelnden Politiker wieder abzuwählen. Dabei sorgen unabänderliche Grundrechte dafür, dass die Mehrheit nicht alles entscheiden kann, wie sie will, sondern die Rechte von Minderheiten gewahrt sind und gewahrt bleiben. Menschen- und Bürgerrechte sind dem Zugriff der Mehrheit entzogen.

In den Lockdown-Phasen der Corona-Pandemie konnte man sehen, dass es Situationen gibt, in denen wir bereit sind, auf die Gewährleistung einer breiten Input-Legitimation weitgehend zu verzichten. Der Bundestag verzichtete monatelang auf seinen Input, um auf der Seite des Outputs, also der Wirkung der getroffenen Maßnahmen, möglichst viel *für* das Volk zu erreichen (in diesem Fall: Schutz vor Krankheit). Wenn die Parlamente nicht mehr beteiligt sind, sondern die Ministerpräsidenten der Länder entscheiden, dann haben wir eine fast hundertprozentige Output-Legitimation mit einer geringen Input-Legitimation. Solche Vorgänge sind in unserer Gesellschaft nicht ohne Grund selten und nur durch eine besondere Notlage gerechtfertigt.

Ein gutes Verhältnis zwischen den beiden Seiten der Legitimation ist immer ein Balanceakt. Konzentrieren wir uns zu sehr auf den Output, besteht die Gefahr, dass das als Demokratie-Defizit empfunden wird. Im Brexit-Slogan *»Take back control«*, der in den meisten EU-Ländern Anhänger hat, drückt sich genau dieses Empfinden gegenüber der EU aus. Man habe auf Entscheidungen, die in Brüssel gefällt werden, keinen Einfluss und müsse Ergebnisse hinnehmen, an deren Zustandekommen man nicht ausreichend beteiligt sei. Viele EU-Gegner nehmen Politiker und Beamte in Brüssel nicht als legitime Vertreter ihrer eigenen Interessen wahr. Doch nicht nur gegenüber der EU hegen Politikverdrossene das Gefühl von zu wenig Input-Legitimation, wie man an den Anhängern von Pegida und der AfD oder den »querdenkenden« Corona-Leugnern sehen kann. Sie fühlen sich auch in Deutschland von den Regierenden nicht vertreten.

In jeder Staatsform gibt es Kritik am Output, also an den Ergebnissen von Verwaltungshandeln und politischen Entscheidungen. Das jährliche Ritual des Steuerzahlerbundes, wenn er sein Schwarzbuch der Verschwendung vorstellt und besonders krasse Fehler brandmarkt, wird von den Medien freudig aufgenommen – »*only bad news is good news*«, und die berechtigte Empörung sichert Klicks, Quote und Auflage. Als Reaktion auf Kritik am Output versuchen in Demokratien Politik und Verwaltung häufig, sich durch zusätzliche Vorschriften und Prüfvorgänge für die Zukunft abzusichern. Einzelne machen Fehler, sei es aus Unfähigkeit oder durch kriminelle Energie. Der Ruf nach Konsequenzen zieht oft aber auch solche Regeln nach sich, die allen Verantwortungsvollen, Anständigen und Sorgfältigen Fesseln anlegen. Dieses Phänomen gibt es im Kleinen und im Großen. Als ich von der Deutschen Botschaft Washington nach Deutschland zurückversetzt wurde, musste ich ein Formular ausfüllen, das klären sollte, ob ich mich in meiner Zeit an der Botschaft als Autoschieber betätigt hatte. Auf eine solche Idee wäre ich gar nicht gekommen. Ich erkundigte mich nach dem Sinn des Formulars, und erfuhr folgende Geschichte: In den 1970er-Jahren hatte der Mitarbeiter eines Generalkonsulats in Lateinamerika seinen Diplomatenstatus missbraucht, per Schiff in Deutschland steuerfrei erworbene Autos überführt und sie dann am Dienstort mit Gewinn verkauft. Offenbar reichte es aber nicht, ihn zu bestrafen, sondern man wollte für alle Zukunft auf Nummer sicher gehen, und führte jenes Formular ein, das ich mehr als vierzig Jahre später wie zahllose untadelige Beamte vor und wahrscheinlich auch nach mir ausfüllen musste.

Das ist ein unwichtiges Beispiel zu einem unwichtigen Sachverhalt, aber die Mechanik lässt sich auch bei wirklich wichtigen Fragen beobachten. Wenn beispielsweise in der Presse über ein Kind berichtet wird, das von suchtkranken Eltern vernachlässigt in einer Wohnung aufgefunden wurde, steht am nächsten Tag meist auch das Jugendamt am Pranger. Die Zuständigen müssen nun beweisen, dass sie den Fall ernst nehmen und Konsequenzen ziehen. Also werden die Prozesse mit neuen Regeln der Kontrolle verstärkt. Man überprüft zum Beispiel zukünftige Pflegeeltern nicht mehr nur drei, sondern sechs Monate lang, schickt sie statt einer Woche gleich einen Monat in eine Elternschulung. Das fordert Ressourcen und Personal, die Mitarbeiter in den Jugendämtern sind noch stärker überarbeitet als ohnehin schon. Vor allem aber ist die Wirkung solcher »Verbesserungen« fraglich. Am Ende können alle gut gemeinten Maßnahmen doch nicht verhindern, dass Dinge passieren, die nicht passieren sollten. Wieder geschieht es, dass Eltern ein Kind vernachlässigen und es niemand merkt, wieder ist die Betroffenheit groß, wieder werden die Regeln verschärft.

Eine freiheitliche Gesellschaft kann, anders als der totale Überwachungsstaat, nur funktionieren, wenn sie mit einem gewissen Maß an Verantwortungsbewusstsein und Vertrauen verbunden ist. Kritik und Kontrolle sind wichtig, aber eine immer höhere Zahl an Vorschriften ist gegen kriminelles oder verantwortungsloses Handeln nur begrenzt wirksam. Stattdessen führt das derart wachsende Dickicht an Auflagen dazu, dass sich die Prozesse in Politik und Verwaltung immer stärker verlangsamen, ja manche von ihnen heute beinahe zum Stillstand gekommen sind. Diese Entwicklung schlägt sich ganz besonders deutlich bei der Bundeswehr nieder. Aus Angst vor Pannen bei der Vergabe von Kaufverträgen für Waffen, Fahrzeuge und Ausrüstung sind die Verfahren sehr kompliziert geworden. In den Achtzigerjahren des 20. Jahrhunderts hatte die Bundeswehr insgesamt sechsunddreißig Brigaden, die alle für den Fall eines

Angriffs sowjetischer Truppen ausgerüstet waren. Heute hat das deutsche Heer noch sieben Brigaden, davon aber keine einzige so ausgerüstet, dass sie ihren militärischen Auftrag erfüllen könnte. Im November 2020 musste die Bundesregierung eingestehen, auch bis 2023 die in der NATO gemachte Zusage nicht einhalten zu können, wenigstens eine Standardbrigade vollständig auszustatten.[74] Der Frust unter den Soldaten ist deshalb mehr als verständlich, ein besonders krasser Fall fehlender Output-Legitimation von politischem und Verwaltungshandeln.

Es ist selbstverständlich, dass alle staatlichen Stellen angehalten sind, ihre Aufgaben so gut und gleichzeitig so sparsam wie möglich zu erledigen. Die Beamten und Angestellten im öffentlichen Dienst, ihre Chefs in den Behörden und Ministerien haben sich dazu verpflichtet, das zu tun, als sie ihren Amtseid abgelegt haben. Dass das nicht immer gelingen kann, ist menschlich und muss dann auch kritisiert werden. Das Ziel der Kritik sollte aber sein, für die Zukunft zu lernen, und nicht, den Beamten und Entscheidern auch noch den kleinsten Bewegungsspielraum zu verbauen. Maßgeblich getrieben von den Rechnungshöfen in Bund und Ländern aber geschieht genau das. Politik und Verwaltung setzen auf immer neue Kontrollvorschriften, den eigenen Beamten wird mit Misstrauen begegnet, anstatt Engagement und Kompetenz, Eigeninitiative und gute Ideen zu mobilisieren. Wenn wir mehr und besseren Output haben wollen, muss es neben der richtigen Bereitschaft zu konstruktiver Kritik auch wieder eine Vertrauenskultur geben. Ob Amts-, Schul- oder Behördenleiter, die Menschen, die sich bei uns im öffentlichen Dienst für die Allgemeinheit einsetzen, haben mehr Vertrauen verdient, als sie von der Gesellschaft erhalten, denn überwiegend ist ihr Output gut. Jeder, der einmal länger im Ausland gelebt hat, weiß Kompetenz und Ehrlichkeit deutscher Verwaltungen zu schätzen.

Auf der anderen Seite unternimmt die Politik immer dann, wenn sich Politikverdrossenheit ausbreitet, schon seit mehreren

Jahrzehnten den Versuch, die Input-Legitimation zu stärken. Dabei setzt sie vor allem auf Bürgerbeteiligung und Transparenz. Das scheint naheliegend, hat aber überraschenderweise das Gegenteil bewirkt. Während Bürgerbeteiligung und Transparenz in vierzig Jahren unaufhörlich gestiegen sind, ist das Vertrauen in die Demokratie ständig weiter gesunken. Offenbar sind immer mehr Transparenz und immer mehr Bürgerbeteiligung nicht die Zaubermittel, für die viele sie immer noch halten.

Die EU ist trotz anderslautender Gerüchte beim Thema Transparenz deutlich weiter als Deutschland. Es gibt öffentliche Ausschusssitzungen im Europäischen Parlament und Dokumente der Kommission, die jeder online einsehen kann. Expertenanhörungen werden gestreamt, vor Gesetzgebungsverfahren gibt es breite Konsultationen der Öffentlichkeit. Wie bei Uhren mit einem durchsichtigen Zifferblatt kann man die größeren und kleineren Zahnrädchen beobachten, die im Brüsseler Uhrwerk ineinandergreifen. Die durch das transparente Zifferblatt sichtbare Feinmechanik ist schön anzuschauen, aber nur Uhrmacher, die etwas von ihrem Handwerk verstehen, wissen, was sie da genau sehen, welches Teil welche Bedeutung hat, welche Bewegung welche Reaktion auslöst. Das ist in der Politik ähnlich. Wir geben den Blick frei auf komplizierte Prozesse, doch die meisten Bürger haben davon kaum einen Nutzen, wie inzwischen zahlreiche Studien belegen. Sie informieren sich nach wie vor in den Medien über die großen demokratischen Debatten und fällen auf der Basis dieser Informationen Wahlentscheidungen. Lobbygruppen und NGOs dagegen können Informationen, die transparent gemacht werden, ehrlich nutzen, sie können sie aber auch missbrauchen.

Beispiele für beides gibt es mehr als genug. Ein Fall, an dem ich mitgearbeitet habe, war die europäische Chemikalienverordnung *Reach*. Das alte System der Zulassung chemischer Substanzen für Produktionsprozesse und Verarbeitung in Europa hatte sich als untauglich erwiesen, ein neues musste her. Der Vorschlag der Kommission war umfassend und weitgehend. Für die allermeisten Bürgerinnen und Bürger in den Mitgliedstaaten ein eher technischer Vorgang, aber die organisierten Interessenvertreter waren schon am Werk, denn nur sie konnten sich die Transparenz zunutze machen. Spannend war, dass es guten, aber auch missbräuchlichen Umgang mit Transparenz sowohl vonseiten der Wirtschaft als auch vonseiten der Umweltorganisationen gab. Der europäische Verband der chemischen Industrie CEFIC *(Conseil Européen des Fédérations de l'Industrie Chimique)* einerseits, Greenpeace andererseits versuchten damals auf faire Weise, Interessen und Bedenken einzubringen. Sie prüften die Verordnung auf Herz und Nieren. Welche gefährliche Substanz kann sofort durch eine harmlosere ersetzt werden, welche erst später? Wie muss die Registrierung, wie die Bewertung, wie die Zulassung organisiert werden? Gibt es Schlupflöcher, die den Wettbewerb verzerren, und wie schließt man die am besten? Wie werden Chemikalien aus Nicht-EU-Ländern in fertigen Produkten behandelt – und viele andere Fragen mehr. Das war sachliche, kritische und konstruktive Lobbyarbeit, auf die Abgeordnete angewiesen sind. Es ist daher auch falsch, diese Arbeit pauschal abzulehnen, wie es gerade in den deutschen Medien oft geschieht. Organisierte Interessenvertretung gehört zur Demokratie, alle großen gesellschaftlichen Gruppen betreiben sie daher auch. Kirchen, kommunale Gebietskörperschaften, Umweltgruppen, Gewerkschaften und Wirtschaftsverbände – sie alle beschäftigen Experten, die ihre Interessen in parlamentarische und andere politische Prozesse einspeisen. Entscheidend ist, wie Abgeordnete damit umgehen. Lassen sie sich informieren oder vereinnahmen? Treffen sie ihre Entscheidungen frei und unabhängig oder nach Maßgabe externer Akteure? Der persönliche Einfluss der Wirtschaft ist übrigens viel schwächer als der von Gewerkschaften oder Umweltorganisationen. Kaum ein Abgeordneter aus dem liberalkonservativen Spektrum war vorher Mitarbeiter eines großen Unternehmens. Auf der linken Seite dagegen findet man zahllose Mitglieder von Gewerkschaften und Umweltgruppen, die ihr Mandat ganz bewusst im Interesse dieser Organisationen ausüben. Da ihre Wählerinnen und Wähler das für richtig halten, ist das auch völlig in Ordnung, aber den von ihnen oft beklagten übermäßigen Einfluss der Wirtschaft gibt es weder in Brüssel noch in Berlin. Für die Arbeit von CEFIC und Greenpeace war ich dankbar, denn ich war als Historiker und Diplomat ins Parlament gewählt worden – über die Risiken, die von in Polymeren gebundenen Monomeren ausgehen, hatte ich mir noch keine Gedanken gemacht. Jetzt aber sollte ich über ihre Behandlung abstimmen.

Zur Wahrheit gehört aber auch, dass nicht alle ihre Interessen sachlich, kritisch und konstruktiv vertraten. Der deutsche Verband der chemischen Industrie wetterte mit der völlig überzogenen Behauptung gegen die Verordnung, die deutsche Chemieindustrie könne im Falle ihrer Verabschiedung nur dichtmachen und geschlossen nach Indien übersiedeln, auf jeden Fall würden Hunderttausende von deutschen Arbeitsplätzen vernichtet. Und auf der NGO-Seite fuhr der WWF eine gezielte Panikkampagne, indem er Abgeordneten Blutproben entnahm, sie unter dem chemischen Äquivalent eines Rasterelektronenmikroskops untersuchen ließ und die Ergebnisse so darstellte, als würden völlig harmlose Substanzen uns allesamt umbringen. Die Medien wiederum, nach der Logik der Aufmerksamkeitsökonomie, beachteten die vernünftigen und konstruktiven Stimmen wie CEFIC und Greenpeace kaum, stattdessen stürzten sie sich auf die reißerischen Kampagnen der deutschen Industrie und des WWF, denen sie damit zu breiter Wirkung in der Öffentlichkeit verhalfen. Im Ergebnis glaubten diejenigen, die in den Medien über *Reach* lasen oder hörten, entweder sie würden vergiftet, oder aber die Europäische Union ruiniere die deutsche Wirtschaft.

Die bekannteste Auseinandersetzung der letzten Jahre ist wahrscheinlich die erfolgreiche Fake-News-Kampagne der Nichtregierungsorganisation *Campact!* gegen das Freihandelsabkommen TTIP, das zwischen EU und USA ausgehandelt werden sollte. Die Kommission hatte die Gespräche mit den USA aufgenommen, im Parlament gab es öffentliche Sitzungen, Pro und Contra wurden abgewogen, die Öffentlichkeit konnte daran partizipieren, wenn sie das wollte. Stattdessen passierte etwas ganz anderes. *Campact!*-Aktivisten machten mit regelrechten Horrorszenarien gegen das Abkommen Stimmung und behaupteten, durch TTIP würden Chlorhühnchen, Genmais und Hormonrinder eine Marktzulassung in Europa erhalten. Das stand nie zur Debatte und war zuvor im Abkommen mit Kanada von der EU schon kategorisch ausgeschlossen worden. Trotzdem behaupteten auch Linke und Grüne, die aus inhaltlichen Gründen gegen das Abkommen waren, dass diese Gefahren drohten. Außerdem riefen sie nach immer mehr Transparenz, weil sie genau wussten, dass die Kommission volle Transparenz gar nicht herstellen *konnte*, und das aus einem einfachen Grund: Niemand, der eine Verhandlung führt, käme auf die Idee, die eigenen Verhandlungslinien detailliert vorab zu veröffentlichen, weil das eine Schwächung der eigenen Position bedeuten würde. Die Kommission wies auf diesen Sachverhalt hin, Grüne und Linke jedoch strickten daraus die Legende, hier würden dem Volk wichtige Informationen vorenthalten, die Kommission sei drauf und dran, die Interessen der EU-Bürger zu verraten. Auf Grundlage dieser kombinierten Lügen führte *Campact!* seine hochprofessionelle und schlussendlich erfolgreiche Desinformationskampagne, die paradoxerweise dazu führte, dass wir jetzt Abkommen mit praktisch allen Weltregionen verhandeln oder abschließen, nur nicht mit unserem wichtigsten Handelspartner, den USA. Bevor die Kampagne lanciert worden war, bin ich von keinem Bürger, an keinem Wahlkampfstand, in keiner Veranstaltung angesprochen worden mit der Bitte, so etwas zu verhindern. Es hatte sich niemand darüber Sorgen gemacht, ob ein Abkommen sinnvoll sein könnte oder nicht. Im Gegenteil: Viele Experten hatten sich jahrelang unter dem Namen TAFTA *(Transatlantic Free Trade Agreement)* für ein solches Abkommen starkgemacht, weil verbesserter Marktzugang gerade für Industrie- und Konsumgüter auf beiden Seiten des Atlantiks einen signifikanten Wohlfahrtsgewinn versprach, also eine größere Auswahl an Produkten zu günstigeren Preisen für Unternehmen und Verbraucher auf beiden Seiten des Atlantiks. Als es dann so weit war, wurde die Transparenz des Verfahrens zur Desinformation der Bevölkerung missbraucht.

Aber auch Bürgerbeteiligung ist keineswegs immer eine Garantie für den Erfolg. In meiner Heimatstadt streitet die Kommunalpolitik seit fünfundzwanzig Jahren ergebnislos darüber, wie die Bürgerinnen und Bürger der Stadt mit Schwimmbädern versorgt werden sollen. Als es im Stadtrat endlich gelungen war, den Beschluss über die Schließung zweier Bäder zu fassen und sie durch ein neues Mehrzweckbad zu ersetzen, formierte sich eine Bürgerinitiative und forderte einen Bürgerentscheid, den sie auch bekam. Die Mehrheit sprach sich für die Schließung aus. Als dann aber der Bau des neuen Bades beginnen sollte, besannen sich die Initiatoren der ersten Abstimmung darauf, dass über den Beginn des Neubaus ja noch gar nicht abgestimmt worden war, und beantragten einen zweiten Bürgerentscheid. Auch den bekamen sie und gewannen mit einer knappen Mehrheit. Das Ergebnis der Bürgerbeteiligung war also die Totalblockade. Ähnliches geschah in Köln. Anstatt den vom Stadtrat vorgesehenen Neubau von Oper und Theater zu akzeptieren, verlangte eine Bürgerinitiative eine Abstimmung darüber, die maroden Altbauten zu sanieren, und gewann. Im Ergebnis wurde die Sanierung um viele Millionen teurer, der Bau zum Debakel, und Köln hat auch Jahre nach dem Entscheid noch immer weder Oper noch Theater. Damit die Bürger darüber nicht allzu frustriert sind, veranstaltet die Stadt jetzt Führungen auf der Dauerbaustelle – um mehr Transparenz zu schaffen.[75]

Experimente und Innovation

Es ist nachvollziehbar, dass die Zweifel an einem System wachsen, dem es nicht gelingt, zähe und unproduktive Abläufe zu verbessern. Ob Opern, Schwimmbäder, Flughäfen oder Bahnhöfe – immer auf mehr Transparenz und mehr Bürgerbeteiligung zu setzen und sich dann zu wundern, dass sich auch nach vierzig Jahren keine neue Wirkung einstellt, ist allerdings weder sinnvoll noch kreativ. Es mag paradox erscheinen, ist jedoch nicht zu übersehen: Auch ein Zuviel an Input-Legitimation kann in einen Zustand führen, in dem demokratische Prozesse als mangelhaft empfunden werden. Lautstarke Minderheiten blockieren oft Beschlüsse derjenigen Organe, in denen sich der gesamte politische Wille einer Stadt oder eines Landes abbilden, vom Gemeinderat bis zum Bundestag. In den Medien bekommen diese Minderheiten üblicherweise sehr viel Platz, ihre Anliegen werden regelmäßig als »Underdog«-Geschichten erzählt: hier »die Politik«, dort »die Bürger«. Dass in einer repräsentativen Demokratie der Bürgerwille zuerst in den gewählten politischen Organen zu finden ist, geht in der Berichterstattung verloren. Einen Stadtrat oder einen Oberbürgermeister kann ich abwählen, eine Bürgerinitiative mit einem Partikularinteresse oder eine Umweltorganisation dagegen nicht. Da die meisten Initiativen gegründet werden, um etwas zu verhindern, führt ihr Erfolg viel öfter zu Verlangsamung und Stillstand als zu Aufbruch und Gestaltung. Politik wird handlungsunfähig. Und auch damit treiben wir Verdrossene in die Arme von Populisten, die mit dem Versprechen locken, sie könnten die vermisste

Handlungsfähigkeit durch »einfache«, klare »Starker-Mann«-Entscheidungen wiederherstellen. Das aber kann kein Demokrat wollen. Deshalb ist es eine zentrale Frage, wie man Teilhabe in einer Demokratie besser organisiert als bisher. Sie ist nicht leicht zu beantworten, und über die richtigen Mittel kann man streiten. Klar aber ist: Überall dort, wo wir uns in Vorschriften eingemauert haben, die Zahl der Veto-Akteure ins Unermessliche wächst, wenig bis nichts noch umgesetzt werden kann, sollten wir offen sein für neue Ideen.

Zum Glück gibt es sie. Der Politikwissenschaftler David M. Reybrouck entwickelte in seinem Buch *Against Elections: The Case for Democracy* den Vorschlag, sogenannte »Bürgerräte« zu gründen, um so das Vertrauen zwischen Politikern und Bürgern wiederaufzubauen. Solche Räte werden aus zufällig und repräsentativ ausgewählten Bürgern besetzt, die sich dazu verpflichten, einen Sachverhalt öffentlich auszudiskutieren. Dies soll über einen längeren Zeitraum geschehen, am Ende steht eine Entscheidung des Rates »für« oder »gegen« einen klar definierten Sachverhalt, der entweder direkt umgesetzt oder in den parlamentarischen Prozess eingebracht wird. Nach diesem Muster wurde in der niederländischen Gemeinde Oosterpark in Groningen der »*Cooperative Council Groningen*« eingesetzt, in dem Bürger und Politiker der Stadt die drängenden lokalen Herausforderungen gemeinsam behandelten. Die Ergebnisse waren beeindruckend. Das Vertrauen in die Politiker und demokratische Prozesse erhöhte sich deutlich und schlug sich in höheren Wahlbeteiligungen sowie einer engeren Gemeinschaft nieder.[76]

Ein ähnliches Modell setzt Irland um. Dort nimmt eine bestimmte Zahl von per Losverfahren ausgewählten Einwohnern für jeweils ein Jahr an einer »Bürgerversammlung« teil und bereitet Empfehlungen für Gesetzesvorhaben vor. Das führte im Oktober 2015 unter anderem zu der für das tiefkatholische Irland spektakulären Entscheidung, die Ehe für gleichgeschlechtliche Paare zu öffnen. Dabei brachte auch hier die Innovation der Bürgerversammlungen eine gesteigerte Akzeptanz staatlichen Handelns mit sich und wirkte sich auf das Vertrauen der Bevölkerung in die Demokratie aus.

Die französische Nationalversammlung versucht, das Interesse an parlamentarischer Arbeit zu erhöhen, indem sie die Einbindung repräsentativ ausgewählter Bürger und entsprechender Experten in Gesetzgebungsprozesse über Internetplattformen organisiert. Dass allerdings schon in den ersten drei Monaten seit dem Start der Plattform über hundertfünfzigtausend Beiträge publiziert wurden, zeigt, dass solche Versuche alles andere als einfach sind und auch scheitern können. Wer soll hundertfünfzigtausend Beiträge lesen und bewerten? Und wenn Bürger und Experten gleichzeitig gebeten werden, sich einzubringen, haben Experten einen Wissens-, Ressourcen- und Zeitvorsprung, der nicht aufzuholen ist. Mehr Online-Plattformen suggerieren eine breitere Partizipation, die jedoch in Wirklichkeit oft nicht gegeben ist. Zu diesem Ergebnis kam vor wenigen Jahren eine Studie der Schmidt-Universität Hamburg.[77] Hier zeigte sich: »Netzaktivisten« sind in der Regel auch im analogen Leben politisch aktiv. Und so ist es vielleicht kein Zufall, dass die Partei, die am stärksten auf den Demokratisierungseffekt der Digitalisierung setzte, heute praktisch verschwunden ist: die Piraten.

Anstatt einer bestimmten Elite, die über viel Zeit-, Bildungs- und Finanzkapital verfügt, weitere Plattformen zu bieten, müssten wir uns wohl eher die Frage stellen, ob es nicht sinnvoller ist, neue gesellschaftliche Kreise für politische Partizipation zu gewinnen. Dazu könnten Überlegungen geeignet sein, das bestehende Wahlrecht anzupassen. Die ehemalige SPD-Generalsekretärin Yasmin Fahimi hat vor wenigen Jahren vorgeschlagen, Bürger und Bürgerinnen auch an der Supermarktkasse wählen zu lassen.[78] Zwar sind Briefwahl und »early voting« auch bei uns möglich, doch wer weiß schon, wo genau die Wahlurnen vor dem Wahltag stehen? Eine leicht zugängliche Wahlmöglichkeit in den Wochen vor dem Wahltermin könnte Nichtwähler motivieren, sich zu beteiligen. Die Absenkung des Wahlalters auf sechzehn Jahre ist ein weiterer Vorschlag, um in diese Richtung Fortschritte zu machen.

Die EU fördert zivilgesellschaftliche Projekte in der ganzen Welt. Als im Winter 2011 der Arabische Frühling begann und Europa helfen wollte, stellte sich allerdings heraus, dass seine Instrumente zu schwerfällig waren, um irgendetwas tun zu können. Förderkriterien, Abstimmungserfordernisse, Haushaltsregeln, Genehmigungsvorbehalte, Belegsicherung und -prüfung, das ganze Arsenal an bürokratischen Hürden war einfach zu viel für diese Situation, die schnelles Handeln erforderte. Ich erinnere mich an einen Fall, als zwei Experten zur Unterstützung nach Tunesien fahren wollten. Sie saßen sage und schreibe vierzehn Tage am Flughafen in Wien fest, weil auf irgendeinem Auszahlungsdokument ein Stempel aus Brüssel fehlte. Aus außenpolitischer Sicht war das ein Debakel. Europa machte sich lächerlich, weil sein Engagement in Vorschriften zu ersticken drohte.

Der einzige Weg, Aktivisten, Blogger, Journalisten, Parteigründer und andere in Nordafrika unkonventionell, schnell und flexibel zu fördern, war der Ausbruch aus diesem Vorschriftendschungel. Also haben wir den Europäischen Demokratiefonds aufgebaut, auf der Ratsseite angetrieben vom polnischen Außenminister Radosław Sikorski. Im Parlament war ich der Berichterstatter für das Projekt. Es ist uns in komplizierten Verhandlungen gelungen, den Fonds innerhalb eines Dreivierteljahres zu gründen. Einige Mitgliedstaaten, besonders die Skandinavier, sagten Geld für relativ freie Verwendung zu, auch für vertrauliche Projekte, bei denen es manchmal keine Transparenz gibt, um die Betroffenen nicht zu gefährden. Frankreich und Deutschland traten auf die Bremse, wo sie nur konnten, wollten aber Polen nicht vor den Kopf stoßen, weshalb die Gründung trotzdem gelang. Dann haben wir angefangen, mit kleinen Gewerkschaften, Medien, Frauen- und Umweltgruppen zu arbeiten, aber auch mit größeren politischen Einheiten, politischen Parteien in der europäischen Nachbarschaft, hauptsächlich in Nordafrika und Osteuropa, auch in Belarus wurden über viele Jahre demokratische Kräfte unterstützt, die 2020 maßgeblich an den Demonstrationen gegen Lukaschenko beteiligt waren. Im Knäuel der Vorschriften der Haushaltsordnung sind die Kriterien streng. Organisationen, die Geld bekommen wollen, muss es seit mindestens zwei Jahren geben, sie müssen im Vereinsregister eingetragen sein und eine zertifizierte Buchhaltung inklusive Wirtschaftsprüfung nachweisen können. Das Problem ist, dass Organisationen in vielen autoritären Staaten oft gar nicht so lange existieren und erst recht nicht in irgendwelchen Registern eingetragen sind. Es gibt Situationen, in denen Transparenz für die Beteiligten tödlich ist.

Wir haben mit dem Europäischen Demokratiefonds eine Schneise in das Gestrüpp von Verordnungen geschlagen, in vollem Wissen darum, dass so etwas auch Risiken birgt. Mit Sicherheit sind bei einzelnen Förderungen auch Fehler passiert, für die auch ich Verantwortung trage, denn in den ersten Jahren seiner Existenz war ich der Vorstandsvorsitzende des Fonds. Dazu stehe ich, aber das kann ich nur deshalb, weil die besonders engagierten Mitgliedstaaten Polen, Schweden und Dänemark ganz bewusst das Motto »Vertrauen ist gut, Kontrolle ist besser« für bestimmte Ausnahmefälle außer Kraft gesetzt haben. Das erlaubte es mir und den Experten in meinem Team, Erfahrungen zu machen und aus Fehlern zu lernen. Genau das hält der Ökonomie-Professor Garett Jones für einen Ansatz, um Prozesse zu erneuern und wieder funktionsfähig zu machen, die in vielen Demokratien zum Stillstand gekommen sind. Der Titel seines Buches *10 Percent Less Democracy* klingt provozierend unpopulär, weil er auf das Gegenteil dessen setzt, was wir üblicherweise für richtig halten: die Teilhabe einer möglichst breiten Masse an politischen Entscheidungen. Stattdessen, so Jones, sollten wir den gewählten Parlamenten, aber auch zuständigen spezialisierten Einrichtungen – wie dem Fonds – die ihnen zustehende Entscheidungsfreiheit zubilligen. Er untermauert dieses Argument damit, dass wir in zahlreichen Lebensbereichen gar nicht auf die Idee kämen, Entscheidungen so kompliziert zu fällen wie in der Politik. Aber selbst dort gibt es spezialisierte Organisationen, denen wir fachlich komplizierte Entscheidungen überantworten. Welche Medikamente zugelassen werden, welche Strafe einem Verurteilten auferlegt wird, wie der Luftverkehr über unseren Ländern gesichert wird, lassen wir die Europäische Arzneimittelagentur, nationale Strafgerichte und die Flugsicherung entscheiden. Sogar in der Geldpolitik, die große politische Auswirkungen hat, wurden unabhängige Einrichtungen geschaffen, um diese von tagespolitischen Aufgeregtheiten zu isolieren. Ob in den USA, Japan oder der Europäischen Union, die Zentralbanken legen Leitzinsen fest, ohne dass es aufwendige Treffen mit möglichst umfangreicher Bürgerbeteiligung gibt. Selbst diejenigen, die sich bei uns in Europa am Kurs der EZB stören, verstecken ihre scharfe Kritik (die in Wahrheit bei manchen dem Euro selber und der Europäischen Union als solcher gilt) hinter der Forderung nach möglichst großer Unabhängigkeit der Zentralbank.

Der amerikanische Philosoph Jason Brennan von der Georgetown University denkt diesen Ansatz sogar noch weiter. In seinem Buch mit dem noch provokanteren Titel *Against Democracy* schlägt er vor, weniger Wert auf Repräsentativität zu legen als auf die Kompetenz der Regierenden.[79] Er kritisiert zahlreiche Entwicklungen des demokratischen Systems, das Ignoranz und Irrationalität fördere, und schlägt stattdessen eine Epistokratie vor, ein Regierungssystem, in dem nur die besonders gebildeten Mitglieder der Gesellschaft entscheiden dürfen, wer regiert. Interessant an seinem Vorschlag ist nicht, ob seine Umsetzung wünschenswert wäre oder zu besserer Politik führen würde (die Antwort lautet in beiden Fällen Nein). Interessant ist, dass demokratische Systeme seit Jahrhunderten genau mit dieser Frage ringen: Wie organisiert man eine Demokratie, ohne dass sie in ihre negative Extremform umschlägt, die schon in der Antike von Polybios als Ochlokratie beschrieben wurde, die Herrschaft eines ignoranten und irrationalen Pöbels. Der kalte Krieg der Populisten gegen unsere Demokratie lässt diese Gefahr heute ja real erscheinen, fördern sie doch gerade diese beiden negativen Eigenschaften mit aller Kraft.

Wie stellt man zudem in einer Demokratie sicher, dass Entscheidungen, die wichtig und richtig sind, auch dann getroffen werden können, wenn sie unpopulär sind? Die repräsentative Demokratie versucht, darauf eine Antwort zu geben, indem sie den durch Wahl legitimierten Abgeordneten ein freies Mandat zusichert. Die Bürokratie, nach Max Weber durch Kompetenz legitimiert, versucht es, indem sie ihre Beamten vor Kündigung schützt und so ihr Wirken verstetigt. »Bürgerbeteiligung« aber bedeutet, dass weder durch Mandat noch durch Kompetenz legitimierte Akteure an Entscheidungsprozessen mitwirken, weil behauptet wird, der repräsentativen Demokratie mangele es an Repräsentativität und Partizipation.[80] Ist das so? Und wenn ja, wie lassen sich repräsentative und direkte Partizipation so miteinander verbinden, dass kompetente Entscheidungen getroffen und Projekte nicht nur verhindert werden?

In Deutschland gibt es bereits Elemente einer Epistokratie. Gerichte können Gesetze und Anordnungen für rechts-, ja sogar für verfassungswidrig erklären, auch wenn sie demokratisch zustande gekommen sind. Die Richter unterscheiden sich vom Souverän, dem Volk, unter anderem durch ihren im Schnitt erheblich höheren Bildungsgrad. Der Nationale Ethikrat der Bundesrepublik Deutschland vereint Professoren und Praktiker, die bei hoch komplizierten ethischen Fragen Orientierung geben sollen. Der Rat als solcher hat weder ein Entscheidungs- noch ein Vetorecht, dennoch wird seine Stimme in der Politik gehört und geachtet. Auch Parlamentskammern mit besonders langen, teilweise sogar lebenslangen Mandatszeiten wie im englischen Oberhaus oder bei einigen italienischen Senatoren sind Versuche, epistokratische Elemente in westlichen Demokratien zur Entfaltung zu bringen.

Wie weit man dabei gehen soll, muss immer wieder neu verhandelt werden, denn wir sind eine hochgebildete, hochdifferenzierte und kreative Gesellschaft, die aus ihrem Inneren heraus neue Ideen entwickeln kann und zudem in der ganzen Welt Beispiele findet, an denen sie sich orientieren könnte. Wir können Experimente machen, darüber streiten, ob Konzepte gut oder schlecht sind. Wir können Risiken eingehen und *müssen* sogar damit rechnen, dass Experimente schiefgehen; fast jede politische Maßnahme erzeugt immer *auch* den einen oder anderen, meist unerwarteten negativen Effekt, insbesondere dann, wenn Neues ausprobiert wird. Negative Effekte kann man korrigieren, aus Experimenten kann man lernen. Das alles ist möglich, unter drei Voraussetzungen: Wir müssen den Verfahren der Demokratie vertrauen, wir müssen die Demokratie weiterentwickeln, und wir müssen den Menschen vertrauen, die Politik machen. Kritik muss sein. Aber sie muss auf Verbesserung abzielen, nicht auf Vernichtung. Was passiert, wenn man die demokratischen Verfahren diskreditiert, wie Donald Trump es im Vorfeld der Präsidentschaftswahl 2020 getan hat, konnten wir zuletzt in den USA miterleben. Die Demokratie als solche gerät in Gefahr. In den USA sind die demokratischen Institutionen stark genug gewesen, seinen Anschlag zu überleben. In jüngeren oder weniger robusten Demokratien gibt es dafür keine Garantie.

Die ausgefaltete Demokratie

Es gibt kein System, das Freiheit und Würde des Einzelnen besser gewährleistet als die Demokratie. Im 18. und 19. Jahrhundert waren es nicht nur die Revolutionen unter der Losung von »Freiheit, Gleichheit, Brüderlichkeit«, sondern auch die entstehenden Nationalbewegungen, die in Europa wesentlich zur Durchsetzung der Demokratie gegen die alte aristokratische Herrschaftsordnung beitrugen. So entstand mit der Herausbildung der Nationen die Hülle für unsere freiheitliche Ordnung. Allerdings trägt der Nationalismus einen gefährlichen Keim in sich, denn er beruht auf der Ausgrenzung aller, die nicht zum »Wir« der Nation gehören. Damit steht er dem Gedanken von der Würde *jedes Menschen* und den daraus abgeleiteten gleichen Rechten entgegen. Der Nationalismus birgt, wenn er übersteigert wird, die Gefahr, dass die Freiheit und Würde des Einzelnen dem »Wir« geopfert werden. Diese Gefahr führte Europa und die Welt im 20. Jahrhundert in zwei große Kriege, weshalb die sechs Gründungsstaaten der EU sich nach 1945 für den Aufbau eines europäischen Friedensprojekts entschieden, das in manchen Bereichen mit der schrittweisen und bewussten Überwindung des Nationalen einherging.

Der Nationalstaat ist ein guter Rahmen für Gerechtigkeit und Freiheit einer Gesellschaft im Inneren. Mit seiner Verfassung sorgt er dafür, dass wir als Deutsche oder Dänen, Esten oder Iren innerhalb des Staates alle die gleichen Rechte haben, egal, ob wir Frau oder Mann, Handwerker, Künstler, Politiker oder Unternehmer sind oder welcher Religion wir anhängen. Das gilt auch heute noch, deshalb sollte der Nationalstaat in seiner wichtigen Funktion für den Zusammenhalt in den Mitgliedsländern der EU erhalten bleiben. Auf der anderen Seite sind die Werte der Aufklärung zum gemeinsamen Nenner einer transnationalen Union geworden, und mit Blick auf diese der Gedanke, den alten Nationalpatriotismus um einen europäischen Aufklärungs- und Wertepatriotismus zu ergänzen.

Schon unser Grundgesetz berücksichtigt beide Aspekte. Es bezieht sich auf die Nation, das deutsche Volk, das sich »kraft seiner verfassungsgebenden Gewalt dieses Grundgesetz gegeben« hat, wie es in der Präambel heißt. Aber es geht darüber hinaus und formuliert einen universellen Anspruch. Artikel 1, Absatz 1 lautet: »Die Würde des Menschen ist unantastbar«, und nicht etwa: »Die Würde des *deutschen* Menschen …« Aber noch vor der Erwähnung des deutschen Volkes ruft die Präambel dazu auf, »als gleichberechtigtes Glied in einem vereinten Europa dem Frieden in der Welt zu dienen«. Das heißt, wir haben den Anspruch an uns, die Menschenrechte auch über unsere nationalen Grenzen hinaus zu schützen, den Auftrag, Europa zu einigen, und die Mission, uns außenpolitisch für den Frieden zu engagieren.

Nachdem die ersten europäischen Gemeinschaften entstanden waren, schien die Richtung lange Zeit klar. Mit der Entwicklung der EU faltete die Demokratie sich aus dem Inneren des Nationalstaats in das Äußere einer Union vieler Staaten aus – die damit zu einem neuen, transnationalen Innenraum wurde. Allerdings sind in der EU nicht nur demokratische Verfahren wirksam, sondern nach wie vor auch das Prinzip der klassischen zwischenstaatlichen Diplomatie.

Im Europäischen Parlament durchlaufen Gesetzesinitiativen den üblichen Prozess der demokratischen Entscheidungsfindung. Verschiedene Parteien handeln Kompromisse aus und bilden Mehrheiten. Da es keine festen Koalitionen gibt, wechseln diese Mehrheiten je nachdem, welches Thema zur Debatte steht. Dabei gewinnen oder verlieren jede Partei und jeder Parlamentarier mal eine Abstimmung; das ist Alltag und nicht mit Gesichtsverlust verbunden. Im Gegenteil, auch in einer Abstimmungsniederlage kann eine politische Haltung deutlich werden, nämlich gerade die, die sich der Mehrheit verweigert und stattdessen eine Alternative präsentiert.

Das ist im Rat, dem Gremium, in dem sich die Mitgliedstaaten treffen, anders. Je nach Ebene verhandeln hier Fachbeamte, Diplomaten, Minister oder die Regierungschefs selbst. Sie vertreten keine Partei, sondern ihr Land und verhandeln nach den

Regeln der klassischen Diplomatie. In deren Logik ist nicht eine Mehrheit das Ziel, sondern der Konsens. Deshalb versucht jeder, dem Verhandlungspartner so weit entgegenzukommen, dass dieser keinen Gesichtsverlust erleidet, denn kein Minister oder Regierungschef kann als »Verlierer« nach Berlin, Warschau, Riga, Athen oder Den Haag zurückkehren. Das könnte ihn seine politische Karriere kosten. Obwohl die EU versucht hat, handlungsfähiger zu werden, indem sie Beschlüsse nicht mehr einstimmig nach dem Konsensprinzip fällt, sondern auf Basis des Mehrheitsprinzips, verzichtet der Rat meistens auf die Durchsetzung von Mehrheitsentscheidungen, weil auch dem kleinsten Abweichler der Gesichtsverlust nicht zuzumuten ist, der mit einer Niederlage verbunden wäre.

Der Rat ist aus diesem Grund zugleich die stärkste und die schwächste Institution der Europäischen Union. Die Verfahren begünstigen ihn gegenüber dem Parlament, aber seine immer wieder zu beobachtende Unfähigkeit, Ergebnisse zu erzielen, schwächt Europa. Obwohl der Rat gemäß den Verträgen ein Organ der Europäischen Union und damit dem gesamteuropäischen Interesse verpflichtet ist, handelt er in der Praxis wie ein Konglomerat nationaler Interessen. Ganz selten einmal entwickelt er so etwas wie einen institutionellen Stolz. Und wenn doch, geht es oft zulasten des europäischen Gedankens. Das beste Beispiel dafür ist die Besetzung der Kommissionsspitze. Zur Wahl des Kommissionspräsidenten 2014 hatten die europäischen Parteien zum ersten Mal in der Geschichte der EU Spitzenkandidaten aufgestellt, die in ganz Europa Wahlkampf machten. Sieger waren die Christdemokraten mit Jean-Claude Juncker an der Spitze. Nach der Wahl aber wollten die Regierungschefs im Rat das Ergebnis der Wahl nicht akzeptieren und stattdessen einen Kandidaten zum Kommissionspräsidenten machen, der vorher gar nicht zur Wahl gestanden hatte. Da ging das Parlament auf die Barrikaden und setzte sich durch. Fünf Jahre später wiederholte sich das Spiel, allerdings mit genau umgekehrtem Ausgang. Wieder ging die Europawahl zugunsten der konservativen EVP aus, die den CSU-Politiker Manfred Weber als Spitzenkandidaten aufgestellt hatte. Doch diesmal setzten sich die Regierungschefs mit einer eigenmächtigen Entscheidung durch und machten Ursula von der Leyen zur neuen Kommissionspräsidentin.

Dass viele Entscheidungen auf der Ebene des Rats fallen, der nach der alten, nationalstaatlichen Diplomatie funktioniert, blockiert in sehr vielen Fällen die Handlungsfähigkeit der EU. Mühsam errungene Kompromisse werden im Rat entweder total verwässert, sodass sie kaum noch etwas bewirken, oder man einigt sich auf etwas, das zwar für das eine oder andere Land schmerzhaft sein könnte, beschließt dann aber, dass jedes Land allein über die tatsächliche Umsetzung entscheidet – und macht den gefundenen Kompromiss so nachträglich wirkungslos.

Das haben wir gerade an zwei aktuellen Beispielen erlebt. Im Hinblick auf die wirtschaftlichen Schäden, die durch den Lockdown wegen der Corona-Pandemie im Frühjahr 2020 entstanden sind, haben die Regierungschefs im Europäischen Rat im Juli 2020 einen Wiederaufbaufonds über 750 Milliarden Euro beschlossen. Anstatt jedoch gemeinsame EU-Programme zu stärken wie die Forschungsförderung oder eine europäische Gesundheitspolitik, hat man diese radikal zusammengestrichen und die Gelder nahezu vollständig den Mitgliedstaaten zugesprochen. Dann hat man auch noch beschlossen, dass jeder Mitgliedstaat die Programme selbst entwickeln darf, für die das Geld ausgegeben werden soll.

Ähnlich verlief die Einigung über die Reform der Agrarsubventionen für die Finanzperiode 2021 bis 2027. Über die Sinnhaftigkeit dieser Unterstützung kann man mit Fug und Recht streiten, für die Agrarnation Frankreich bleibt sie ein zentraler Bestandteil des europäischen Projekts. Und immerhin: Wenn jeder Staat solche Subventionen eigenmächtig an seine Landwirte ausschütten würde, wäre der Wettbewerb innerhalb der Europäischen Union massiv verzerrt. Das aber ist verboten, sodass es die Beihilfen für Landwirte nur von der EU-Ebene aus gibt. Diese Förderung wird grundsätzlich über zwei Säulen ausgeschüttet: eine flächenbezogene Förderung, also strikt nach Größe des Hofs, und eine auf der Basis bestimmter Kriterien wie beispielsweise der ökologischen Nachhaltigkeit. Die flächenbezogene Förderung steht schon lange in der Kritik. Im Oktober 2020 einigten sich die EU-Agrarminister auf einen Kompromiss, der dieses Problem scheinbar angeht. Immerhin 20 Prozent der flächenbezogenen Förderung sollen in Zukunft ebenfalls an Ökokriterien gebunden werden. Doch wieder hat die Sache einen Haken, der diesen Kompromiss praktisch wirkungslos macht. Jeder Mitgliedstaat kann die Kriterien, nach denen gefördert wird, frei festlegen. Ob es sich dabei um ökologisch sinnvolle und wirkungsvolle Maßnahmen handelt, steht auf einem anderen Blatt. In beiden Fällen, dem Corona-Hilfsfonds und der Agrarreform, entscheiden am Ende die Mitgliedstaaten, wie das Geld ausgegeben wird.

Salamitaktik

Demokratische Verfahren zu verbessern, um das Vertrauen in die Demokratie zu stärken – das ist eine unserer wichtigsten Aufgaben für die Zukunft, und zwar auf allen Ebenen der Politik, von der kommunalen Verwaltung über die Länder- und Bundespolitik bis hin zur EU. Eine in überholten Strukturen und einer aufgeblähten Bürokratie erstarrende Demokratie macht es Populisten leicht, Menschen zu verführen. Das kann jede Demokratie in ihrer Existenz gefährden. Innerhalb der Europäischen Union aber verstärken sich mit dem wachsenden Erfolg der Populisten die Probleme zusätzlich, weil die Fäden der europäischen Zusammenarbeit schwächer verknüpft sind als im Gewebe der nationalstaatlichen Demokratien.

Robert Cooper beschreibt die EU als postmoderne Ordnung. Allerdings wird diese Ordnung von starken Unterströmungen nationaler Egoismen unterspült. De facto kann der Europäische Rat, in dem die Regierungschefs entscheiden, nahezu jede gemeinsame europäische Politik blockieren. Das passiert immer häufiger und ist der Grund dafür, dass in der EU vieles nicht funktioniert, was natürlich nicht den eigentlich verantwortlichen Nationalstaaten, sondern der EU als solcher vorgeworfen wird. In jüngster Zeit verschärft sich diese negative Tendenz. Als »gemeinsame europäische Lösungen« werden uns Kompromisse präsentiert, in denen nicht mehr die geringste europäische Zusammenarbeit steckt, weil die Devise gilt: Jeder Staat entscheidet selbst, was er macht. Das Misstrauen der Mitgliedstaaten untereinander ist inzwischen so groß, dass dieses Verfahren zum kleinsten gemeinsamen Nenner geworden ist. Auf mehr kann man sich nicht mehr einigen. Diese Blockade ist an sich schon ein Problem. Sie ist aber umso bedenklicher, als sich die Mitgliedstaaten der EU dabei von Ländern vor sich hertreiben lassen, die den Boden der freiheitlich-demokratischen Grundordnung bereits verlassen haben.

Die Demokratie stirbt in kleinen Schritten. Besonders in Ungarn und Polen können wir das von Jan-Werner Müller beschriebene Phänomen beobachten, dass rechtspopulistische Regierungen Schritt für Schritt autoritäre Systeme aufbauen. Als die Zeitung *Népszabadság*, bis dahin das größte oppositionelle Meinungsblatt, Ungarns Premier Viktor Orbán zu lästig wurde, ordnete er an, dass Unternehmen, an denen der Staat beteiligt ist, dort keine Anzeigen mehr schalten dürfen. Nichtstaatlichen Unternehmen wurde signalisiert, sie würden in Zukunft von öffentlichen Aufträgen ausgeschlossen, wenn sie bei *Népszabadság* Werbung drucken ließen. Daraufhin ging die Zeitung, die sich wie die meisten Printmedien wesentlich über das

Anzeigengeschäft finanzierte, in kürzester Zeit pleite. Orbán nutzte die Chance: Ein Klassenkamerad kaufte das Blatt, die Kritik an der Regierung verstummte. Ähnlich erging es dem UKW-Sender Klubradio, aus dem Orbán ebenfalls Kritik entgegenschlug. Dem Radiosender wurde die Sendelizenz entzogen. Zunächst verlor er sie im ganzen Land mit der Ausnahme von Budapest, das allerdings für Orbán keine Bedeutung hat, weil seine Macht vor allem auf der Unterstützung der Menschen auf dem Land beruht. Dennoch wurde zuletzt auch die Lizenz für Budapest verweigert. Was man an dieser Zeitung und diesem Sender für die Medien beobachten kann, lässt sich auch für Justiz, Wahlen oder Universitäten nachweisen. Das Recht auf den gesetzlichen Richter ist in Ungarn faktisch abgeschafft, das Wahlrecht favorisiert die Regierungspartei massiv, im Wahlkampf hängt die Regierungspartei antisemitische Plakate auf, und eine liberale Universität wurde aus Budapest nach Wien vertrieben. Jede einzelne dieser Maßnahmen wirkt wie ein Detail, allesamt gedeckt durch juristische Förmelei, keine davon ausreichend, um zu Konsequenzen seitens der anderen Mitgliedstaaten zu führen. Besonders die europäische konservative Parteienfamilie EVP, der neben Orbáns Fidesz auch CDU und CSU angehören, beschwichtigt ein ums andere Mal, rechtlich sei doch alles in Ordnung und so schlimm sei Viktor Orbán in Wirklichkeit doch gar nicht. Wer objektiv auf die Situation schaut, kommt zu einem völlig anderen Schluss. Die Opposition hat keine realistische Chance mehr, eine Wahl zu gewinnen, die Medien sind gleichgeschaltet oder verstummt, akademische Freiheit existiert nur noch auf dem Papier. Es ist kein Wunder, dass der renommierte amerikanische Thinktank *Freedom House* Ungarn nur noch als »*partly free*« einstuft, nicht mehr als vollwertige Demokratie.

Für andere ist Viktor Orbán eine Inspiration. Nach einer Sitzung des Parteivorstands der europäischen liberalen Partei ALDE 2016 in Warschau lief ich mit ein paar Freunden vom

Veranstaltungsort zum Hotel zurück, als wir vor dem Veranstaltungssaal von Menschen förmlich bekniet wurden, Druck auf die rechtsnationale PiS-Regierung zu machen. Wir sollten verhindern, dass die Gerichte ihre Unabhängigkeit verlieren. Es waren überwiegend junge Warschauerinnen, die sich extra zu uns aufgemacht hatten, weil wir uns als gesamteuropäische Partei in ihrer Stadt aufhielten. Sie drückten uns Informationsmaterial auf Englisch und Polnisch in die Hand, mit Informationen darüber, wie die PiS die Unabhängigkeit der Gerichte beschneidet. Objektiv betrachtet haben sie recht. In Polen ist die PiS noch nicht ganz so weit mit dem Staatsumbau wie die Fidesz in Ungarn, aber das Verfassungsgericht ist durch die Besetzung mit regierungstreuen Richtern schon gleichgeschaltet und der öffentlich-rechtliche Rundfunk in ein Propagandaorgan verwandelt worden. Der politische Gegner wird regelmäßig diffamiert, im Wahlkampf werden oft auch anti-deutsche Töne angeschlagen, zuletzt bei der Wiederwahl von Präsident Andrzej Duda im Herbst 2020.

Ein Radiosender weg. Eine Zeitung regierungszahm. Die Gerichte regierungstreu. Das Fernsehen ein Propagandaorgan. Eine Uni vertrieben. So funktioniert eine Salamitaktik, jeder einzelne kleine Schritt verursacht keine allzu große Aufregung. Man darf »nicht warten, bis aus dem Schneeball eine Lawine wird«, sagte Erich Kästner mit Blick auf den Aufstieg der Nationalsozialisten schon 1928. Wer den Vergleich übertrieben findet, schaue auf die LGBTQ-freien Zonen, die einige Städte in Polen ausgewiesen haben. Da zeigt sich mehr als deutlich: Wenn populistische Regierungen an die Macht kommen, wird es für Menschen gefährlich, die nicht einer von der Führung definierten Norm entsprechen. Das sollte sich jeder vor Augen halten, der die AfD verharmlost.

Vor der Öffnung des Eisernen Vorhangs, während der Solidarność-Ära in den 1980er-Jahren, saßen die Kaczyński-Brüder beide als Freiheitskämpfer im Gefängnis. Aus der Solidarność, jener großen Freiheitsbewegung, die damals in alle Staaten des Ostblocks hinausstrahlte, sind in Polen zwei völlig entgegengesetzte gesellschaftliche Strömungen hervorgegangen. Liberale, europäisch denkende Polen kollidieren mit den Anhängern der nationalistischen Populisten aus der PiS-Partei, die dabei ist, den Rechtsstaat auszuhebeln. Ungarn wiederum war das Land, das beim Frühstück der Paneuropäischen Union 1989 als erstes den Eisernen Vorhang an der Grenze zu Österreich durchschnitten hat. Viktor Orbán war damals ein aufrechter Kämpfer gegen die sowjetische Diktatur, unter Einsatz seines Lebens für die Freiheit. Ungarn war das Lieblingsland vieler Deutscher. Niemand hat sich mehr für die Aufnahme der beiden Länder in die EU eingesetzt als Deutschland.

Heute vertritt der einstige Freiheitskämpfer Kaczyński als Vorsitzender der PiS all jene Polen, die mit freiheitlichen Werten sichtbar hadern. Seine PiS und Orbáns Fidesz bauen ihre Macht in einer Weise aus, durch die sie Autokraten wie Putin oder Erdoğan bedenklich nahe rücken. In den übrigen Mitgliedstaaten der EU müssten alle Alarmglocken schrillen, denn Polen und Ungarn sind nicht nur Nachbarländer, sie haben Einfluss auf Entscheidungen, die für die ganze EU gelten. Und sie schaden der EU. Anstatt den Haushalt auf das gesamteuropäische Interesse hin zu orientieren, bedienten sie sich gierig am Buffet der Strukturfonds und Agrarsubventionen, nur um anschließend ihr Veto einzulegen, als das Europäische Parlament endlich einen Rechtsstaatsmechanismus durchgesetzt hatte.

Wenn die von Kommission und Parlament vorbereiteten Entscheidungen im Rat nur noch auf den Entschluss hinauslaufen, dass jedes Land macht, was es will, ist von »europäischer« Politik nicht mehr viel übrig. Es mag so aussehen, weil die Entscheidungen in Brüssel getroffen wurden, doch das Prinzip dahinter lautet: *»Every Nation for Itself«*. Die Bürgerinnen und Bürger der Europäischen Union spüren das, die Mitgliedstaaten beschädigen so die Legitimität der EU. In der Europäischen

Union ist man sich dieses Problems bewusst, weshalb 2021 eine »Konferenz zur Zukunft Europas« beginnen soll, mit dem Ziel, Wege zur Verbesserung von Input und Output der EU zu finden. Diese Konferenz wird die Möglichkeit bieten, auf die beschriebenen Missstände und Herausforderungen einzugehen. Nachdem die europäischen Verträge, die Verfasstheit und Abläufe der EU regeln, nun über ein Jahrzehnt alt sind, stehen wir vor zwei Gefahren: Versteinerung und Renationalisierung. Die Zukunftskonferenz könnte entscheidende Weichenstellungen vornehmen: So sollte etwa für den Rat insbesondere im Bereich der Gemeinsamen Außen- und Sicherheitspolitik (GASP) die Einstimmigkeit in eine qualifizierte Mehrheit überführt werden, das nationale Vetorecht abgeschafft oder auch die Rolle des Europäischen Parlaments gegenüber dem Rat gestärkt werden. Auf diese Weise könnte die Zukunftskonferenz zum Ausgangspunkt einer Trendwende werden, die die angeführten Entwicklungen stoppt – allerdings nur, wenn die Regierungschefs mehr leisten als zuletzt. Anstatt Emmanuel Macron zu folgen, der 2017 zu einer »Initiative für Europa« aufgerufen hat, ließen sie sich jahrelang von Orbán und Kaczyński erpressen, weil auch in den übrigen EU-Ländern Populisten die Regierungen unter Druck setzen, weil sich so antieuropäische Stimmung auch unter Nicht-Populisten verbreitet und weil zu viele demokratische Politiker sich nicht mehr trauen, Wert und Wichtigkeit der Europäischen Einigung offensiv zu vertreten.

9

Wenn Elefanten kämpfen

Vom Containment zur Wendezeit

Es muss eiskalt gewesen sein, als der damalige Gesandte der amerikanischen Botschaft in Moskau am 22. Februar 1946 ein Telegramm an seine Regierung in Washington absetzte. Ein Jahr später wurde es in der wichtigsten außenpolitischen Zeitschrift der Welt *Foreign Affairs* unter dem Pseudonym X veröffentlicht, doch allen Kundigen war klar, wer der Autor sein musste: George F. Kennan, der Verfasser des »*Long Telegram*«. Sein Fernschreiben von mehr als fünftausend Worten Länge sprengte jeden Rahmen, es war aber vor allem auch inhaltlich eiskalt. Kennan räumte analytisch klar das heiße Pathos und die warme Euphorie beiseite, die sich seit dem Ende des Zweiten Weltkriegs ausgebreitet hatten. Im August 1945 sprach der amerikanische Präsident Truman noch vom Anbruch einer »neuen Ära«, das amerikanische Volk stehe »an der Schwelle zu einer neuen Welt«, aus dem Krieg werde eine »Welt des Friedens« geboren.[81] Regierungschefs rund um den Globus hielten ähnliche Reden und unternahmen in der UNO nicht nur große Schritte in Richtung einer weltweiten Friedens- und Sicherheitsordnung, sondern gingen weit darüber hinaus. Sie begannen, den Rahmen für eine Weltinnenpolitik abzustecken.

Doch Anfang des Jahres 1946 muss die US-Regierung irritiert gewesen sein. Sie bat den Gesandten um eine Analyse der Gründe, warum die Sowjetunion die kurz zuvor geschaffene Weltbank und den Internationalen Währungsfonds nicht unterstützen wollten. Und Kennan, der seit 1933 wiederholt in diplomatischer Mission in Moskau war und fließend Russisch sprach, lieferte. Russland habe ein »instinktives Gefühl der Unsicherheit«, misstraue daher allen anderen Nationen und sei der Überzeugung, seine Sicherheit könne nur durch einen »geduldigen, aber tödlichen Kampf um die vollständige Zerstörung konkurrierender Mächte« gewährleistet werden, schrieb er. Kennan vermutete innenpolitische und psychologische Gründe hinter der russischen Haltung. Er beschrieb die Führung in Moskau als unsicher und erklärte, sie brauche eine feindliche Umgebung, um ihr autoritäres Regime nach innen zu legitimieren. Der russischen Propaganda nützten äußere Feinde, die das kommunistische Experiment angeblich bedrohten und somit all die Opfer erforderten, die das Regime den Menschen durch harte Repressionen abverlangte. In Bezug auf die russische Außenpolitik warnte der US-Diplomat, die Sowjets würden versuchen, ihre Einflusssphäre zu vergrößern und alles ihnen Mögliche tun, um Macht und Einfluss des Westens zurückzudrängen.

Aus alldem zog Kennan Schlüsse, die sich seine Regierung zu eigen machte. Die Kommunisten im Kreml seien durch Gespräche und Vernunft nicht zu erreichen. Sie reagierten jedoch auf die Logik der Gewalt. Wo immer sie auf harten Widerstand stießen, würden sie zurückschrecken. Deshalb empfahl Kennan, auf eine Politik des »Containment« zu setzen. Die westlichen Regierungen sollten sowjetische Macht- und Expansionsbestrebungen durch starken militärischen Widerstand »eindämmen«. Sie sollten Gegendruck auf die Sowjetunion erzeugen und so Moskaus Vormachtstreben in Europa in die Schranken weisen.

Wendezeit und Zeitenwende

Die Friedensordnung nach dem Zweiten Weltkrieg war nur im Westen wirklich eine Friedensordnung. Sie funktionierte, weil die Staaten, die das Völkerrecht nicht akzeptierten, durch die militärische Übermacht von USA und NATO in Schach gehalten wurden. Das war Kennans »*Containment*«-Strategie. Gleichzeitig entstanden innerhalb dieser westlichen Welt »postmoderne« Strukturen, wie Cooper sie beschreibt, in denen die Beziehungen zwischen Staaten nicht allein durch Macht bestimmt werden, sondern auf vereinbarten Regeln basieren. Die Europäische Union ging dabei am weitesten, aber regelbasierte Strukturen entwickelten sich auch durch die Arbeit der Vereinten Nationen und im Welthandel. Nach dem Ende des Kalten Krieges nahmen die globalen Verflechtungen weltweit zu. Russland nahm Hilfe des Westens an, sowohl aus Europa als auch aus Amerika. China entwickelte sich durch seinen wirtschaftlichen Aufschwung zu einem interessanten Handelspartner. Endlich sollten die Vereinten Nationen zu jener kooperativen Sicherheitsgemeinschaft werden, als die sie von Beginn an gedacht waren: Ausgerichtet auf fortschrittlichen Wandel, die Entwicklung der Länder des globalen Südens und die Lösung zwischenstaatlicher Konflikte durch internationales Recht. Die Wendezeit am Ende des ersten Kalten Krieges war eine Zeit der Zuversicht.

Doch so wie Kennan mit seinem Telegramm 1946 für Ernüchterung sorgte, so nahm eine breitere Öffentlichkeit in Europa nach dem Ausbruch der Corona-Pandemie im März 2020 zur Kenntnis, wie hart der Konflikt zwischen den USA und China inzwischen ausgetragen wird. Der amerikanische Präsident beschuldigte China, für die weltweite Verbreitung des Erregers verantwortlich zu sein. Er bezeichnete in der ihm eigenen Art das Corona-Virus als »China-Virus« oder »Wuhan-Virus« und nahm Unstimmigkeiten zwischen seiner Regierung und der

Weltgesundheitsorganisation zum Anlass, den Austritt der USA aus der WHO zu erklären. Das hat in Europa für Irritationen gesorgt, doch man liegt falsch, wenn man diese harte Linie gegenüber China allein Donald Trump zuschreibt. Die USA nehmen den Aufstieg Chinas parteiübergreifend seit Langem als Bedrohung wahr. Schon 2005 erschien das Magazin *Atlantic* mit der Titelgeschichte *»How we would fight China«*. Und im November 2011 war es der demokratische Präsident Obama, der eine Kehrtwende amerikanischer Außenpolitik einleitete, als er in einer Rede vor dem australischen Parlament in Canberra die Hinwendung nach Asien *»pivot to Asia«* proklamierte. Dabei verkündete er eine neue militärische Stationierungspolitik mit dem Ziel, Chinas negativen Einfluss im pazifischen Raum einzudämmen. Doch im postmodernen Europa dauerte es erheblich länger, bis man realisierte, dass sich Chinas Politik von der Rolle als stiller Juniorpartner Russlands in Richtung einer stillen globalen Expansion gewandelt hatte. Die Welt bewegt sich nicht auf eine friedliche Balance zu, sondern auf einen neuen kalten Krieg. Der Aufstieg Chinas führt zu einer Verschiebung der Machtverhältnisse, die für uns bedrohlich wird.

In der Blockkonfrontation nach 1945 standen sich nicht nur zwei Supermächte, sondern auch zwei Systeme gegenüber: Freiheit gegen Kommunismus. Die Differenzen, die wir heute mit Russland haben, sind nicht mit der Zeit der Sowjetunion zu vergleichen. Die Putinokratie ist kein eigenständiges politisches System, sondern knüpft eher an die autoritären Republiken der Zwischenkriegszeit in Ostmitteleuropa an. Das hindert Moskau nicht daran, seine »gelenkte« Demokratie als einen eigenen Gesellschaftsentwurf darzustellen, an dem sich westeuropäische Populisten orientieren. Nach außen verfolgt Putin das Ziel, die Ergebnisse des Kalten Krieges zurückzudrehen. Seit Jahren erklärt er, Russland werde als sogenanntes »eurasisches Land« seinen eigenen Weg gehen und lehne die Menschenrechte und die internationale Ordnung als »Konstrukt« des Westens ab.

»*New rules or no rules*«, verkündete der russische Präsident bei einem Treffen des Valdai-Clubs und machte damit klar, dass er die Regeln der internationalen Ordnung nicht länger anerkennt. Im Hinblick auf Russland schlagen zwei Herzen in meiner Brust. Ich mag Land und Leute, liebe Küche und Kultur, bin jedes Mal aufs Neue von den großen europäischen Metropolen Moskau und St. Petersburg fasziniert. Gleichzeitig weiß ich, dass eine Analyse der Moskauer Regierungspolitik eine unkritische Freundschaft mit Russland völlig unmöglich macht. Wenn man genauer hinschaut, ist dieses Problem nicht auf Russland beschränkt. Wir müssen uns darauf einstellen, das wir es mit einer Reihe von »Frenemies« zu tun haben, mit Ländern, die manchmal unsere Freunde (*friends*), manchmal aber auch unsere Feinde (*enemies*) sind: Länder, zu denen wir traditionell freundschaftliche Beziehungen haben, wie Russland, zu dem wir als Deutsche besonders weit in die Geschichte zurückreichende Verbindungen haben. Viele Deutsche fühlen sich den Menschen in Russland freundschaftlich verbunden. Gleiches gilt für die Türkei, lange Zeit ein verlässlicher Partner der NATO und seit den 1960er-Jahren ebenfalls ein Land, mit dem wir auch menschlich eng verbunden sind. Aktuell hat die EU ein Assoziierungsabkommen, eine Zollunion und ein Flüchtlingsabkommen mit der Türkei, doch Präsident Erdoğan beschimpft den französischen Staatschef Emmanuel Macron und beklagt sich vor seinen Anhängern in Köln, wenn Deutschland von ihnen erwartet, das Grundgesetz zu respektieren. So sind beide Länder *Frenemies* für uns Europäer: Frankreich, Griechenland und Zypern können die türkische Politik unmöglich akzeptieren, Deutschland, Polen, Skandinavier und Balten nicht die russische, und so befindet sich die Europäische Union in einer Dauerfehde mit dem NATO-Partner Türkei, aber auch in einem regionalen kalten Krieg mit Russland, das gleich mehrere Mitglieder der EU bedrängt.

Gleichzeitig steuern die Vereinigten Staaten von Amerika auf einen großen kalten Krieg mit China zu. Nach langen Jahren der Vorsicht und Verschleierung betreibt die Regierung in Peking inzwischen eine offen-aggressive Politik der Expansion und verfolgt konsequent ihr Ziel, zur einzigen Supermacht des 21.Jahrhunderts zu werden. Bei China gibt es keinen Zweifel. Wieder steht dem freien Westen ein autoritär-kommunistisches Regime gegenüber, das der Welt seine eigenen Regeln diktieren will. Unter Xi Jinping strebt die Kommunistische Partei in China in einem seit der Kulturrevolution ungekannten Ausmaß danach, alle Aspekte in Politik, Justiz, Gesellschaft und Wirtschaft zu kontrollieren. China entwirft mit seinem staatskapitalistischen kommunistischen Einparteiensystem ein Gegenmodell zu dem der westlichen Demokratien.

Daraus ergeben sich immense Herausforderungen, denn China droht weit gefährlicher zu werden, als es die Sowjetunion je war. Der ehemalige Ostblock erstarrte früh in seiner Ideologie, nachdem es den Sowjets in den ersten Jahrzehnten nicht gelungen war, die sozialistische Gesellschaft auf ein ökonomisch tragfähiges Fundament zu stellen. Die Sowjetunion verlor den ersten Kalten Krieg nicht militärisch, sondern weil das Land wirtschaftlich zusammenbrach. Bis heute kann Russland mit hoch entwickelten Volkswirtschaften nicht mithalten. China aber hat sich in den vergangenen Jahrzehnten nicht nur militärisch, sondern vor allem wirtschaftlich und technologisch in eine Position gebracht, von der aus es die Länder im globalen Westen unter Druck setzen kann.

In den USA und auch bei uns glauben derzeit immer noch manche, man dürfe nicht von einem kalten Krieg reden, solange die größten Konzerne der Welt zwischen Guangzhou, Shenzhen, Alabama und Kalifornien derart verflochten sind. Das ist richtig und falsch zugleich. Richtig ist, dass 2009 erst 1,5 Millionen deutsche Autos in China abgesetzt wurden, 2018 aber 5,5 Millionen.[82] Daimler und BMW verkaufen ungefähr ein Viertel ihrer Produktion in China, bei Volkswagen sind es fast

40 Prozent. Mit anderen Worten: Die deutsche Automobilwirtschaft ist von China abhängig geworden. Frankreich und Italien geht es genauso. Die Edelmarken ihrer Luxuskonzerne finden reißenden Absatz in Shanghai, Guangzhou und Beijing, ganz besonders aber bei chinesischen Touristen in Europa. Die Reisesperre im Frühjahr 2020 hat Hermès, Chanel, Cartier, Ferragamo, Versace und vielen anderen massive Umsatzeinbrüche beschert. Eine einfache Gleichsetzung mit der Nachkriegszeit verbietet sich deshalb, denn damals gab es kaum wirtschaftliche Beziehungen zwischen Ost und West. Doch wir haben im Westen angesichts der astronomischen Gewinne unserer Unternehmen politisch zu lange geduldet, dass China die Regeln der UN und der WTO ignoriert. Das war fahrlässig. Wer Regeln zu lange ungestraft missachten kann, höhlt sie aus. Die engen wirtschaftlichen Verflechtungen zwischen China und der westlichen Welt sollten nicht darüber hinwegtäuschen, dass Chinas Strategie darauf ausgerichtet ist, die Welt zu dominieren. Man wäre schlecht beraten, auf Peking als gütigen Hegemon zu setzen, denn weder die chinesische Tradition noch die kommunistische Ideologie lassen eine solche Entwicklung erwarten. Hinzu kommen Russland, die Türkei und der Iran, die ebenfalls Expansionsbestrebungen hegen. Die Krim ist annektiert, Teile Georgiens und Moldawiens sind besetzt, in der Ukraine herrscht Krieg. Hongkong und Taiwan sind nicht mehr sicher. Ganz zu schweigen von den Dauerkonflikten im Nahen Osten, in Libyen und in Bergkarabach.

Wir leben in einer Zeitenwende. Jene Weltordnung, die es uns erlaubte, mehr als siebzig Jahre in Wohlstand, Frieden und Sicherheit zu leben, löst sich auf, neue Machtverhältnisse entstehen und werden für Europa zu einer existenziellen Bedrohung. Wir sind nicht mehr das Gravitationszentrum der Welt, der Kontinent, von dem seit fünfhundert Jahren die wichtigsten technischen, sozialen und politischen Innovationen und die Globalisierung des Handels ausgingen.

Europa ist auf der Weltkarte ziemlich klein, und wir schrumpfen weiter, jedenfalls zahlenmäßig. Zwischen den Jahren 1960 und 2017 wuchs die weltweite Bevölkerung von 3,0 auf 7,6 Milliarden an. Der Anteil der (2017 noch mit Großbritannien) achtundzwanzig EU-Mitgliedstaaten an der Weltbevölkerung sank im selben Zeitraum von 22 auf 10 Prozent; Prognosen gehen davon aus, dass es bald nur noch 6 Prozent sein werden.[83] In Deutschland wird dann nicht einmal mehr 1 Prozent der Weltbevölkerung leben. Was das bedeutet, wenn die USA sich zurückziehen und die NATO zerbrechen sollte, liegt auf der Hand. Wir werden in den kalten Kriegen zwischen den USA und China, zwischen Russland und der EU zum Gras, über das die Elefanten hinwegtrampeln. Schon jetzt haben wir, wenn es hart auf hart kommt, den meisten Militärmächten wenig entgegenzusetzen. Die Sicherheit Europas ist bedroht, die Demokratien sind in die Defensive geraten. Deshalb brauchen wir eine Politik der Bündnisse mit Gleichgesinnten, und diese

Der Anteil der Europäer an der Weltbevölkerung schrumpft weiter

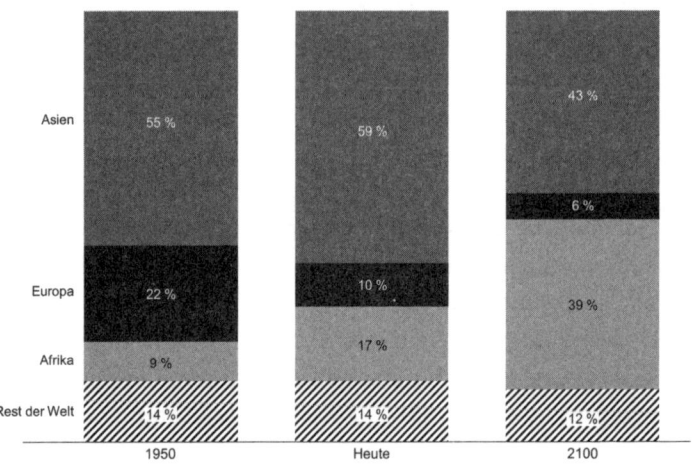

Bündnisse müssen uns dazu befähigen, uns gegen Expansionsbestrebungen und Erpressungsversuche von Ländern wie China und Russland zu verteidigen.

Wenn eine Ordnung sich verändert, muss jeder einen neuen Platz finden. Wir müssen klar und vorausschauend entscheiden, wo wir hinwollen. Folgen wir dem Rat der neuen Rechten und setzen auf Anlehnung an ein autoritäres Russland? Werden wir darauf hinarbeiten, dass die EU zu einem starken, geschlossenen Global Player wird, der in der Lage ist, seine Interessen zu verteidigen? Leistet die EU, was sie leisten soll, oder braucht sie eine grundlegende Reform? Oder sehen wir passiv dabei zu, wie wir zusammen mit den anderen Staaten der EU zum westlichen Anhängsel Eurasiens werden, einem Flickenteppich, der von anderen Mächten beliebig dominiert wird? Diese Frage ist für uns existenziell, denn es spricht wenig dafür, dass wir als Spielball auswärtiger Mächte den *European Way of Life*, unsere europäische Art zu leben, lange fortsetzen können.

Mehr Offenheit

In Deutschland hat sich im Verlauf der Nachkriegszeit der Irrglaube gefestigt, wir könnten so wunderbar reich, aber auch sozial, ökologisch, pazifistisch und nicht zuletzt moralisch anständig leben, weil wir die Dinge im Inneren unserer Demokratie ganz alleine so gut hinbekommen hätten. Wir vergessen dabei, dass unser Pazifismus ein Luxus ist, den wir uns auf Kosten von USA und NATO leisten; dass unser exportbasierter Wohlstand auf den Zugang zu den Märkten Europas gebaut ist. Ohne die EU könnten wir unsere hohen sozialen, ökologischen und kulturellen Standards gar nicht finanzieren, was regelmäßig vergessen wird, wenn mal wieder eine Nettozahler-Debatte geführt wird.

Dieser Irrglaube hat weitreichende Folgen. Seine Kehrseite nämlich ist die hartnäckige Weigerung zu verstehen, dass andere von uns auch etwas erwarten, in Europa und der westlichen Welt insgesamt. Deutschland hat als größtes EU-Mitglied eine Verantwortung, der es bisher nicht annähernd gerecht wird. Thomas Friedman überraschte im August 2020 in der *New York Times* mit der Überschrift »*To Deal With China, Trump Should Learn German*«.[84] Angesichts der Bedrohung, die der Aufstieg Chinas nach einhelliger Einschätzung von Beobachtern darstellt, glaubt Friedman, dass der wichtigste Partner Amerikas im 21. Jahrhundert Deutschland heißt:

> *Was Berlin macht, macht Deutschland, und was Deutschland macht, die Europäische Union, der größte Binnenmarkt der Welt. Das Land aber – die USA oder China –, dem es gelingt, die Europäische Union im Wettkampf um technologische Standards, Handelsregeln und technologische Vorherrschaft auf seine Seite zu bringen – dieses Land wird die Regeln für den globalen digitalen Handel im 21. Jahrhundert bestimmen.*

Friedman formuliert einen Appell an Deutschland, in und mit der Europäischen Union Handelsregeln und technologische Standards zu formulieren. Wenn man versteht, wie sehr unsere Sicherheit und unsere Lebensart von Vorgängen außerhalb Deutschlands abhängen – was durch Klimawandel, Migration und Digitalisierung noch verstärkt wird –, dann wird klar, dass wir uns in der Bundespolitik umorientieren müssen. Als die Bundesrepublik Deutschland noch eingeschränkt souverän war, mit einer kleinen Hauptstadt am Rhein, war sie fast zwangsläufig nach außen orientiert. Der erste Bundeskanzler Adenauer musste regelmäßig bei den Vertretern der Besatzungsmächte auf dem Petersberg vorstellig werden, er konnte gar nicht anders, als sich dafür zu interessieren, welche Politik sie verfolgen würden. Ob die anderen Europäer Deutschland wieder aufnehmen würden, ob unser Land den Schutz des Bündnisses erhalten würde, ob man uns in die Vereinten Nationen lassen würde, ob die NATO Mittelstreckenraketen stationieren würde, all das waren Fragen, die einen Primat der Offenheit begründeten. Natürlich gab es Innenpolitik, sie war spannend und wichtig, jedoch existierte ein Bewusstsein dafür, dass das Wohlergehen des Landes von den Grundentscheidungen der internationalen Politik abhängt. Das ist objektiv gesehen auch in der Berliner Republik der Fall. Doch das Interesse an internationaler Politik hat abgenommen, wie wäre sonst zu erklären, dass sich die Fragen der Hauptstadtjournalisten an Deutschlands wichtigste Politiker im Sommer 2020 sämtlich um innere Befindlichkeiten des Landes drehten? Dabei gibt es kaum ein Thema mehr, das nicht irgendeine internationale Dimension hat. Wir müssen wieder lernen, über Deutschlands Grenzen hinauszuschauen und in größeren Zusammenhängen zu denken.

Wenn wir in Deutschland unsere Rolle neu definieren, sollten wir uns umschauen und fragen, an wem wir uns orientieren wollen. Ein Land weiß von sich selber sehr genau, dass es alleine zu klein ist, um die Weltläufe zu verändern. Trotzdem ist es ihm nach dem Zweiten Weltkrieg gelungen, innerhalb von NATO und UNO Schlüsselpositionen einzunehmen und so als diplomatischer Vermittler in globalen Konflikten eine große Rolle zu spielen: Norwegen. Es ist kein Zufall, dass das erste Nahost-Abkommen 1993 in Oslo geschlossen wurde. Es ist auch kein Zufall, dass die wichtigste Nord-Süd Kommission der Vereinten Nationen 1983 von der Norwegerin Gro Harlem Brundtland geleitet wurde. Genauso wenig ist es ein Zufall, dass der Generalsekretär der NATO Jens Stoltenberg Norweger ist. Wer durch die Gänge im New Yorker Generalsekretariat der Vereinten Nationen geht, ist erstaunt, in wie vielen Schlüsselpositionen Norweger die internationale Diplomatie mitgestalten. Norwegen ist dabei nicht neutral wie Schweden oder die Schweiz, im Gegenteil: Das Land ist Gründungsmitglied der NATO, sein

Militär genießt hohes Ansehen und nimmt regelmäßig an Auslandseinsätzen teil.

Wenn Deutschland seine Rolle neu definieren will, braucht es einen Orientierungspunkt, und unser nördlicher Nachbar könnte ein interessantes Vorbild sein. Deutschland ist erheblich größer, als ein »Super-Norwegen« blieben wir im militärischen Bündnis der NATO fest verankert, würden mit der Bundeswehr unsere Verpflichtungen in der NATO erfüllen, hätten aber vor allem einen hervorragenden diplomatischen Apparat und müssten in den Organen der Vereinten Nationen stark vertreten sein, finanziell, konzeptionell und personell. Deutschland sollte auf nationaler und auf EU-Ebene eine Außenpolitik anstreben, die auf Diplomatie und Multilateralismus setzt. Ihr Ziel sollte es sein, Deutschland und die Europäische Union zu einer diplomatischen Großmacht, einer militärischen Mittelmacht und einem international vernetzten Teamplayer zu machen.

Vor einer solchen Umorientierung steht in der Demokratie erst einmal eine öffentliche Debatte. Bei vielen unserer Verbündeten ist es üblich, dass die Regierung sich mindestens einmal im Verlauf einer Legislaturperiode umfassend zu ihrer außenpolitischen Strategie äußert. Wir sollten das in der Bundespolitik einführen. Ein Jahr nach einer Wahl müsste eine neue Bundesregierung im Deutschen Bundestag ein Strategiepapier vorlegen, in dem sie ihre Ziele für Deutschland in der Welt definiert und beschreibt, wie sie diese erreichen will. Außerdem könnte man jedes Jahr vor der Münchener Sicherheitskonferenz eine Themenwoche zur Außen- und Sicherheitspolitik ansetzen, in der sich das Parlament umfassend mit den zahlreichen globalen Fragen befasst. Solche Debatten zur internationalen Politik müssten zu Highlights werden, die so in die Öffentlichkeit strahlen, dass wir zu »*Growing Minds*« werden, die in der Lage sind, über die Grenzen Deutschlands hinaus zu schauen.

Das Grundgesetz verpflichtet uns dazu, dem Frieden in der Welt zu dienen. Wer Krisen verhindern und den Einsatz von

Militär vermeiden will, muss auf Diplomatie setzen. Erfolgreiche diplomatische Verhandlungen können Militäreinsätze überflüssig machen. Doch mit gerade einmal zwölfhundert Beamten, die für die Bundesrepublik im höheren diplomatischen Dienst weltweit tätig sind, pfeift das Auswärtige Amt personell auf dem letzten Loch. Es ist dringend an der Zeit, die deutsche Diplomatie zu vergrößern, und zwar nicht graduell, sondern substanziell. Dafür brauchen wir eine solide Finanzierung, zum Beispiel durch die von Wolfgang Ischinger, dem Chef der Münchner Sicherheitskonferenz vorgeschlagene Festlegung, in Zukunft 3 Prozent des Bruttoinlandsprodukts für »Internationales« aufzuwenden, also für Entwicklungszusammenarbeit, Verteidigung und Diplomatie.

Eigentlich sollte der Vorschlag leicht umzusetzen sein, denn eine militärisch geprägte Außenpolitik stößt in der deutschen Bevölkerung auf wenig Gegenliebe. In Deutschland sind wir in Bezug auf die Größe der Bundeswehr durch den 2+4-Vertrag begrenzt. Zugleich sind wir durch siebzig Jahre Antimilitarismus und unsere Parlamentsarmee auch anders sozialisiert und organisiert als viele andere Länder. Die Bereitschaft, Militäreinsätze zu unterstützen, ist in der deutschen Bevölkerung traditionell nicht besonders hoch, die Bereitschaft, sich diplomatisch einzubringen, dagegen schon. Eine jüngere Umfrage der Münchner Sicherheitskonferenz zeigt allerdings, dass es durchaus Unterstützung für den Einsatz der Bundeswehr im Ausland geben kann, nämlich dann, wenn der Einsatz gut begründet und klar kommuniziert wird. Jeder Bundeswehreinsatz aber muss irgendwann den Abzug der Soldaten ermöglichen und deshalb in eine politische Gesamtstrategie eingepasst sein.

Daran mangelt es häufig. In der 19. Legislaturperiode des Bundestages von 2017 bis 2021 hatte die Bundesregierung sage und schreibe drei unterschiedliche Afrika-Strategien. In Mali arbeiten das Auswärtige Amt, die Bundeswehr mit dem Verteidigungsministerium und das Ministerium für Entwicklungszusammenarbeit gleichzeitig daran, das Land zu stabilisieren. Gleiches gilt für Afghanistan, den Irak oder Sudan. Das Problem besteht darin, dass die Ministerien in Berlin und Bonn ihre Strategien nicht miteinander abstimmen. Jedes macht, was es will, anstatt einen gemeinsamen, untereinander vernetzten Ansatz zu entwickeln. Das führt dazu, dass Ansprechpartner in anderen Ländern manchmal hochgradig irritiert sind, wenn sie mit zwei deutschen Regierungsvertretern nacheinander sprechen, die völlig unterschiedliche Dinge von sich geben. Um das zu verhindern, müssen wir einen Nationalen Sicherheitsrat einrichten, in dem die Ministerien regelmäßig Länderstrategien abstimmen und verabschieden, die verbindlich für die ganze Bundesregierung sind.

Wenn man die Organisationen der UNO in New York, Wien, Genf oder Bonn besucht, ist man überrascht, dass man nicht nur auf viele Norweger trifft, sondern insgesamt auf deutlich mehr Vertreter aus Skandinavien, als es der Größe dieser Länder entspricht. Das sollten wir ähnlich handhaben. Deutschland sollte mehr Personal gezielt für die Arbeit in den internationalen Institutionen ausbilden und sie dort platzieren. Dazu brauchen wir eine internationale Ausbildungsstätte von Weltrang, wie sie das kleine Österreich mit der Diplomatischen Akademie in Wien und das große Russland mit dem Staatlichen Institut für Internationale Beziehungen in Moskau haben.

Aber neben der Pflege der klassischen multilateralen Institutionen von UN, EU und NATO sollten wir in Deutschland auch den »neuen« Multilateralismus stärken, neue Partnerschaften, die sich in den letzten zwanzig Jahren herausgebildet haben. Dabei handelt es sich um meist informell organisierte Kooperationen, die für konkrete Projekte eingegangen werden. Oft sind solche neuen Formen des Multilateralismus besser in der Lage, Probleme kurzfristig, flexibel und effektiv anzugehen, als die großen Institutionen mit ihren teilweise verkrusteten Strukturen. »Ob Freundesgruppen beim Generalsekretär der UN, militärische ›coalitions of the willing and the able‹ oder Kontaktgruppen zur Lösung regionaler Konflikte: Der ›neue‹ Mulitlateralismus bestimmt immer stärker die Politik des 21. Jahrhunderts«, schreibt Carlo Masala, Professor für Internationale Politik an der Universität der Bundeswehr München.[85] Und er wirft Deutschland vor, diese Entwicklung verschlafen zu haben und viel zu wenig in solche multilateralen Partnerschaften zu investieren. Das sollte sich ändern.

Mehr Europa

Ian Bremmer, der Autor des bereits zitierten Buches *Every Nation for Itself*, hält das Machtvakuum, das auf globaler Ebene entstanden ist, für unumkehrbar. Die G7 und G20 seien blockiert, und niemand sei in Sicht, der die USA nach ihrem Rückzug als Anführer der freien Welt ersetzen könnte. Interessant ist, welche Länder Bremmer für die Verlierer der neuen Weltordnung hält: Großbritannien, Japan und Israel. Es sind die »Singles« unter den Staaten. Die Südostasiatischen Länder sind durch den Zusammenschluss im Verband Südostasiatischer Nationen (ASEAN) geschützt, Japan gehört nicht dazu. Im Nahen Osten sind die arabischen Länder in verschiedenen Allianzen verbunden, Israel ist isoliert, wenngleich sich zuletzt einige kleine arabische Nationen auf Israel zubewegt haben. Großbritannien verlässt gerade den Schutzraum EU. Die drei Länder verbindet eins: Jedes von ihnen hat eine außergewöhnlich enge Beziehung zu den Vereinigten Staaten von Amerika, alle drei sind von den USA wirtschaftlich, technologisch und sicherheitspolitisch abhängig.

Ungeachtet dieser Weltlage sind die Kräfte, die in der EU auf einen ähnlichen, mehr oder weniger starken Rückzug ins Nationale setzen, irritierend stark. Die erste Aufgabe der deutschen

Außenpolitik lautet deshalb, gemeinsam mit den anderen Mitgliedsländern wieder mehr in die EU zu investieren. Unter Investitionen sind hier nicht nur Überweisungen an den Haushalt der Union gemeint, sondern auch geistiges Kapital, politische Debatte, echtes Interesse. Von Berlin aus ist Brüssel sehr weit weg, nicht nur geografisch, sondern auch mental. Das aber ist nicht gut. Deutschland muss sich klar und entschieden dafür einsetzen, dass die Europäische Union zu einer souveränen, geeinten Union wird, weil die EU nur so gegenüber dem Rest der Welt handlungsfähig werden kann.

Der französische Präsident Emmanuel Macron machte in einer 2017 an der Pariser Universität Sorbonne gehaltenen Rede zahlreiche Vorschläge, wie eine »Initiative für Europa« aussehen könnte. In vielen Bereichen plädiert er für den Aufbau gemeinsamer europäischer Strukturen. So schlägt er zum Beispiel vor, eine gemeinsame Digitalstrategie zu entwickeln. Die Mitgliedstaaten der EU sollten Standards für einen digitalen europäischen Binnenmarkt festlegen und Europa außerdem zu einem Treiber digitaler Innovation aufbauen. Als Vorbild eignet sich der Flugzeugbauer Airbus. Das Unternehmen entstand in den 1960er-Jahren unter ähnlichen Vorzeichen. Man wollte eine europäische Konkurrenz zu Boeing, wusste aber, dass kein einzelnes europäisches Land die dafür benötigten hohen Summen an Kapital aufbringen würde. So beteiligten sich deutsche, französische und britische Unternehmen an der Gründung von Airbus, später kam Spanien noch dazu. Europa hat die Ressourcen für eine selbstbewusste Digitalstrategie, es würde gegenüber den USA und China wesentlich besser dastehen, wenn es den Mitgliedstaaten gelänge, eine digital souveräne EU aufzubauen.

Ähnlich wie zur Digitalisierung machte Macron in seiner Sorbonne-Rede detaillierte Vorschläge für den Aufbau eines europäischen Nachrichtendienstes und für gemeinsame Terrorbekämpfung als Teil einer EU-Sicherheitsstruktur. Er entwickelte angesichts einer schwächer werdenden amerikanischen Rolle den Gedanken einer europäischen »Strategischen Autonomie«, ein spannender Vorschlag, der drastische Konsequenzen für die Verteidigungsausgaben und Militärdoktrin aller Mitgliedstaaten hätte. Er forderte, eine langfristige Perspektive für den Umgang mit Migranten zu entwickeln, machte Vorschläge zur Annäherung der Wirtschafts- und Sozialpolitik und legte Ideen für ein spezifisches, europäisch vernetztes Bildungsprogramm vor, das der sprachlichen und kulturellen Vielfalt der EU gerecht würde. Über die Details solcher Vorschläge könnte man streiten. Nicht *kann*, sondern *könnte*, denn dazu müssten die Mitgliedsländer der EU sich überhaupt erst einmal darauf einigen, die EU zu reformieren und wieder handlungsfähig zu machen. Davon sind wir zurzeit weit entfernt.

Die EU muss einen Ausweg aus der Sackgasse finden, in die sie sich manövriert hat. Doch Macrons »Initiative« läuft bisher noch ins Leere, auch weil Deutschland sich bis heute nicht dazu geäußert hat. Das Echo auf die Pariser Rede aus Berlin war dröhnendes Schweigen, Kanzlerin Merkel verweigerte sich der Debatte. Ein deutsch-französisches Tandem gab es nicht. Das belegt, was Thomas Friedman in seinem Kommentar behauptet: Wenn Deutschland blockiert, wird Europa sich nicht verändern. Solange wir uns in Deutschland mit dem Status quo zufriedengeben, verhindern wir, dass die EU sich erneuert. Europa wird nur handlungsfähig, wenn Deutschland handelt. Im Moment läuft die EU Gefahr, den kalten Krieg zu verlieren, den Rechtspopulisten und EU-Gegner gegen sie führen. Und das macht sie anfällig und verwundbar gegenüber den kalten Kriegen von außen. Als größtes Mitgliedsland der EU, als das Land, das den Euro stabil hält, ist es deshalb Deutschlands dringendste Aufgabe, diesen Prozess umzukehren.

Im Rahmen der europäischen Außenpolitik muss Deutschland gemeinsam mit Frankreich eine Führungsrolle übernehmen – auch das hat Macron in seiner Sorbonne-Rede gefordert; nicht als Konkurrenz zur NATO, sondern als starke europäische

Säule innerhalb der NATO. Europa braucht, genauso wie Deutschland, eine umfassende, thematisch breit aufgestellte außenpolitische Strategie. Bisher haben wir als wichtigstes außenpolitisches Gremium das sogenannte »Politische und Sicherheitspolitische Komitee der EU« (PSK). Nach einer meiner Wahlbeobachtungsmissionen habe ich dort einmal ein Briefing durchgeführt. Da saßen die Botschafter aller achtundzwanzig EU-Staaten, begleitet von zwei bis drei Mitarbeitern, außerdem Vertreter der Kommission und des Europäischen Auswärtigen Dienstes. Mit diesem PSK, einem Gremium, das hundert Mitglieder zählt und in dem das kleine Zypern aufgrund des Einstimmigkeitsprinzips genauso viel Vetomacht hat wie Deutschland oder Frankreich, können wir keine europäische Außenpolitik machen. Wir brauchen stattdessen einen europäischen Sicherheitsrat, in dem die fünf größten EU-Mitgliedstaaten permanent vertreten sind und fünf kleinere rotierend. Ein solches Gremium könnte eine pragmatische, gemeinsame EU-Außenpolitik entwickeln. Zurzeit sind jedoch nicht einmal einfache Mehrheitsentscheidungen möglich, die es der EU wenigstens in dem einen oder anderen konkreten Fall erlauben würden, auf außenpolitische Herausforderungen geschlossen zu reagieren. Deswegen ist die Abschaffung der Einstimmigkeit in der Gemeinsamen Außen- und Sicherheitspolitik überfällig.

Richtig wäre das, realistisch ist es nicht, weil die Bereitschaft vieler Mitgliedstaaten sinkt, in einem weiteren Bereich ihre nationale Souveränität zu teilen. Deshalb, so das Argument, sei es vergebene Liebesmüh, in die EU weitere Anstrengungen zu investieren. Das Gegenteil ist richtig. Natürlich müssen wir realistisch definieren, was möglich ist und daraus unsere Schlüsse ziehen. Solange völliger Stillstand herrscht, muss Deutschland zweigleisig denken und zunächst auf dem ersten Gleis eine Außenpolitik in enger Abstimmung mit Frankreich entwickeln. Wann immer möglich, muss diese in die europäischen Gremien eingebracht werden. Wenn das aber nicht der Fall ist, ein oder zwei Länder sich dem Konsens verweigern, darf sich Europa nicht lähmen lassen und muss notfalls außerhalb der Institutionen handeln. Und in den Fällen, in denen es sinnvoll erscheint, müssen Deutschland und Frankreich in außenpolitischen Fragen auch weiterhin mit den Briten zusammenarbeiten, im sogenannten E-3-Format, das bei den Verhandlungen des Atomabkommens mit dem Iran so erfolgreich war. Wir müssen pragmatisch auf eine Außenpolitik dieser »großen drei« setzen, von denen zwei, Frankreich und Großbritannien, über Nuklearwaffen und einen ständigen Sitz im Sicherheitsrat der Vereinten Nationen verfügen. Aus deutscher Sicht sollte das aber nur so lange gemacht werden, bis es gelingt, in der EU eine Gemeinsame Sicherheits- und Verteidigungspolitik zu entwickeln, die den Namen auch verdient. Denn das ist das zweite Gleis: Wir sollten bei den übrigen Mitgliedstaaten der EU geduldig dafür werben, die Handlungsfähigkeit zu steigern, den Europäischen Auswärtigen Dienst zu unterstützen und gemeinsame europäische Missionen durchzuführen, wann immer das sinnvoll und möglich ist.

Mehr Westen

Dass Trump gegenüber China einen harten Kurs eingeschlagen hat, war richtig, darin sind sich die meisten Beobachter einig. Nur hat er es aus den falschen Gründen getan und die völlig falsche Strategie gewählt. Wenn man auf das 20. Jahrhundert zurückblickt, fällt ins Auge, dass die USA in allen drei großen Konflikten, im Ersten und Zweiten Weltkrieg wie im Kalten Krieg auf der Gewinnerseite standen, schreibt Michael Mandelbaum in seinem Buch *Von Aufstieg und Fall des Weltfriedens*. Er erklärt das damit, dass Amerika immer Teil der stärksten Koalition war. Thomas Friedman zitiert Mandelbaum zustimmend und kommt zu dem Schluss, dass die USA erneut eine große Koalition schmieden müssen. Daran aber sei Trump kläglich gescheitert: Trump weigerte sich, genau das zu schaffen, was China am meisten fürchtet – eine einheitliche Koalition, die eine Trans-Pazifische-Partnerschaft, die Vereinigten Staaten und die Europäische Union einschließt.

Trumps Außenminister Mike Pompeo hat vorgeschlagen, dass sich die USA mit gleichgesinnten Nationen zu neuen Bündnissen zusammenschließen, zu einer neuen Allianz der Demokratien: »Wenn die freie Welt sich nicht verändert, wird das kommunistische China uns verändern.«[86] Es liegt eine gewisse Ironie darin, diese Worte ausgerechnet vom Außenminister jener Regierung zu hören, die die den Westen verbindenden Strukturen so massiv beschädigt hat. »Westen« darf hier nicht als geografischer Begriff missverstanden werden, denn der »globale Westen« verbindet all jene Nationen miteinander, in denen die Werte der Aufklärung im Zentrum der Verfassungsordnung stehen. Wer Menschenrechte, Rechtsstaat und Demokratie hochhält, ist Teil dieses Westens. So gehören auch Australien, Japan und Chile zum globalen Westen.

Einig sind sich die Beobachter auf beiden Seiten des Atlantiks auch darin, dass die Kritik der USA an Deutschlands mangelndem Engagement auch in Zukunft nicht abreißen wird. Sie stammt aus einer Zeit lange vor Trumps Präsidentschaft und wird auch unter einem Präsidenten Biden anhalten – wenn sich nichts ändert. Deutschland hat einmal auf diese Kritik reagiert und sich vor einem internationalen Publikum öffentlich zu mehr internationaler Verantwortung verpflichtet. Auf der Münchner Sicherheitskonferenz 2014 erklärten Joachim Gauck, Frank-Walter Steinmeier und Ursula von der Leyen, dass Deutschland bereit sei, sich »früher, entschiedener und substantieller« in der Welt zu engagieren. Das war der sogenannte Münchner Konsens, den ein liberaler Bundespräsident,[87] ein sozialdemokratischer Außenminister und eine christdemokratische Verteidigungsministerin verkündeten. Doch was ist aus diesem Versprechen geworden? Die Experten der Münchner Sicherheitskonferenz legten 2020 einen Bericht vor und stellen wenig enthusiastisch fest, dass aus dem Konsens von 2014 nichts erwachsen sei. Im besten Falle könne man Deutschland attestieren, dass aus einem außenpolitischen Tiefschlaf ein Halbschlaf geworden sei. Wenn man weiß, wie diplomatisch die Autoren dieses Berichts formulieren, ist die Vermutung zulässig, dass der Halbschlaf in ihren Augen eigentlich nach wie vor ein Tiefschlaf ist. Sie vermissen Deutschlands Initiativen für Europa, vermissen Deutschlands Beitrag im Bündnis, auch vermissen sie eine strategische Linie in der Außenpolitik, um den Zusammenhalt des Westens in schwierigen Zeiten zu sichern.

Bei allen Belastungen, denen das transatlantische Bündnis in den vergangenen Jahren ausgesetzt war, sollten wir nicht übersehen, dass wir mit den USA nach wie vor enger verbunden sind als mit jeder anderen Region der Welt außerhalb Europas. Wir teilen die freiheitlichen Werte. Roger Cohen von der *New York Times* schreibt: »Der Schutz der *Menschenrechte* muss immer die wichtigste Aufgabe Amerikas sein. *Demokratie* ist nach wie vor der beste Schutz für menschliche Würde und Freiheit.« Auch Cohen weiß, dass er damit Ansprüche formuliert, nicht Wirklichkeiten. Aber wie viele andere Journalisten, Politiker und Intellektuelle in den USA ist er von diesen Wahrheiten überzeugt.

Das sind zum Glück Überzeugungen, über die in Washington nach der Wahl von Joe Biden wieder ein breiter Konsens herrscht. Wir brauchen eine Außenpolitik, die sich für eine stärkere EU einsetzt, aber auch für »mehr Westen«. Wir müssen das transatlantische Bündnis erneuern, es um alle erweitern, die unsere Werte teilen. Gleichzeitig müssen wir uns deutlich gegen diejenigen abgrenzen, die sich gegen unsere Werte stellen. Das Bündnis mit den USA wird für uns in Europa genauso zur Überlebensfrage, wie wir umgekehrt der entscheidende Verbündete der USA sein können. Nur so werden wir als politisches und militärisches Bündnis genug Schlagkraft haben, um uns gegen die militärische Supermacht Russland und die politische Supermacht China verteidigen zu können.

Vor allem aber müssen wir den heraufziehenden kalten Krieg als solchen begreifen. Im März 2020 erschien ein Buch des Politikwissenschaftlers Kishore Mahbubani mit dem Titel *Has China won? The Chinese challenge to American primacy.* Mit Blick auf den Konflikt zwischen China und den USA stellt der ehemalige Diplomat aus Singapur folgende Überlegung an: Wenn wir über den neuen kalten Krieg so denken wie über den zwischen den USA und der Sowjetunion, könnten wir glauben, es sei nur eine Frage der Zeit, bis der Freiheitswille der Menschen und die Überlegenheit der liberalen Welt auch die chinesische Diktatur zu Fall bringen. Davor aber warnt Mahbubani. Nach dem Zweiten Weltkrieg hatte es nur wenige Jahrzehnte gedauert, bis die Sowjets in ihrer Ideologie erstarrten und das System von innen zerfiel. Die USA liefen ihnen den Rang ab, weil sie pragmatisch und flexibel waren, bestens in der Lage, auf Veränderungen zu reagieren. Heute, schreibt Mahbubani, seien die Rollen vertauscht. Die chinesische Führung hat sich mit ihrem Staatskapitalismus zu einer pragmatischen, flexiblen und hoch effizienten Macht entwickelt, während die amerikanische Gesellschaft sich in ideologischen Grabenkämpfen aufreibt und dabei außenpolitisch als zunehmend unflexibel erweist. Die Geschwindigkeit, mit der China auf die Digitalisierung reagiert hat, und erst recht der Umgang der beiden Großmächte mit der Pandemie bestätigen Mahbubanis Beobachtung. Sie sollte uns in Europa eine Warnung sein.

Erst wenn wir verstehen, dass es im Machtkonflikt zwischen den USA und China nicht um geopolitische Vorteile, sondern um einen fundamentalen Systemkonflikt geht, der uns in unserer Lebensweise bedroht, können wir die richtigen Konsequenzen daraus ziehen. Zu diesen Konsequenzen muss gehören, dass wir uns nicht nur militärisch gegen China rüsten, sondern auch wirtschaftlich und technologisch unsere Abhängigkeit von der asiatischen Weltmacht reduzieren. Wir werden unsere Lebensweise, Freiheit und Menschenrechte auf Dauer nicht erhalten können, solange Handelspartner wie China unsere Werte nicht teilen. Der *European Way of Life*, unser Wohlstand und alles, was wir uns leisten, hängen von Faktoren ab, die über Deutschland hinausweisen und zugleich nach Deutschland hineinwirken. Deshalb wäre es naiv, zu glauben, wir könnten uns wie eine große Schweiz aus Konflikten heraushalten und uns in der Position des neutralen Beobachters bequem zurücklehnen. Es ist nicht realistisch, dass Europa sich in der Mitte zwischen den USA und China positioniert und von beiden Seiten profitiert, ohne zwischen die Fronten ihrer Konflikte zu geraten. Wir sehen heute schon, dass China aggressiv expandiert. Deshalb müssen wir uns als Westen verbünden, unsere Widerstandsfähigkeit stärken und nach außen klarmachen: Wir erlauben niemandem, uns zu schaden und unsere Werte zu gefährden.

Mehr Welt

Die Forderungen nach europäischer Weltpolitikfähigkeit haben politisch eine Richtung vorgegeben, die auf der Ebene der Einzelstaaten bisher nur in Frankreich verstanden und geteilt wird. Allerdings zieht der französische Präsident nicht immer die richtigen Schlüsse. Volle strategische Autonomie Europas, die auch die sicherheitspolitische Abkoppelung von den USA bedeuten würde, wollen viele Länder nicht. Mittel- und Osteuropa sehen in den USA ihre wichtigste Rückversicherung gegenüber Russland. Auch in anderen Ländern gibt es solche Forderungen, auch in Deutschland. Intellektuelle, Journalisten und Politiker links der Mitte haben einen besonders kritischen Blick auf die

USA, der SPD-Fraktionsvorsitzende Rolf Mützenich schlägt die »Abkoppelung« von Amerika sogar ganz offiziell vor. Allerdings tun sich diese Kritiker schwer damit, die Konsequenzen zu benennen, besonders wenn es um die Fragen nach der nuklearen Rückversicherung, Deutschlands Rolle im Bündnis und der Finanzierung der Bundeswehr geht. Wenn wir wirklich volle strategische Autonomie anstreben würden, müsste unser Verteidigungshaushalt weit stärker angehoben werden als nur auf zwei Prozent unserer Wirtschaftsleistung. Die Befürworter der Abkoppelung lehnen allerdings weit überwiegend schon geringere Steigerungen mit Nachdruck ab. Strategische Autonomie und Abkoppelung sind jedenfalls bei uns in Deutschland auch von denen bisher nicht seriös zu Ende gedacht, die sie besonders engagiert vertreten.

Weltpolitikfähigkeit im Sinne einer wertegebundenen und interessegeleiteten Außenpolitik darf weder zu Großmannssucht führen – wie beim letzten deutschen Kaiser – noch zu gesinnungsethischer Realitätsferne bar jeder Verantwortung – wie bei den eben genannten Akteuren der deutschen Politik. Sie erfordert sowohl ein Verständnis für die eigenen Möglichkeiten und deren Begrenztheit als auch eine Vorstellung davon, welche Staaten in den kommenden Jahren und Jahrzehnten welche Interessen verfolgen werden. Sie verlangt von uns, Potenziale zu erkennen und Entwicklungen zu verstehen, um Gesprächspartner mit konkreten Angeboten von einer engen Partnerschaft mit einem starken Westen überzeugen zu können. Das bedeutet, sich Staaten und Regionen vor allem in Asien und Afrika zuzuwenden, die sich bisher weder als Systemkonkurrent noch ausdrücklich als Partner des Westens positioniert haben. Die Logik der Demografie und die Dynamik der Technologie werden ihr Gewicht vergrößern und sie zu unverzichtbaren Partnern bei der Bewältigung globaler Herausforderungen machen. Indien wird bald China als bevölkerungsreichstes Land ablösen und 2050 die zweitgrößte Volkswirtschaft der Welt sein, wenn die

Prognosen der Vereinten Nationen zutreffen. Barack Obama bezeichnete das Land in einem aufsehenerregenden Beitrag in der *Times of India* schon 2010 als Weltmacht, während er Russland als Regionalmacht einstufte. Man muss dem Vergleich analytisch nicht zustimmen, verfügt Indien doch anders als Russland nicht über einen ständigen Sitz im Sicherheitsrat der Vereinten Nationen. Doch Obamas Statement begründet die richtige Forderung, Indien eine wichtigere Rolle in unserer Weltpolitik zuzuweisen, als das in den letzten Jahren der Fall war.

Neu-Delhis alte Politik des *Non-Alignments*, der Blockfreiheit während des Kalten Krieges, wurde von einer neuen Strategie des *Multi-Alignments* abgelöst. Indien unterhält heute interessenbasierte Partnerschaften in wechselnden Koalitionen und Politiknetzwerken. Trotz Demokratie und wirtschaftlicher Öffnung darf man Neu Delhi nicht ohne Weiteres als Verbündeten des Westens betrachten. Derzeit versucht das Land ähnlich wie China bilaterale Beziehungen zu einzelnen europäischen Staaten zu vertiefen, um den europäischen Binnenmarkt zu spalten und mittelfristig seinen Einfluss vergrößern zu können. Die Entwicklung einer gemeinsamen Haltung der EU gegenüber Indien ist also unverzichtbar. Im Rahmen des *Multi-Alignment* ist Indien dazu bereit, problemspezifische Allianzen auch mit Rivalen zu bilden. Es war Gründungsmitglied der BRICS, eines losen Bündnisses mit Brasilien, Russland, China und Südafrika. In der Klimapolitik hat Delhi im Jahr 2009 zusammen mit Brasilien, Südafrika und China die sogenannte BASIC-Koalition gegründet, um die Verhandlungsposition der Schwellenländer zu verbessern und vor allem die Industriestaaten zur Bekämpfung des Klimawandels in die Pflicht zu nehmen. In beiden Fällen hat es sich auch mit China zusammengetan, das es ansonsten als schärfsten Widersacher ansieht. Zu Recht: China trachtet danach, den indischen Einfluss zurückzudrängen, wo immer es möglich ist, und ist der stärkste Unterstützer Pakistans, mit dem

Indien auch Jahrzehnte nach der Dekolonisierung noch immer in einem bewaffneten Konflikt gefangen ist. Auch die gemeinsame Gegnerschaft zu China war vermutlich ein Grund für Obamas Kompliment. Indien verfolgt also pragmatisch eigene Interessen, denen eine europäische Strategie Rechnung tragen muss.

Auch die südostasiatische Staatengemeinschaft ASEAN gewinnt stetig an Bedeutung und muss Bestandteil unserer Überlegungen im Rahmen einer Weltpolitik sein. Aus Europa betrachtet, wirken Länder wie Indonesien, Malaysia oder Thailand weit weniger bedeutend, als sie es objektiv sind. Allein in Indonesien leben fast 270 Millionen Menschen, halb so viele wie in der gesamten Europäischen Union. Diese Länder können interessante Märkte, aber auch außen- und sicherheitspolitische Partner sein, da sie alle mit dem chinesischen Hegemonialstreben in ihrer Nachbarschaft konfrontiert sind. Als Basis der Beziehungen hat die EU mit der ASEAN zwar einen »Vertrag über Freundschaft und Zusammenarbeit in Südostasien« unterzeichnet, hochrangige politische Besuche aus Deutschland in der Region aber finden praktisch nicht statt. Um aus Sicht der ASEAN-Staaten und Indiens an Attraktivität zu gewinnen, müssen wir die strategischen Interessen dieser Länder erkennen und unterstützen können.

Wie rasant Entwicklungen ganz ohne Beteiligung des Westens ablaufen können, wurde 2020 deutlich. Die USA unter Präsident Trump verfolgten vier Jahre lang einen protektionistischen Kurs und wurden genau wie wir in Europa davon überrascht, dass sich nach achtjährigen Verhandlungen und unter der Führung Chinas fünfzehn asiatische Staaten in der *Regional Comprehensive Economic Partnership* zur größten Freihandelszone der Welt zusammenschlossen. Auf der Titelseite der *ZEIT* hieß es sogleich prominent, »dass das Pandemiejahr 2020 damit womöglich endgültig den Beginn des asiatischen Jahrhunderts markieren wird«[88]. Die kurzfristige Entscheidung Indiens gegen eine Teilnahme an der asiatischen Freihandelszone war eine gute Nachricht für China, denn so ist seine Führungsrolle im Rahmen des Abkommens gesichert. Genau aus diesem Grund bedrängen die kleineren Mitgliedstaaten des Abkommens die Regierung in Neu-Delhi, sich *RCEP* doch noch anzuschließen.

China und Indien sind die beiden bevölkerungsreichsten Länder der Welt, Afrika aber wird im Laufe der nächsten Jahrzehnte zum bevölkerungsreichsten Kontinent werden. Diese demografische Entwicklung macht Afrika in Zukunft zu einem wichtigen Faktor der Weltpolitik, aber diese Entwicklung wird meist nur im Zusammenhang mit steigender Armut und Ressourcenknappheit diskutiert. Über die sich daraus ergebenden neuen Märkte auch für deutsche und europäische Produkte spricht kaum jemand. Dies liegt daran, dass unser Diskurs von einem Bild des Kontinents bestimmt wird, das überholt und falsch ist. Schon die Tatsache, dass Afrika zum Objekt des Diskurses gemacht wird, ist streng genommen ein Fehler. Unser Nachbarkontinent besteht aus über fünfzig verschiedenen Ländern, aus Hunderten Ethnien und Tausenden Sprachen. Emmanuel Macron hat 2017 in Ouagadougou öffentlichkeitswirksam das Ende der französischen »Afrika-Politik« verkündet, um der Komplexität des Kontinents besser gerecht werden zu können. Unser viel zu unpräziser Afrika-Begriff verhindert dagegen politische Debatten und verstellt den Blick für wirtschaftliche Chancen. Es ist bezeichnend, dass das wirtschaftliche Engagement deutscher Unternehmen in Afrika verschwindend gering ist. Hans Rosling hat in seinem bereits angeführten Werk *Factfulness* aufgezeigt, dass afrikanische Märkte ein enormes Potenzial für westliche Wirtschaftsunternehmen bieten. Es spricht also einiges dafür, Unternehmen zu unterstützen, die über ein Engagement in afrikanischen Ländern nachdenken. Richtig ist, dass in vielen Ländern Rechtsunsicherheit bisher ein stärkeres

Engagement verhindert, dem könnten die Bundesregierung und die Europäische Investitionsbank mit Sicherheiten und Garantien abhelfen. Eine solche Politik würde die Länder stärken und es gleichzeitig unseren Unternehmen ermöglichen, an künftigem Wachstum teilzuhaben. Sie würde zudem einen Teil zur positiven Entwicklung von Lebensqualität, Sicherheit und Zufriedenheit der Bevölkerung beitragen, die zwingend notwendig ist, wenn es darum geht, den Migrationsdruck zu reduzieren. Selbstverständlich müssen wir in den ärmsten Staaten Afrikas Armutsbekämpfung fortsetzen, Entwicklungszusammenarbeit anbieten und humanitäre Hilfe leisten. Darüber hinaus aber sollten wir uns für Freihandelsabkommen und politische Zusammenarbeit mit den Ländern des Kontinents einsetzen, die dazu bereit sind – aber nicht nach dem »*One size fits all*«-Prinzip, sondern mit maßgeschneiderten Konzepten.

Mehr Freiheit

Im ersten Teil dieses Buches habe ich geschildert, wie wenig selbstverständlich unsere Freiheit ist. Sie ist das Ergebnis einer langen Geschichte, revolutionärer Ideen und harter Kämpfe. Heute ist Deutschland frei, weil wir eingebettet sind in ein System wirtschaftlicher Netzwerke und militärischer Absicherung. Unsere reale Macht ist beschränkt, trotz der Renaissance der staatsrechtlichen Souveränität im Denken von Richtern und Politikern in Berlin. Wenn wir als Deutsche versuchen würden, ohne Rückendeckung der Europäer allein internationale Fragen wie den Klimawandel oder die Migration zu lösen, würden wir kläglich scheitern. Das geht den anderen europäischen Staaten ähnlich und ist eines der wichtigsten Motive für den europäischen Einigungsprozess. Gegenüber Großmächten wie den USA und China haben wir wenig Möglichkeiten, unsere Interessen Geltung zu verschaffen, wenn wir in Europa nicht mit einer Stimme sprechen. Wir hätten zwar das Recht dazu, es alleine zu versuchen, aber nicht die Macht, etwas zu erreichen. Das wird Großbritannien nach dem Brexit vermutlich schneller bemerken, als es glaubt.

Was es im Extremfall bedeuten kann, wenn man allein, machtlos und erpressbar ist, ist in der Geschichte immer wieder beschrieben worden, zum ersten Mal vor mehr als zweitausend Jahren. In *Der Peloponnesische Krieg* berichtet Thukydides vom Schicksal der Bewohner einer kleinen Insel namens Melos. Ihre Anführer versuchten, sich gegen den Anspruch Athens zur Wehr zu setzen, die von den Meliern verlangten, Teil des attischen Seebunds zu werden. Die tatsächlichen Umstände des militärischen Konflikts zwischen den Hegemonialmächten Athen und Sparta erwähnt Thukydides nur am Rande. Ihm geht es vor allem um den Dialog. Die Melier erläutern den Athenern, sie wollten ihre seit siebenhundert Jahren gewahrte Freiheit und Neutralität in kriegerischen Konflikten bewahren und seien deshalb nicht bereit, sich Athen zu unterwerfen. Das Recht stehe hier eindeutig auf ihrer Seite. Die Athener wiederum erklären offen, ihr kurzfristiges strategisches Interesse sei für sie wichtiger als geltendes Recht. Es könne schon sein, dass die Melier »im Recht« seien, das nutze ihnen nur nichts angesichts der erdrückenden militärischen Übermacht von Athen. Am Ende schickt Athen sein Militär auf die Insel und unterwirft deren Bewohner mit Gewalt. Ihr Schicksal ist damit besiegelt, wie Thukydides schildert: »Die Athener richteten alle erwachsenen Melier hin, die in ihre Hand fielen, die Frauen und Kinder verkauften sie in die Sklaverei. Den Ort gründeten sie neu, indem sie später fünfhundert attische Bürger dort ansiedelten.«

In diesem klassischen Dialog geht es um das Verhältnis von Recht und Macht. Macht bedeutet, jemanden dazu bewegen zu können, etwas zu tun, was dieser eigentlich gar nicht tun will, auch mit der Androhung oder Anwendung von Gewalt. Wenn wir in einem Systemwettbewerb stehen und unser Gegner sowohl unser freiheitliches Wertesystem als auch die Idee der kooperativen Weltordnung ablehnt, stellt sich uns die Frage nach Recht und Macht ganz aktuell. Als Länder des globalen Westens ist es unser Ziel, dass unsere Bürgerinnen und Bürger in Freiheit und Würde leben können, und wir wollen, dass das auch für kommende Generationen gilt. Es gibt zwei Möglichkeiten, unsere Freiheit zu schützen: Wir arbeiten weiter daran, die internationale Ordnung zu einer Ordnung zu machen, die allen nützt und deshalb von allen anerkannt wird. Damit die internationale Ordnung allen nutzen kann, müssen die Werte, die ihr zugrunde liegen, als universell anerkannt werden. Weder dürfen wir die Ordnung selbst verletzen, noch dürfen wir fadenscheinige Argumente dafür gelten lassen, dass andere Freiheit und Menschenrechte verletzen. Das ist der Weg des Rechts, den uns unsere Werte aufgeben und den wir weiter gehen.

Doch wir dürfen uns nicht darauf verlassen, dass die Anerkennung von Werten, Unterschriften unter internationalen Verträgen oder ein Lippenbekenntnis zum Völkerrecht durch andere Länder uns schon einen wirksamen und ausreichenden Schutz bieten. Deswegen geht es nicht ohne militärische Absicherung, so wie wir es bis zum Ende des 20. Jahrhunderts getan haben. Wenn wir diese als Deutschland alleine gewährleisten wollten, müssten wir unsere Verteidigungsausgaben nicht nur leicht erhöhen, wir müssten sie vervielfachen. Das Geld würde für Sozialausgaben genauso fehlen wie für Bildung, Umweltschutz oder Kultur. Unsere finanzielle Freiheit, auf diesen Feldern Prioritäten zu setzen, wäre drastisch eingeschränkt. Nichts würde die Abhängigkeit Deutschlands von äußeren Entwicklungen schneller deutlich machen als ein Austritt der USA aus der NATO, über den Donald Trump angeblich viermal mit seinen Beratern im Weißen Haus gesprochen hat. Unsere Verankerung in der NATO sichert unsere Freiheit eben nicht nur militärisch, auch deshalb war die Wahl von Joe Biden nicht irgendeine Wahl in einem anderen Land, sondern eine, die mit unserer Freiheit direkt verbunden ist.

Aber auch unsere Nachbarn sind froh, dass wir Teil von EU und NATO sind. Vom ehemaligen amerikanischen Außenminister Henry Kissinger ist das Bonmot überliefert: »Deutschland ist zu groß für Europa und zu klein für die Welt.« Kissinger beschreibt damit eine historische Erblast, die uns seit der Reichsgründung im Jahr 1871 begleitet. Damals fürchteten unsere Nachbarn in Frankreich, England und Russland, Deutschland würde angesichts seiner Größe, seines industriellen und militärischen Potenzials zu einer Gefahr für sie. Die beiden Weltkriege bestätigten diese Befürchtungen, auch, weil die Hybris deutscher Militärs die tatsächliche militärische Stärke noch bei Weitem überstieg. Der katastrophale Ausgang der Geschichte ist bekannt.

Als 1990 die Wiedervereinigung plötzlich denkbar, ja sogar machbar, schien, tauchten die alten Ängste wieder auf. Vermutlich hat der damalige französische Präsident François Mitterrand das von ihm überlieferte »Ich liebe Deutschland so sehr, dass ich am liebsten zwei davon hätte« nie gesagt. Doch der Ausspruch wurde zum Signet dieser Zeit. Frankreich und England unter Premierministerin Thatcher stemmten sich gegen die Wiedervereinigung, weil sie fürchteten, dass Deutschland sich dadurch wieder zum Schwergewicht in Europa entwickeln würde, und weil sie in einer erneuten Vormachtstellung Deutschlands eine Gefahr für ihre eigenen Staaten sahen.

Sie behielten insofern recht, als die Wiedervereinigung, die Einführung des Euro und der nach 1992 entstandene europäische Binnenmarkt uns noch wohlhabender und Deutschland zu einer wirtschaftlichen Großmacht gemacht haben. Die Angst, mit der unsere Nachbarn seit 1871 auf ein wirtschaftlich starkes, zu dominantes Deutschland blicken, ist nicht verschwunden, sie erklärt, warum rechtskonservative bis nationalistische Parteien wie die PiS in Polen, die Lega Nord in Italien oder Marine Le

Pen in Frankreich mit antideutschen Parolen erfolgreich in den Wahlkampf ziehen. Sie alle führen einen kalten Krieg von innen gegen Europa und die Demokratie.

Aber gerade die Demokratie ist zur Sicherung unserer Freiheit unentbehrlich. Sie ist allein durch ihre Existenz ähnlich wirkmächtig wie das Völkerrecht. Selbst die antidemokratischsten Regime geben sich einen Anstrich von Demokratie, indem sie sich ein »Parlament« halten und regelmäßig »Wahlen« inszenieren. Nicht ohne Grund hat Putin versucht, den Anschluss der Krim nachträglich zu legitimieren, indem er ein »Referendum« abhalten ließ. Es sollte den Vorgang der gewaltsamen Annexion als demokratischen Akt erscheinen lassen. Demokratien sind für undemokratische Herrscher ein Problem. Selbst wenn sich ihre Regierungen aus den Angelegenheiten anderer Länder vollkommen heraushalten, wirken demokratische Staaten mit freien Gesellschaften auf unfreie einfach schon deswegen ein, weil es sie gibt. Die Existenz der Freiheit in staatlich verfasster Form hat ein subversives Potenzial, das autokratischen Machthabern jederzeit gefährlich werden kann: entweder, weil die Menschen in andere Länder wegziehen oder im eigenen Land die Revolution ausrufen. Belarus und Thailand sind nur die jüngsten Beispiele, die Liste ist lang, wenn man allein in den letzten zehn Jahren auf die Proteste im Sudan, in Algerien, in Hongkong, in Venezuela und natürlich auf den Arabischen Frühling schaut.

Wir müssen andere Länder besser verstehen, ihre Kultur und Geschichte respektieren. Mit den heraufziehenden kalten Kriegen aber stehen Menschenrechte, Freiheit und Demokratie genauso auf dem Spiel wie Völkerrecht, Multilateralismus und Freihandel. Wir müssen diese Werte so überzeugt wie energisch verteidigen, wenn wir unseren *European Way of Life* bewahren und an kommende Generationen weitergeben wollen. Dass wir moralisch oder nach dem Völkerrecht im Recht sind, wird uns wenig nutzen, wenn wir nicht in der Lage sind, dieses Recht gegebenenfalls auch durchzusetzen. Deshalb sollten Deutschland, Europa und der globale Westen ihren Führungsanspruch erneuern: als starke Vorbilder, offene Gesellschaften und loyale Verbündete, die sich nicht erpressen lassen, sondern Lösungen jenseits von militärischen Konflikten aufzeigen. So beschreiben Leon Mangasarian und Jan Techau den Ansatz der dienenden Führung, die den anderen nicht autoritär vorgibt, wo es langgeht, auch nicht mit der Autorität vermeintlicher moralischer Überlegenheit, sondern die den Anfang macht und so den anderen eine Orientierung sein kann. Deutschland muss dafür sorgen, dass Europa als wichtiger Teil des globalen Westens ein Kontinent der Demokratie, des Rechtsstaats und der Menschenrechte bleibt. Für uns als Europäer sind das keine austauschbaren Sozialtechniken, sondern Ausdruck unserer Überzeugung vom vernunftbegabten, verantwortungsbewussten und daher zur Freiheit befähigten Menschen.

Dank

Dieses Buch hätte ohne die geduldige und tatkräftige Unterstützung vieler kluger Köpfe und lieber Menschen nicht realisiert werden können. Louisa von Uslar, Ilka Schantz, Tilman Schmeller, Wilhelmine von Preußen und Denise Kopmann mussten ertragen, dass der tägliche politische Betrieb nicht etwa weniger anspruchsvoll wurde, nur weil ein Buch entstand. Es war für alle erheblich mehr Arbeit, und ich bin für den Einsatz *above and beyond* wie auch für die vielen Ratschläge von Herzen dankbar. Für ihre Geduld bei der Arbeit mit einem Team aus Neulingen, ihr großartiges Sprachgefühl und viele gute Ideen danke ich Kerstin Lücker. Alexander Simon und Bettina Eltner bin ich für die wunderbare Betreuung als Agent und Lektorin dankbar. Es ist eine Ehre, im traditionsreichen Ullstein Verlag bei Propyläen verlegt zu werden, ich bin mir dieser sehr bewusst. Lob, Kritik und Anregungen von Evelyn Haefs begleiteten das Buch bis ganz zum Ende, meine Dankbarkeit ist riesig.

Meinen Eltern ist es gewidmet, denn vieles von dem, was ich erlebt und beschrieben habe, verdanke ich der Tatsache, dass sie aus mir in jungen Jahren einen optimistischen Europäer gemacht haben, der schon früh im Leben ganz ungewöhnliche Chancen hatte.

Viele haben dankenswerterweise mitgewirkt, doch die Fehler und Irrtümer im Buch habe allein ich zu verantworten.

Anmerkungen und Textquellen

1 https://www.dw.com/de/eu-vertretung-in-china-duldete-zensur/a-53363268 und https://www.swr.de/unternehmen/kommunikation/pressemeldungen/swr-wuhan-2020-104.html (aufgerufen am 14. Oktober 2020).

2 https://www.deutschlandfunk.de/internationale-presseschau.2860.de.html (aufgerufen am 10. Juni 2020).

3 https://www.bundesverfassungsgericht.de/SharedDocs/Entscheidungen/DE/2017/01/bs20170117_2bvb000113.html (aufgerufen am 21. November 2021).

4 https://www.faz.net/aktuell/wirtschaft/anstrengend-aber-gut-ein-hoch-auf-die-freiheit-11662624.html?printPagedArticle=true#pageIndex_2 (aufgerufen am 22. November 2020).

5 Clive Hamilton/Mareike Ohlberg, *Die lautlose Eroberung. Wie China westliche Demokratien unterwandert und die Welt neu ordnet.* München 2020.

6 »How We Would Fight China«, *The Atlantic*, Juni 2005.

7 Wallaces Rede ist hier auffindbar: https://www.youtube.com/watch?v=8CrOL-ydFMI und ein Transkript der Rede hier https://web.ics.purdue.edu/~drkelly/DFWKenyonAddress2005.pdf (aufgerufen am 14. Oktober 2020).

8 Isaiah Berlin, *Two concepts of liberty:* An inaugural lecture delivered before the University of Oxford on 31 October 1958.

9 Ewen Callaway: »CRISPR plants now subject to tough GM laws in European Union.« In: *Nature*. Band 560, Nr. 7716, 25. Juli 2018, S. 16.

10 https://www.fr.de/kultur/boeckenfoerde-dilemma-11111136.html (aufgerufen am 22. 11. 2020).

11 https://www.newyorker.com/culture/culture-desk/the-athenian-

plague-a-cautionary-tale-of-democracys-fragility (aufgerufen am 16. November 2020).

12   https://bibliothek.wzb.eu/artikel/2005/f-12229.pdf (aufgerufen am 22. November 2020).

13   https://www.tagesspiegel.de/verbraucher/max-otte-dirk-mueller-und-co-wenn-crashpropheten-selbst-zu-bruchpiloten-werden/25462056.html (aufgerufen am 16. November 2020).
https://www.wiwo.de/politik/konjunktur/hans-werner-sinn-der-euro-ist-ein-historischer-fehler/12794718-3.html (aufgerufen am 16. November 2020).

14   Deutscher Bundestag: Wissenschaftliche Dienste, Sachstand: »Entwicklung der Militärausgaben in Deutschland von 1925 bis 1944 und in der Bundesrepublik Deutschland von 1950 bis 2015 im Verhältnis zur gesamtwirtschaftlichen Leistung«, WD 4-3000-025/17, 09. 03. 2017, URL: https://www.bundestag.de/resource/blob/503294/493c4e-3a31e0705bd3b62a77d449bc76/wd-4-025-17-pdf-data.pdf, S. 6 (aufgerufen am 21. Oktober 2020).

15   Einige multilaterale Verträge auf dem Gebiet des humanitären Völkerrechts (etwa die Genfer Rotkreuz-Konvention von 1864) entstanden früher. Vgl. hierzu von Arnauld: *Völkerrecht*, Rn. 27 f.; Heidelberg 2019.

16   »In the early 1950s NATO relied partly on the threat of massive nuclear retaliation from the United States to counter the Warsaw Pact's much larger ground forces. Beginning in 1957, this policy was supplemented by the deployment of American nuclear weapons in western European bases«. https://www.britannica.com/topic/North-Atlantic-Treaty-Organization/The-role-of-Germany
The first U.S. nuclear artillery pieces arrived in Kaiserslautern, Germany, in 1954. The buildup of TNWs accelerated after 1956, so that »before long NATO was looking like a nuclear porcupine, having by 1960 amassed some 3,000 nuclear weapons.« (S. 23) Quelle: Paul Schulte: »Tactical Nuclear Weapons in NATO and Beyond: A Historical and Thematic Examination«, in: Tom Nichols, Douglas Stuart, Jeffrey D. McCausland (Hg.), *Tactical Nuclear Weapons and NATO*, 2012, S. 13–74, S. 23.

17 https://www.zeit.de/2016/13/francis-fukuyama-politikwissenschaftler-populismus-usa/komplettansicht (aufgerufen am 16. November 2020).

18 https://freedomhouse.org/sites/default/files/2020-02/FIW_2020_RE-PORT_BOOKLET_Final.pdf (aufgerufen am 16. November 2020).

19 Damit ist die sogenannte »Botschaft von Turnberry« gemeint. Vgl.: https://www.bundesregierung.de/breg-de/themen/deutsche-einheit/nato-aussenministertagung-in-turnberry-430056 (aufgerufen am 16. November 2020).

20 https://www.fuw.ch/article/deng-xiaoping-reich-werden-ist-ruhmreich/ (aufgerufen am 16. November 2020).

21 https://de.statista.com/statistik/daten/studie/14560/umfrage/wachstum-des-bruttoinlandsprodukts-in-china/ (aufgerufen am 16. November 2020).
Zahl2: CHN hat den Rang im Jahre 2013 übernommen; https://www.finanzen100.de/finanznachrichten/wirtschaft/eine-historische-zaesur-china-ist-jetzt-die-groesste-handelsmacht-der-welt_H502697849_65405/ (aufgerufen am 16. November 2020).
Zahl3: CHN hat den Rang im Jahre 2016 übernommen; https://de.wikipedia.org/wiki/Wirtschaft_der_Volksrepublik_China (aufgerufen am 16. November 2020).

22 https://www.zeit.de/politik/ausland/2017-04/us-angriff-syrien-donald-trump (aufgerufen am 16. November 2020).

23 Pankaj Mishra: *Aus den Ruinen des Empires: Die Revolte gegen den Westen und der Wiederaufstieg Asiens*. Frankfurt a.M. 2013, S. 15.

24 https://onlinelibrary.wiley.com/doi/abs/10.1111/j.1468-2362.2007.00210.x (aufgerufen am 16. November 2020).

25 Um ein mögliches Missverständnis zu vermeiden: Internet und World Wide Web sind nicht identisch; das Internet stammt aus den USA, das WWW setzt darauf auf.

26 Mishra, ebd., S. 15.

27 Gary Shteyngart: *Super Sad True Love Story*, Reinbek 2013, S. 250.

28 https://www.bpb.de/nachschlagen/zahlen-und-fakten/europa/135823/bruttoinlandsprodukt-bip (aufgerufen am 22. November 2020).

29 Theo Sommer, *China First*, München 2019.

30   https://www.faz.net/aktuell/politik/ausland/asien/chinas-inselbau-sorgt-fuer-spannungen-im-suedchinesischen-meer-13609415.html (aufgerufen am 16. November 2020).

31   https://www.zeit.de/wirtschaft/2018-03/kambodscha-suedostasien-china-macht-investitionen/komplettansicht (aufgerufen am 16. November 2020).

32   *Handelsblatt*-ÜS: »Der Anti-Trump Verkehrte Welt: Während der mächtige US-Präsident Trump gegen den Freihandel poltert und Unternehmen mit Zöllen droht, präsentiert sich sein chinesisches Pendant Xi Jinping als glühender Verfechter der Globalisierung.« https://portala.dbtg.de/politik/international/davos2017/xi-jinping-in-davos-der-anti-trump/,DanaInfo=www.handelsblatt.com, SSL+19264278.html?ticket=ST-1793290-4O3MYfZUxc3EVlC1 JVMw-ap1 (aufgerufen am 16. November 2020).
     FT-ÜS: »Xi Jinping delivers robust defence of globalisation at Davos« https://portala.dbtg.de/content/,DanaInfo = www.ft.com,SSL+67ec2eco-dca2–11e6–9d7c-be108f1c1dce (aufgerufen am 16. November 2020).

33   https://www.clingendael.org/sites/default/files/2020-04/Policy_brief_Building_Belt_and_Road_in_Europe_April_2020.pdf (aufgerufen am 29. Oktober 2020), S. 5.

34   https://www.tagesschau.de/wirtschaft/china-seidenstrasse-kritik-101.html (aufgerufen am 16. November 2020).

35   https://www.handelsblatt.com/unternehmen/industrie/coronakrise-april-verkaeufe-fast-wie-im-vorjahr-china-laesst-deutsche-autobau-er-hoffen/25818734.html?ticket=ST-1134474-SjAtW2ouDjed-oGLnBWGi-ap4 (aufgerufen am 16. November 2020).

36   https://www.businessinsider.de/tech/5g-in-deutschland-sicherheitsexperten-erklaeren-wie-realistisch-spionage-aktivitaeten-von-huawei-sind-2019-3/ (aufgerufen am 29. Oktober 2020).

37   https://www.zeit.de/wirtschaft/2017-06/china-handel-investition-entwicklungshilfe/komplettansicht (aufgerufen am 16. November 2020).

38   https://www.deutschlandfunk.de/china-kuenstliche-intelligenz-als-staatsziel.724.de.html?dram:article_id=440743 (aufgerufen am 16. November 2020).

39 Fritz Pleitgen, Michail Schischkin, *Frieden oder Krieg?*, München 2019, S. 18.

40 Ebd., S. 275.

41 https://www.zois-berlin.de/publikationen/zois-spotlight-2018/russland-und-die-europaeische-menschenrechtskonvention/ (aufgerufen am 16. November 2020).

42 Rüdiger von Fritsch, *Russlands Weg*, Berlin 2020, S. 33 ff.

43 https://www.dw.com/de/russische-drohungen-gegen-prager-bürgermeister-der-pirátor-unter-polizeischutz/a-53268670 (aufgerufen am 16. November 2020).

44 https://www.sueddeutsche.de/politik/umstrittene-konferenz-in-sankt-petersburg-europaeische-rechtsextreme-sind-in-russland-willkommen-1.2406224 (aufgerufen am 16. November 2020).

45 https://www.t-online.de/nachrichten/deutschland/id_81900810/exklusiv-afd-und-linke-im-zwielicht-der-russischen-agenda.html (aufgerufen am 16. November 2020).

46 Christopher de Bellaigue, *Die Islamische Aufklärung*, Frankfurt a.M. 2018.

47 https://taz.de/!5125788/ (aufgerufen am 16. November 2020).

48 https://web.archive.org/web/20130121032746/http://www.verfassungsschutz.de/download/SHOW/vsbericht_2011_vorabfassung.pdf (aufgerufen am 16. November 2020).

49 https://www.spiegel.de/politik/ausland/tuerkei-recep-tayyip-erdogan-traeumt-vom-osmanischen-reich-a-1118342.html. (aufgerufen am 16. November 2020).

50 https://www.aljazeera.com/news/2020/10/26/french-president-comments-over-islam-keep-sparking-outrage (aufgerufen am 16. November 2020).

51 »Englisch« steht hier mit Bedacht, denn die schottischen und nordirischen Debatten liefen ganz anders.

52 https://scholarworks.law.ubalt.edu/cgi/viewcontent.cgi?article=1015&context=ublr (aufgerufen am 16. November 2020).

53 https://www.un.org/depts/german/gv-early/ar1514-xv.pdf (aufgerufen am 16. November 2020).

54 https://www.hrw.org/de/news/2017/10/17/afghanistan-maedchen-kaempfen-um-bildung (aufgerufen am 16. November 2020).

55 Julian E. Zelitzer, *Burning down the House. Newt Gingrich, the Fall of a Speaker and the Rise of the New Republican Party.* New York 2020.

56 https://www.nytimes.com/2020/07/04/books/review-burning-down-house-newt-gingrich-julian-zelizer.html (aufgerufen am 16. November 2020).

57 https://www.theguardian.com/us-news/2019/may/18/newt-gingrich-book-collusion-trump-mueller-report-russia (aufgerufen am 16. November 2020).

58 https://www.weforum.org/agenda/2020/07/global-peace-index-2020/ (aufgerufen am 16. November 2020).

59 http://hdr.undp.org/en/data (aufgerufen am 16. November 2020). https://ourworldindata.org/human-development-index (aufgerufen am 16. November 2020).

60 https://dgvn.de/un%E2%80%91im-ueberblick/geschichte-der%E2%80%91un/#:%7E:text= (aufgerufen am 22. November 2020)

61 https://eu.usatoday.com/story/opinion/2020/10/27/donald-trump-doctors-profit-coronavirus-covid-diagnosis/6041826002/ (aufgerufen am 16. November 2020).

62 Siehe Solange 1: BVerfG, 29. Mai 1974 – 2 BvL 52/71, und Solange 2: BVerfG, 22. Oktober 1986 – 2 BvR 197/83.

63 https://www.spiegel.de/spiegel/vorab/a-641250.html (aufgerufen am 16. November 2020).

64 https://www.zdf.de/nachrichten/politik/waldsterben-die-waelder-trocknen-aus-100.html (aufgerufen am 16. November 2020).

65 https://www.welt.de/print/die_welt/wirtschaft/article205334673/Im-Luftreich-der-Traeume.html (aufgerufen am 16. November 2020).

66 https://de.statista.com/statistik/daten/studie/14433/umfrage/brutto-inlandsprodukt-bip-in-deutschland-pro-kopf-seit-1970/ (aufgerufen am 16. November 2020).

67 https://de.statista.com/statistik/daten/studie/19301/umfrage/gesamt-bevoelkerung-von-ungarn/ (aufgerufen am 16. November 2020).

68 https://www.theguardian.com/world/2020/jun/12/zoom-admits-

cutting-off-activists-accounts-in-obedience-to-china (aufgerufen am 16. November 2020).

69 »In October, for instance, the company removed an app that Hong Kong protesters were using to co-ordinate, alleging that it broke the law. But neither the company nor the Hong Kong police were able to say which law the app broke, and pro-democracy legislators attacked the move as ›a political decision to suppress freedom and human rights‹«; in: https://www.theguardian.com/technology/2020/jun/12/apple-removes-two-podcast-apps-from-china-store-after-censorship-demands (aufgerufen am 16. November 2020).

70 https://www.swp-berlin.org/fileadmin/contents/products/studien/2019S12_job.pdf (aufgerufen am 22. November 2020).

71 am 05. Oktober 2020 in der *FAZ* kommentiert.

72 https://www.nytimes.com/2020/10/23/opinion/Trump-biden-debates.html?action=click&module=Opinion&pgtype=Homepage (aufgerufen am 16. November 2020).

73 Jan-Werner Müller, *Was ist Populismus?* Ein Essay. Berlin 2016.

74 https://soldat-und-technik.de/2020/11/aus-der-truppe/24488/stand-vjtf-2023-ausruestungsziele/ (aufgerufen am 16. November 2020).

75 https://www.spiegel.de/politik/bauskandale-in-koeln-der-horror-von-schacht-11-a-00000000-0002-0001-0000-000166979771 (aufgerufen am 16. November 2020).

76 http://www.gencat.cat/eapc/epum/N1/pdf/EPuM1Wetering.pdf (aufgerufen am 16. November 2020).

77 https://www.basecamp.digital/politische-partizipation-durch-digitale-beteiligung/ (aufgerufen am 16. November 2020).

78 https://www.maz-online.de/Thema/Specials/L/Landtagswahl-2014/Waehlen-wir-bald-im-Supermarkt-Parteien-suchen-Loesungen-gegen-geringe-Wahlbeteiligung (aufgerufen am 16. November 2020).

79 Jason Brennan, »Against Democracy«, Princeton 2016.

80 Christiane Bender, Elmar Wiesendahl: »Ehernes Gesetz der Oligarchie: Ist Demokratie möglich?« (PDF; 1,5 MB) In: *Aus Politik und Zeitgeschichte* (APuZ), Jahrgang 61, 44–45/2011. Bundeszentrale für poli-

tische Bildung (bpb), 31. Oktober 2011, S. 19–24 (aufgerufen am 22. November 2020).

81 Keith Lowe, *Furcht und Befreiung. Wie der Zweite Weltkrieg die Menschheit bis heute prägt*, Stuttgart 2019, S. 92.

82 https://www.focus.de/finanzen/boerse/wirtschafts-news-vw-bmw-und-daimler-deutsche-autobauer-verkaufen-jedes-dritte-auto-nach-china_id_10304454.html (aufgerufen am 16. November 2020).

83 https://www.bpb.de/nachschlagen/zahlen-und-fakten/europa/135821/bevoelkerungsentwicklung (aufgerufen am 16. November 2020).

84 https://www.nytimes.com/2020/08/25/opinion/trump-china-germany.html?searchResultPosition=1 (aufgerufen am 16. November 2020).

85 https://peacelab.blog/2020/10/von-freundesgruppen-bis-zu-koalitionen-der-willigen-den-neuen-multilateralismus-aktiv-mitgestalten (aufgerufen am 16. November 2020).

86 https://www.dw.com/de/pompeo-brüskiert-china-erneut/a-54301573 (aufgerufen am 22. November 2020).

87 Gauck ist nicht Mitglied der FDP, doch wurde er auf ihren Vorschlag gewählt und gab seiner Präsidentschaft das Leitthema »Freiheit«. Das Attribut »liberal« ist hier daher, wie auch an vielen anderen Stellen im Text, nicht parteipolitisch zu verstehen.

88 https://www.zeit.de/2020/48/rcep-freihandelszone-handelsabkommen-zoll-warenverkehr-china (aufgerufen am 24. November 2020).

Russland seit 19

Kanada

USA
New York

Norwegen
Oslo

Finnland
Helsinki

Schweden
Stockholm

ESTLAND

LETTLAND

Irland
Dublin

Gross-
britannien
London

Dänemark
Kopenhagen

zu Russland

LITAUEN
Moskau

Russla

BELARUS

Atlantischer
Ozean

Nordsee

Ostsee

Niederlande

BRD
Brüssel
Bonn

DDR
Berlin

Polen
Warschau

UKRAINE

Paris

Tschecho-
slowakei
Prag

Schweiz

Österr.
Wien

Ungarn
Budapest

MOLDAWIEN

Frankreich

Rumänien

Belgrad

Jugoslawien

Bulgarien
Sofia

Schwarzes Me

Istanbul
Ankar

Portugal
Lissabon

Madrid

Spanien

Korsika

Sardinien

Italien
Rom

Adria

Albanien

Türkei

Griechenland
Athen

Mittelmeer

Sizilien

Kreta

N
Zyperr

Vollintegrierte
Mitgliedstaaten
der NATO

Mitgliedstaaten
ohne militärische
Integration

Russland ab 1991

Sowjetunion (UdSSR) 1940–1991

Warschauer Pakt 1955–1991

0   200   400   600 km

Osmanisches Reich und Türkei ab 1923

PODOLIEN

Wien
ÖSTERREICH

Ofen
UNGARN

MOLDAU

JEDISAN

Cherson

Venedig

SIEBEN-
BÜRGEN

BUDSCHAK

KHANAT DER KRIM

KROATIEN
BOSNIEN
Sarajevo

Belgrad

WALACHEI
Bukarest

Schwarzes Meer

Kaspi

SERBIEN

Korsika

Rom

MONTE-
NEGRO
ALBANIEN

BULGARIEN
Sofia

GEORGIEN

DAGESTAN

Konstantinopel/
Istanbul

Sinope

Batumi

Tiflis

Adria

Neapel

RUMELIEN

Angora/
Ankara

Trapezunt

ARMENIEN

KARABACH

Sardinien

Saloniki

Türkei

Smyrna

MOREA

KURDISTAN

ASERBAID

Sizilien

Athen

Konia
KARAMAN

Täb

Tunis

Rhodos

Zypern

Aleppo

Mosul

AR

ALGERIEN

Kreta

TUNESIEN

Mittelmeer

SYRIEN

MESOPOTAMIEN

H

Beirut

Damaskus

Bagdad

Tripolis

Bengasi

Osmanisches Reich

Jerusalem

Roter Meer

Ba

TRIPOLIS

BARKA

Alexandria

ÄGYPTEN

FEZZAN

HEDSCHAS

E

Medina

Das Osmanischen Reiches 1326–1683
(Erwerbungen von Mehmed II., Selim I., Suleiman I.)

wieder verlorene Gebiete

Gebiet der Türkei heute

0   200   400   600 km

Jiddah   Mekka